古代歷史文化 研究輯刊

三十編

王 明 蓀 主編

第 12 冊

史景遷的歷史敘事研究
——以《婦人王氏之死》為中心的討論

游 士 傑 著

國家圖書館出版品預行編目資料

史景遷的歷史敘事研究──以《婦人王氏之死》為中心的討
論／游士傑 著 -- 初版 -- 新北市：花木蘭文化事業有限公司，
2023〔民 112〕
目 2+176 面；19×26 公分
（古代歷史文化研究輯刊 三十編；第 12 冊）
ISBN 978-626-344-417-1（精裝）
1.CST：史景遷（Spence, Jonathan D., 1936～2021）
2.CST：學術思想 3.CST：敘事文學 4.CST：中國研究
618   112010443

ISBN-978-626-344-417-1

古代歷史文化研究輯刊
三十編　第十二冊   ISBN：978-626-344-417-1

史景遷的歷史敘事研究
──以《婦人王氏之死》為中心的討論

作　　者　游士傑
主　　編　王明蓀
總 編 輯　杜潔祥
副總編輯　楊嘉樂
編輯主任　許郁翎
編　　輯　張雅淋、潘玟靜　美術編輯　陳逸婷
出　　版　花木蘭文化事業有限公司
發 行 人　高小娟
聯絡地址　235 新北市中和區中安街七二號十三樓
　　　　　電話：02-2923-1455 ／傳真：02-2923-1452
網　　址　http://www.huamulan.tw 信箱 service@huamulans.com
印　　刷　普羅文化出版廣告事業
初　　版　2023 年 9 月
定　　價　三十編 15 冊（精裝）新台幣 42,000 元

史景遷的歷史敘事研究
——以《婦人王氏之死》為中心的討論

游士傑 著

作者簡介

游士傑，國立臺東大學華語文學系碩士，現職臺東縣立卑南國民中學歷史科代理教師。獲第五屆登瀛詩獎佳作、2017 年臺灣教育大學系統學位論文獎文理類佳作。

喜歡讀歷史，其實歷史就像一面鏡子，可以從中鑑往知來，也可以從過往事件中學習並反省，成為人生抉擇的一種方向。閒暇之餘也喜歡寫古典詩詞，目前累積約三十多首。常把歷史事件變成詩詞的一種題材，透過文學表現的敘事手法從新賦予歷史新的詮釋。

提　　要

歷史是人類過去生活的經驗展現，而歷史研究其實就是喚醒人們對過往生活的記憶。美國漢學家史景遷（Jonathan D. Spence，1936 ～ 2021）是一個能夠關注歷史人物性情的史學家，透過借用文學表現的歷史敘事手法，賦予它們有血有肉的身軀，探索他們在面臨生命困境時，如何去應對歷史洪流帶來的改變。

作為一個探索者和解釋者，歷史學家將瑣碎的歷史碎片，諸如人類生活的各種圖像、遺跡、文字等整合起來，向世人敘說過去發生的故事，達到企圖再現過去人類的生活的目的。但歷史如果忽略了人的因素（思想或情感），便無法對當時時代或事件作出深刻的體認。史氏將錯綜複雜的事件與史料相互印證，以「說故事」的方式娓娓而談，讓西方讀者能夠對中國文化有所認識，也加深對中國歷史變遷的瞭解。

目

次

第一章 緒 論

第一節 研究動機與目的

近年來，根據歷史改編的小說、電影或是電視劇儼然蔚為一股風潮。電視劇當中，特別是宮廷劇和歷史穿越劇最受歡迎。中國歷朝帝王後宮中佳麗三千，每位妃子都想得到皇上的寵愛，誰得到皇上，就得到統領後宮的權力。於是這些為了奪得皇上的寵幸，而引發的女人間權力鬥爭最吸引觀眾。施百俊對此現象作了一番解釋：

> 一個故事可能會被喜愛或暢銷的原因通常是因為劇情可以和讀者的現實經驗有相當的連結，完全天馬行空卻沒有任何現實情節的故事就比例上不大可能成為市場的暢銷作品……甄嬛傳卻能在眾多作品中脫穎而出，最大的原因就是它在故事細節和敘述方式上切合了某些人熟悉的生活經驗，例如後宮的權力鬥爭和職場就有所雷同，讀者就能藉由故事和自身熟悉的經驗找到契合點，所以縱使所有的故事翻來覆去都是老梗，我們還是可以找到熟悉的部分……[註1]

二〇一二年，臺灣最受歡迎的中國歷史電視劇《後宮甄嬛傳》，描述了雍正、果郡王和甄嬛之間的情愛糾葛。甄嬛出身漢軍正藍旗，自小的夢想是「願得一心人，白首不相離」。聰明伶俐、能歌善舞的她，甫入宮就吸引了雍正皇帝的目光（也因為她和已故純元皇后非常相似），但也招來後宮妃子們的嫉妒與暗算。在受寵與失寵的沉浮中，她看透了後宮的一切。經歷了風風雨雨的她，從善良

〔註 1〕施百俊，《故事與劇本寫作：文創、電影、電視、動漫、遊戲》，臺北：五南，2015 年，頁 300。

純真的女子轉變為深諳權謀的貴妃。雖然最後成為皇太后擁有了至高無上的權力，但也失去兩個最愛的人（雍正與果親王），也失去了親人、朋友與敵人，成為深宮中最孤獨的皇太后，令人不勝唏噓。《後宮甄嬛傳》原本是中國作家流瀲紫所著的網路長篇小說，其故事並不是以清朝雍正皇帝胤禛為背景，而是大周朝乾元皇帝玄凌，故事架構部分仍以入宮→受寵→鬥智→失去愛人→尊為皇太后的主要情節為主，電視劇和小說互相解釋兩者未說明之處（如小說提及甄嬛名字原是「甄玉嬛」，但她覺得「玉」字俗氣，便改為甄嬛）。這些描寫宮廷生活的宮廷劇熱潮不減，除了《後宮甄嬛傳》外，還有《多情江山》（臺灣另譯《董鄂妃傳》、《多情皇妃·董小宛》）、《寂寞空庭春欲晚》、《美人心計》、《陸貞傳奇》、《武媚娘傳奇》、《羋月傳》、《後宮》、《步步驚情》等不勝枚舉。

　　另一方面，穿越情節也是歷史劇的主要運用手法。二〇一〇年在臺灣上映的奇幻歷史電視劇《神話》，描述了蒙毅（易小川）、趙高（高要）和玉漱公主三人間穿越兩千年愛與恨。易小川是個攝影師，但非常花心；易大川是他的哥哥，是個考古學家。有次小川在開車途中，無意間誤入了盜墓賊的根據地，隨後被他們追殺，他們在他車上放入一條毒蛇，毒蛇咬了易小川，易小川最後中毒昏厥了過去。盜墓賊為了分贓不均而起了衝突，剛好一條虎形墜掉在小川身邊，虎形墜發揮了力量，治好了他的傷勢。他將墜子掛在身上，卻烙印下虎形圖騰（蒙恬後來以此認定他為蒙毅），小川找女友高嵐修車，這時來了三個女生，親密的和小川打招呼，高嵐見狀非常生氣，高嵐找來了哥哥高要要找小川算帳。另一邊的考古現場，發現了一具女屍（虞姬）和一個寶盒，盜賊團也來到這裡想要奪走虎形墜和寶盒，幾經波折後，小川和高要拿回了寶盒，小川將虎形墜放入寶盒上方的虎形凹槽，沒想到寶盒發出光芒，將兩人帶到秦朝（小川從刑場天空掉下來，而且誤打誤撞救了項梁），後來小川一路上遇到了許多人，如項羽、虞姬、劉邦、呂雉、蒙恬、孟姜女等歷史人物，且受到許多人的幫助，成為歷史上的蒙毅；反觀高要來到秦朝後，受盡屈辱與折磨，還被閹割成了太監，最後他看盡人世世態炎涼，認為只有得到權力才可以保護別人（特別是小月，因為她和妹妹高嵐長得一樣，但小月很愛小川，但小川卻沒有真的喜歡她。小月也就是後來的虞姬，但高要在烏江看到被亂箭射死的小月卻無法救她，讓他內心更增添恨意），成為了歷史上的趙高。玉漱公主是小川真正愛過的人，但因為現實的無奈，玉漱成為了秦始皇的妃子。最後，因為長生不老藥的關係，小川、趙高和玉漱三人都活到了現代，玉漱在始皇陵等待了小川兩

千年，趙高為了向昔日好友，現在卻變成仇人的小川復仇，也等了兩千年。因緣際會下，找到了開啟天宮（始皇陵）的方法，但趙高為了不讓他們兩人好過，便破壞支撐天宮的隕石（也是讓長生不老藥發揮效力的能量），旋即三人迅速老化，玉漱和趙高都被碎片砸中，最後只有小川被家人救了出來。電影院上映著這一段故事，卻也是小川心中的一段神話。

　　這部電視劇雖然屬於穿越古代的科幻歷史故事，但當中所要傳達的真實，卻也是不容忽視的。姚占新對穿越劇提出了他的看法：

> 對穿越劇的盛行，官方意識形態持反對的態度。認為現在穿越劇毫無歷史觀可言，整體思想不符合官方提倡的思想，對歷史文化不尊重，過於隨意。但贊成者認為「穿越」劇成功地通過「穿越」，將現實生活中無法實現的純真愛情的理想一一展現……穿越讓觀眾輕鬆獲得了另一種情感認同。〔註2〕

穿越劇不同於前面所提的宮廷劇，宮廷劇描寫的是當時的時空背景，而穿越劇有現時和過去兩個時空可以進行敘事主線的發揮。穿越情節中，主角會因為某個事件（如《神話》中，小川將虎形墜鑲在寶盒上），讓主角從現世時空進入到過去或是其他時空（如小川和高要去到秦朝）。在《神話》這部劇中有一點值得深入探討：歷史無法改變。一般認為穿越後，我們就可以改寫歷史，讓歷史照著我們所期望的方向前進，又或者可以避免掉某些災難的發生，像有些人覺得如果卻阻止核彈的發明，就可以避免核戰的威脅，不過事實上卻會有另一個人發明了類似核彈的武器出來，這是無法避免的。在戲中，無論易小川如何想改變歷史，終究成為歷史的創造者。如在鴻門宴中，小川認為如果鴻門宴上不救劉邦，劉邦在這裡就會被擊殺，呂雉母子也會成為孤兒寡母，因此起身與項莊舞劍，因而救了劉邦。這裡說明了歷史的必然性，但最重要的仍是因他的性格導引著歷史的發展，不願看到好友受到傷害，但最後還是傷害了他們。即使他回到過去，知道歷史的發展，但也無法改變，因為任何的改變最後都會走向歷史的軌道，這是他經歷兩千年得到的答案。穿越劇因為劇情涉及了回到過去的歷史時空，讓觀眾覺得荒誕不經，悖離了歷史發展的規律，因此不如宮廷劇那樣受人喜愛。但是在易小川這個角色身上，他從花心到專情（對玉漱公主的專情）、從隨性到負責（成為愛護百姓的蒙毅將軍），觀眾對角色在現實中無法得到的改變，透過穿越找到了一個新的可能性。除了《神話》外，穿越劇還

〔註2〕姚占新，《中國通識》，新加坡：玲子傳媒，2013年，頁55。

有《尋秦記》（因時光機器實驗回到秦朝）、《終極三國》（異能行者穿梭到銀時空的三國）、《步步驚心》（車禍後受到電流刺激來到清朝）、《宮》（為追一幅清裝美人圖來到樹林中，隨後跌到清康熙朝的皇宮）、《穿越時空的愛戀》（小玩子偷了寶物「遊夢仙枕」，被女警撞見，兩人打鬥中碰巧天上十三顆行星排成一列，兩人旋即消失到了明朝）等等。

　　無論是穿越或是宮廷歷史劇，內容多以男女主角的愛情發展為主，看似大同小異，但他們能如此吸引觀眾的目光，靠的就是編劇如何在這些材料中重新排列組合，得出新的觀點或是新的敘說故事方式，使觀眾耳目一新。除了電視劇外，電影當中也常見以歷史題材為拍攝元素。二〇〇八年在臺灣上映的《一八九五》描述了吳湯興、姜紹祖等客籍抗日義軍抵禦北白川宮能久親王所率領的日本近衛師團，最後吳湯興和日本軍隊在八卦山決戰的故事。黃賢妹是苗栗客家望族，好習武讀書，不過有一次和兩位隨身丫鬟不幸被土匪林天霸擄走，後來林天霸放了黃賢妹和其中一位丫鬟。她在下山途中遇見了未婚夫吳湯興，吳湯興看見了衣衫不整的黃賢妹，還是把她帶了回去。後來整個村莊對這件事議論紛紛，也導致丫鬟受不了流言攻擊而選擇自殺，黃賢妹則跑到河邊哭泣，吳湯興安慰她：「我要娶的人是你，不是街頭巷尾的傳說」，最後吳湯興不畏風言風語，仍然依約娶了黃賢妹。一八九四年，中日甲午戰爭爆發，雙方最後簽訂馬關條約，臺灣割讓給日本。隔年五月，丘逢甲等人成立「臺灣民主國」，擁護唐景崧擔任大總統。五月底，由師團長北白川宮能久親王率領日本天皇親衛軍──近衛師團，從澳底登陸，逐步接收臺灣全島。

　　後來臺灣民主國希望吳湯興籌組一支義軍，由他擔任統領抵抗日本軍的接收，而金廣福姜家後代姜紹祖、頭份武秀才徐驤也前來加入抗日義軍。吳湯興是銅鑼的秀才，但他聽到臺灣將被接受的消息後，毅然決然答應臺灣民主國的請託，投筆從戎；姜紹祖是北埔墾戶姜秀鑾後代，家境富裕，他捐輸財產作為抗日的糧餉，同時也成立「敢字營」，一同對抗日軍侵擾；徐驤雖然是武秀才，對戰況卻仍沉著分析。然而，吳湯興和姜紹祖的家人雖然不支援他們去打仗，但最後他們決定默默的在背後支持他們，作為他們的後盾。六月，辜顯榮和仕紳在臺北城迎接日軍，順利進入臺北城。日軍認為其他各地不會出現反對勢力可以順利接收，然而之後的接收行動卻是更慘烈的戰爭。

　　吳湯興等人客籍義民軍擅長山區游擊戰，因此在北部地區讓日本軍隊節節敗退，而近衛師團長也開始意識到這次接收行動將演變成戰爭行為，後來更

實施「無差別掃蕩」，徹底殲滅反抗勢力。姜紹祖在一次圍捕中被逮，在獄中他服毒自盡，留下母親、妻子和未出世的孩子。隨著戰期的拉長，義民軍出現糧餉逐漸短缺；近衛師團這邊也開始出現官兵水土不服、感染疾病的情形。為加速接收行動，師團長決定要在八卦山決戰。日軍集中火力攻擊，吳湯興最後在八卦山壯烈成仁，義民軍也隨之瓦解，日軍進入了彰化。北白川宮能久親王後來染上傳染病身亡，黃賢妹也在遍尋不著吳湯興屍首後投井自盡，最後雖然獲救，但仍服毒身亡。在這場乙未戰爭（八卦山之役）中，義民軍的武器雖然比不上日軍火器精良，但憑藉著他們的勇氣與對土地的責任感，他們仍以意志力消耗了日軍的軍力，同時也展現客家人不輕易屈服的個性。除了《一八九五》之外，其他以臺灣歷史作為題材的電影還有《賽德克・巴萊》（描寫莫那魯道帶領賽德克族人反抗日本的壓迫）、《KANO》（描寫日治時代嘉農棒球隊遠征甲子園）、《大稻埕》（描寫佑熙穿越到一九二〇年代的大稻埕，經歷了大稻埕最繁華的時代）等等。

　　最後是以歷史題材為主題的小說，在形態上可以分成架空歷史小說（非真實發生的虛構歷史）、歷史小說（以真實的發生的歷史背景和實際存在的人物為題材）、穿越小說（基於某個原因回到過去，或者過去的歷史人物回到現代）。不過小說這一題材本身虛實參半，它可以細膩表現人物性格與人物命運，也可以和整個人物生活環境作一呼應，格局可大可小。另一方面，小說具有大眾性與流傳性，可以迅速在普羅階層流傳，無形中影響著人們的思考與行為。作家李敏勇認為「歷史小說是文學語言藝術形式之一，但歷史小說能提供國民文化人格的形塑，對臺灣歷史的重建有重大效益與意義。」〔註3〕小說可以反映社會，歷史小說雖然虛實相生，但它能夠使讀者增加對過往土地所發生的一切，有了一定的瞭解與認識，進而產生對整個民族社會的認同，這其實也是歷史小說所肩負的任務。

　　然而總有許多人質疑，這些以「歷史」為材料的小說、影視作品，是否就是「真的歷史」。這些或多或少改編歷史的作品，是否忠於原著（如電視劇《後宮甄嬛傳》改編自小說），抑或是這些東西偏離史實（如穿越的情節，本身屬於科幻成分，而且在過去或現在都不曾發生，因此會讓人有悖離事實之感）。這些人

〔註3〕參見楊媛婷，〈《臺灣歷史小說獎》李敏勇：歷史小說是臺灣文化工程重要一環〉收入於「自由時報」，http://news.ltn.com.tw/news/supplement/paper/1014997（2016/07/30 點閱）。

或許是想證明自己博學多聞，又或者是抱持著一種「原典至上」的想法，只要作品中的細節出了一點差錯，就會被視為不可饒恕的錯誤。他們認為這些差錯會導致歷史事實被扭曲，有誤導群眾的嫌疑，這些人被稱為是「無聊的考據狂」（直接對改編結果進行批判）；但有另外一群人瞭解為了說好一個故事，可以「合理」的對史實作改編，如果跟史實有所差異，他們會去思考這樣的改編是否成就出好作品，這些人被稱為是「有趣的考據狂」（關心是否創造出好的作品）〔註4〕。事實上，每個影視作品或是歷史小說上市後，總會引起熱議，其中大家最在意的無非是「與史實的差異性」。例如近期在臺灣上檔的電視劇《多情皇妃‧董小宛》，就是一個很有趣的例子。在劇中，順治皇帝在下江南時遇見了「秦淮八艷」的歌女董小宛，還和她譜出戀曲，然而這位漢人出生的女子和皇上的愛情仍舊遭遇波折（滿漢不通婚、對董小宛的寵愛引來其他妃子不滿）。但這但看似坎坷的愛情，開始引起觀眾對其真實性的考證。首先，董小宛和董鄂妃各有其人，一個是江南名妓，一個是內大臣鄂碩之女。第二，董小宛的年紀比順治大上十幾歲，況且她是漢人，根本不可能入宮，更不可能成為皇后。第三，董小宛是江南四公子——冒辟疆的小妾，她非常深愛冒辟疆。因為上述幾個原因，有人認為這齣戲硬將兩人綁在一起，實在有違史實。歷史學家吳義雄曾說：

> 因為你是以敘述歷史的名義來拍影視劇的，觀眾中也有不少人將影視劇中所表達的情節當作真實的歷史……藝術家應該儘可能尊重史實，而不能隨意地編造、曲解、戲說，也不能用「你們歷史學界不要指責我們，我們只是娛樂」這樣的藉口來搪塞。〔註5〕

這的確是大部分看重考據的人，所據以論述的觀點。這些「考據狂」的論點其實也沒有錯，的確這些作品如果沒有詳細考證，真會影響群眾的認知。但過於鉅細靡遺的考證真的就能呈現出好的作品嗎？答案是不一定。就像那些束之高閣的史書或史料，有多少民眾會去詳加研究呢？歷史有許多地方即使有史料相印證仍會有曖昧不明的地方，而這些曖昧不明之處則提供改編者想像的空間。透過大眾文化（影視或小說），歷史得以快速傳播，讓歷史不再是專家的歷史，而是能更貼近群眾的歷史。因此，考據狂們也不用太過吹毛求疵，而

〔註4〕參見Emery，〈張飛打岳飛？談電影《大稻埕》考據問題引發的歷史爭議〉收入於「The News Lens 關鍵評論網」，http://www.thenewslens.com/post/25280/（2014/07/27 點閱）。

〔註5〕黃雅婷，〈《多情江山》董鄂妃董小宛哭暈：我倆真不是一個人〉收入於「介面新聞」，http://www.jiemian.com/article/402661.html（2016/07/30 點閱）。

創作者或歷史敘述者也應在合理情形下完成作品改編。近來也有些作家將考據運用到作品當中，希冀能呈現出精細的情節，雖然無法真正走入歷史現場，卻可以說服讀者。電影大導演李安曾說過：

> 做考據的工作很困難，但如果因為困難就不去做，蒙混過關，下一代人真的會認為歷史就是這樣。這對我而言更是有了一種任務感。我沒有見過那個時代的上海，而今天的上海又變了，考據就更加重要。我常說這是千秋萬代的事情，苦一點也值得，算是為歷史做一點事情。〔註6〕

其實任何的歷史題材作品（無論是小說、電影或是電視劇），其目的都是在呈現那些被人遺忘的記憶。如果對於敘述主題沒有下一定的考據功夫，或許就無法達到喚醒歷史記憶的效果。但更重要的是如何在真實歷史的基礎上，去創造出一個更好的故事，讓故事能更貼近讀者或觀眾才是最重要的。史景遷便是一個能夠在浩瀚的史料堆中，找出一個敘述方向的史學家。

　　會選擇以史景遷為研究對象，是因為在大四時接受指導教授的提議，以海外漢學家史景遷為主要研究方向。史景遷是英國人，在美國耶魯大學歷史系任教，其研究領域大部分是以中國明清兩代的歷史為主，如他的專書《康熙與曹寅：一個皇室寵臣的生涯揭秘》、《雍正王朝之大義覺迷》、《婦人王氏之死》和《前朝夢憶：張岱的浮華與蒼涼》等，都是以明清史為主要方向。再加上研究者對於歷史也有興趣，可以結合自身興趣來做研究。而在他的著作中，特別有兩本值得關注。第一本是《婦人王氏之死》，史景遷在書中使用了史料（包括《郯城縣志》與《福惠全書》）和非史料（《聊齋誌異》），這在一般歷史著作上並不會將史料與非史料結合運用，非史料的使用也帶給史景遷不同於《郯城縣志》上所記載的僅短短幾十行的敘述。此外，史景遷在故事中特別加入了一段王氏生前的夢境，又增添了故事的奇幻與悲劇性，有別於一般歷史實事求是的態度。另一本是《前朝夢憶：張岱的浮華與蒼涼》，史景遷在書中同樣使用了張岱最重要的一本散文集《陶庵夢憶》，這本書是他對晚明的回憶。張岱是中國晚明的散文大家，同時也是一位史家，早年生活富裕，後來清兵入關改朝易代，原本美好的生活發生鉅變，而他也歸隱山林。史景遷透過這本書，以及其

〔註6〕參見 Emery，〈張飛打岳飛？談電影《大稻埕》考據問題引發的歷史爭議〉收入於「The News Lens 關鍵評論網」，http://www.thenewslens.com/post/25280/（2014/07/27 點閱）。

他可蒐集到的史料，為張岱捕捉了他那逐漸逝去的晚明回憶，也重建張岱心中的晚明。史景遷關注人物的性格，並且以文學性的歷史敘事筆法，為這些人物注入生命，賦予它們有血有肉的身軀，讓西方讀者認識中國歷史，也能對中國歷史的變遷也所同情。

綜上所述，本研究嘗試將史景遷的歷史敘事手法以敘事學方法來進行分析，其次以超現實主義方法來解析王氏的夢境所代表的含義，最後採文際互典方法對比出史料與非史料的文本對話，並以下列四點說明本文的研究目的：

一、傳統史學向來著重帝王將相的歷史，對普通百姓的生活較無興趣。然而，民國初年的文學家兼史學家梁啟超所提倡的「新史學」認為，大歷史背後仍是由這些無名群眾所牽動著，因此歷史研究必須將眼光投向小人物身上。史景遷以小處著眼，逐步勾勒出整個時代的面貌，一如《婦人王氏之死》，雖然寫王氏這個小人物個故事，背後卻是整個中國婦女的縮影。因此，「以小見大」的風格，便和傳統大歷史敘述的形式有所不同。

二、史景遷喜歡中國歷史，是因為他特別尊崇《史記》作者司馬遷。他認為司馬遷透過說故事向中國人展現這塊土地上過去所發生的紛擾，自己同樣透過說故事的方式向西方讀者展現了「中國」這個東方國家的文化與紛擾。不過，史景遷畢竟不是生長在中華文化的土地上，而是一個海外的學者，兩者文化的差異性產生了不同的思維。然而，史景遷的視角卻也提供讀者們重新看待自身歷史的契機。

三、史景遷在史料的選擇上，作足了考證的功夫，在每頁底下都能看見相關的資料來源。史景遷使用非史料做為印證史料所未能觸及的領域（如他以《聊齋誌異》鋪設了王氏的夢），都是現今史學界尚未普及的作法，也因此其作品常為人詬病，認為他是在創作小說而非歷史學術專著。然而，也有史學家認為史料並不能代表一切，史料只是為史學家還原歷史指出一個方向。史景遷選擇像《聊齋誌異》和《陶庵夢憶》的非屬史料的文學著作，其目的是為了彌補史料的不足，且他所選擇的文本也不是無所根據（如張岱《陶庵夢憶》保存了晚明的寫照，史景遷也說雖然無法確信每件事的真實，但這些都是張岱想留給後人的回憶），實可以拓展讀者不同的視野，同時也提供一種不同於史料的見解。

四、研究者欲探究史氏獨特的說故事手法，史氏雖著眼於歷史的細微處
　　卻能呈現出對大歷史的觀照，從而在無序的史料中建構出有序的人
　　物圖像。本研究是以《史記》之史傳文學為主軸，透過對敘事技巧
　　的分析來說明史氏的寫作特色，藉以歸納出其歷史書寫的敘事藝
　　術，進而對史氏的歷史敘事做一審視，目前學界對於史景遷的歷史
　　敘事著重於史學的探討，而本文試從文學角度出發，期盼對研究史
　　氏歷史敘事主題之相關研究可提供一個新的視野。

第二節　研究方法與範圍

　　所謂「前車之鑑，後事之師」，我們常說要從歷史當中汲取教訓。倘若能
從過去歷史總結前人之經驗教訓，透過回顧與反覆思考，並且從當中找尋問題
的最佳解決方案；或是借助歷史經驗，掌握事件的發展態勢，做出因應的對策
或方案；又或是從歷史事件中汲取經驗，告訴自己應該採取什麼行動，不應該
採取什麼行動，以避免重蹈歷史覆轍。唐太宗李世民在魏徵去世後，曾以「夫
以銅為鏡，可以正衣冠；以古為鏡，可以知興替；以人為鏡，可以明得失。朕
常保此三鏡，以防己過。今魏徵殂逝，遂亡一鏡矣！」〔註7〕一言引以為鑑。
以銅為鏡可以讓我們整理衣冠，端正自己的行為；以歷史為鏡可以讓我們知道
歷史的興衰，鑑往知來；以人為鏡可以明白自己得失，同時也能知人善用，歷
史的功用就在這裡。一個人如果面臨了生活上的困難，若能從歷史當中找到適
合自己的解決方案，許多問題便能迎刃而解。例如現代社會中常有太太與第三
者之間，爭執不休的情形發生。然而古代的皇宮中，皇后與其他嬪妃也時常發
生如此情況，甚至出現狠毒手段，而漢高祖劉邦之妻呂后（呂雉），對戚夫人
的報復可為慘絕人寰。劉邦駕崩後，呂后開始對付劉邦的寵妃，其中戚夫人因
多次要求劉邦改立太子（此時太子為呂后的兒子），令呂后非常氣憤。先是讓
戚夫人作舂米的勞役，後來又毒殺了她的兒子趙王劉如意，後來還挖去戚夫人
的雙眼、砍斷她的手腳、薰聾她的耳朵、用藥物讓她變啞吧，最後還把她丟到
茅廁，命為「人彘」，可說是慘無人道。即便如此，後宮中還是有和平相處的
例子。漢文帝之妻竇皇后（竇猗房）謙恭賢淑、親力而為，同時她也不忘民間

〔註7〕〔後晉〕劉昫等主編，《舊唐書》，北京：中華，1975年據岑氏懼盈齋刻本點
　　　校，頁2561。

疾苦，要求漢文帝將布匹、米肉之生活用品賜給疾苦的百姓，讓他們的生活能夠安飽。然而，一場大病襲來，竇皇后眼睛失明，這時的漢文帝冷落了竇皇后，開始寵愛慎夫人和尹姬。在宮中，慎夫人仗勢著皇上的寵愛，跟竇皇后平起平坐，但竇皇后對此並不在意。漢文帝駕崩後，漢景帝即位，竇皇后並沒有向呂后一樣迫害其他妃子，反而對她們多加關照。竇皇后所表現出的遇事謙退、寬容大度等美德，贏得了後宮和群臣的敬佩，同時她所崇尚的黃老思想也為西漢「文景之治」奠下基礎。這種從過往事件中尋找合適的解決辦法，不啻是我們在歷史學習中所能得到的幫助。

　　歷史是對人們過去一切行為、文化活動的描述，如中國婦女運動史、抗日戰爭史、歐洲基督教文化史和印度佛教史等類別。歷史可以根據是否涉及敘述者（歷史學家的解釋），細分為歷史事件和歷史事實。歷史事件是一種客觀存在，早在歷史學家對事件的解釋前就存在，並不會因為歷史學家沒有找到相關文獻就不存在；而歷史學家透過文獻資料，對過去發生的歷史事件作出敘述，找出背後的故事，並將其事實化、合理化，進而構成了歷史事實。例如康熙二十二年，許多福建、廣東沿海居民渡海來台，並將其信奉的神像帶來台灣，這件事本身是歷史事件。後來有學者發現為何像奉祀保生大帝的廟宇，當地居民祖先幾乎都來自泉州；奉祀開漳聖王的廟宇，當地居民祖先都來自漳州。於是他們考據相關資料，發現原來當年施琅擊敗鄭氏政權後，臺灣納入清廷的版圖。然而施琅向康熙帝上奏，恐怕臺灣還會出現反清的勢力，且沿海海盜猖獗，因而建請康熙皇帝頒布「渡臺禁令」，禁止福建東南沿海居民渡海，如果要渡海須經官方審核，且不得攜家帶眷。因此，許多沿海居民冒著生命危險也要渡過黑水溝（因為臺灣流傳著「臺灣錢淹腳目」的俗諺），他們在船上也會帶著家鄉的神像一同渡海，以求海上航行順利，來到臺灣開墾後，這些神像有些仍舊是家族奉祀，有些則成了聚落的共同信仰。這些由學者找到的說法即是一種歷史事實，但歷史事實帶有主觀性，如有文獻無法解釋之處，便會造成不同的歷史解讀。就像一九三八年花園口決堤（黃河大決口）事件，國民政府利用黃河汛期而進行戰略性炸堤，試圖阻止日軍前進。但此舉卻造成當地洪水氾濫，上萬人死亡。有些學者解讀此舉殘害了太多無辜的民眾，罔顧性命；也有學者解讀炸毀堤防的確拖住日軍的行動，為國民政府爭取了時間。這就是學者對歷史事件的解讀，不同的認知就會產生不同的解釋。林立樹對此作出解釋：

　　　　在歷史的探索過程中，「意識型態」及「指涉」具關鍵地位。歷史是

對一個過程的一種表現。意識型態則是對無法表現的歷史的一種認
知描述……每一個人按照自己的興趣和利益選擇自己的意識型態。
「指涉」（refer）……不是問題的本身，而是一種描述或表現。描述
或表現已發生過的事情，成為運用各種方法進行分析的客體。〔註8〕

歷史透過歷史學家的解讀（即意識型態）予以敘述，最後發表出自己的見解
（即指涉）。換句話說，「意識型態」和「指涉」影響了歷史學家對於同一事件
的不同見解。歷史學家對於所描述的事件，難免會有自己的喜好選擇，作出不
同觀點的敘述。因此歷史敘述當中，「敘述者」所扮演的角色變得非常重要。

　　歷史本身無法脫離敘述。新歷史主義（New Historicism）學家海頓・懷特
（Hayden White, 1928～）認為歷史也是一種敘述，這並不否定歷史的真實性，
反而著重在歷史文本是如何受到歷史環境與各種力量的影響。歷史學家在書
寫歷史文本的過程中也像文學家一樣充滿想像，將各種史料整理成有邏輯性
的歷史，看起來很像是自然而然發生的一樣。魯小鵬認為「（歷史）強調的是
忠實而直白的紀錄，同時以官方認可的世界觀作為尺度來對外在世界進行重
構，」〔註9〕歷史事件本身是客觀存在的，只有透過史家的重建，才能讓歷史
事件為自己說話。史家蒐集「史料」，重新組構最貼近歷史真實的歷史敘述。
在歷史敘述過程當中，史家發現歷史事實中存在某些特殊意義，或是彼此間形
成的特殊關係，這些發現終將形成歷史解釋。例如史家在敘述中國歷史上的變
法時，發現幾乎無一成功，於是他們開始尋找原因並作出自己的見解。他們將
改革者的立場、改革內容及反對勢力的存在，詳加歸納比較，進而理出改革者
的缺失：專注於農業改革（商鞅變法重農抑商）、半途而廢（一條鞭法在張居
正死後無人推行）、無法澈底改變體制（戊戌變法受到守舊派強烈反對）。

　　總的來說，歷史透過敘述得以被史家記錄下來流傳於後世，其本質上所
傳達的就是一種「記憶」。張隆溪提到：「歷史的敘述能夠保存記憶，抵抗遺
忘，其前提是歷史的敘述能夠再現歷史和現實的經驗，能夠給後人以真實可
靠的記敘。」〔註10〕史家重構人類過去的文化活動的歷程，告訴了我們過去
所發生的事件，讓過往的事件可以被後人記住，形成一種歷史的勸誡教訓。

〔註8〕林立樹，《現代思潮：西方文化研究之通路》，臺北：五南，2015年，頁7。
〔註9〕魯小鵬著，王瑋譯，《從史實性到虛構性：中國敘事詩學》，北京：北京大學，
　　　2012年，頁4。
〔註10〕張隆溪，《張隆溪文集第三卷》，臺北：秀威，2013年，頁315。

史景遷擅長使用文學性的筆法進行史學創作，他認為文學化的語言是讓史學更接近藝術。他不以史料的真實性為最終手段，而是以史料為基礎，透過文學化的語言，獲得某種道德性的意義與批判，同時發現歷史本來的面目。正如《史記》在敘及項羽失敗同時，也不忘對其進行道德批判（缺乏自我反省）。傳統中國史家認為歷史人物的「心」足以左右歷史發展的方向，透過對其道德價值的批判，可以引起正面學習與負面教訓借鑑的效果。然而西方史學家如巴特菲爾德（Herbert Butterfield, 1900～1979）卻認為史學家的任務在於對歷史事實的陳述，而不是批判歷史人物的對錯。〔註11〕不過正因為有了「道德批判」，才得以歷史事實不再是冰冷的數據，而是展現更加生動的歷史人物，增添了歷史的可讀性，也讓讀史者在回顧過去的歷史記憶同時也能有所警惕。而史景遷在運用文學化筆法的手段上（如敘事視角的轉換、敘事時限的伸縮、環形情節結構的鋪陳、透過夢境剖析人物內心世界和吸收其他文學文本進行互文書寫等等手法），更開創出的不同於西方史學界的厚度與視野。

因此本論文的研究方法將分為三部分進行：敘事學、超現實主義與文際互典，將本論文的研究方法以較為系統性的方式呈現。首先將敘事學的定義作出基礎的整理與論述，進而將範圍縮小至敘事視角、敘述者類型、敘事時間與敘事情節等四個類別中探討。接著再以超現實主義中的「夢境」為主體，並探討其中曲折隱晦之語言所引發的隱喻象徵作出整理歸納，藉以瞭解王氏夢境由美好轉向衰亡的內心變化。最後以文際互典中的文本對話特性，分析《婦人王氏之死》與《前朝夢憶：張岱的浮華與蒼涼》對於文學文本的互文書寫進行歸納，透過文本間相互對話的手法，不僅再現了當時的時空，也捕捉了逝去的「記憶」。此外，研究範圍當中，以史景遷的作品《婦人王氏之死》為主要討論範圍，而在文際互典的討論中，針對其《婦人王氏之死》（史景遷著，李孝愷譯）使用《聊齋誌異》與《前朝夢憶：張岱的浮華與蒼涼》（史景遷著，溫洽溢譯）使用《陶庵夢憶》的篇章予以整理成表，以期清楚展現史氏在非史料上的選擇樣貌。

一、敘事學（Narratology）

「說故事」早在遠古人類社會時期就已存在。遠古初民面對變化莫測的自然現象，諸如日月星移、洪災山崩等感到迷惑、驚奇，遂產生對自然界神

〔註11〕參見黃俊傑，《儒家思想與中國歷史思維》，臺北：國立臺灣大學，2014 年，頁 81。

異靈力的敬畏崇拜。先民依照自己的生活體驗，賦予自然現象形象化、人格化，並經由想像力，創造出各種解釋自然界諸神靈的故事，渴求征服令人畏懼的自然現象的願望，形成一種先民認識自然、解釋自然、駕馭自然的模式，這也就產生了中國敘事源頭——神話。神話產生之時尚無文字，只能透過口耳相傳的模式代代相承，直到後來才有文字將之記載下來。這些故事雖然有先民的誇張想像，但這些人透過故事傳達了他們對世界瞭解，告訴我們其所處的時空是什麼樣子。這些代代流傳的神話故事也告誡後人面對變化該採取什麼樣的行動。透過故事敘述，我們得以窺探先民的生活圖景。林東泰認為「人類歷史亙古以來為了延續生命和文化，就必須透過說故事方式傳承社群經驗和精神價值，人類必須有了敘事，才能夠傳遞經驗與文化，」〔註12〕故事有種奇特的魔力，可以啟發和撼動讀者的心，因為我們總相信故事真誠且真實的，正如小孩子會對虎姑婆感到害怕（其故事想要傳承的經驗是不要輕易相信陌生人）；故事能夠捕捉觀眾的想望，正如童話故事醜小鴨變天鵝（其故事想要傳承的經驗是不要用世俗的眼光去評斷事物）。正因為故事帶有這種吸引讀者的能力，因此總能讓人類經驗文化透過敘事承傳下去。而歷史敘事也帶有這種特性。

　　盧建榮認為歷史敘事是一種「借用文學表現來從事歷史書寫的一種方式。」〔註13〕史學家將史料依照時間先後順序予以組織，且加入必要的合理情節，形成一個前後呼應的歷史故事。早期史學研究著重在以科學分析史料，透過電腦處理統計數據，產生許多量化結果。然而越來越多人發現，這些套用「固定」公式的歷史數據可信度真的夠高嗎？是否還有細節成了漏網之魚？此外，人類發展的文化、行為等文化、精神層面的資料難以數字作分析，過於專業的分析成果最後也淪為史學家之間的意見交流，仍舊無法傳達給讀史者，也就無法達到歷史知識的傳遞效果。歷史研究隨時間推移，有著走向傳統敘事的趨勢，但現今主流學界仍不接受這種富含文學性的敘事筆法，因為這種方法會使歷史敘述逐漸往小說的道路上發展，最後歷史和小說就無異了。不過歷史學家海頓‧懷特（Hayden White）認為，史家透過史料回溯歷史發展過程，並以各種方法處理史料，最後形成一個歷史文本。過去的事實不斷被詮釋、

〔註12〕林東泰，《敘事新聞與數位敘事》，臺北：五南，2015年，頁102。
〔註13〕盧建榮，〈十年孤劍滄海盟：如何操作後現代歷史學〉，收錄在凱斯‧詹京斯（Keith Jenkins）著，賈士蘅譯，《歷史的再思考》，臺北：麥田，2006年，頁26。

被書寫，本身帶有語言論述的成分，其中包含了情節、意識型態與指涉，所以歷史帶有小說的意味。然而小說家與歷史學家最大的不同在於歷史學家所追求的是試圖找出真相。因此，歷史敘事仍須以史料為基礎（如史景遷書內附有註腳，彰顯史家有憑有據）、重視時間和空間觀（如史氏於《婦人王氏之死》內附有郯城地圖，告知讀者地理位置）、在合理情況下增加敘事筆法（如史氏於《婦人王氏之死》的情節安排採取環形結構，增加可讀性）。

敘事學是研究敘事作品的一門科學，胡亞敏認為「敘事學重視的是敘事文本身的結構和關係，它把敘事文視為超越時間和歷史的共時現象，」〔註14〕它強調研究作品內在的形式與結構，即故事是以怎樣的角度來觀察和論述，以及故事如何編排，故事的組成要素等等。羅剛在其《敘事學導論》書中，針對《敘事學辭典》，在「敘事學」詞條下所摘錄的兩種對立觀點作出整理：

> 一種以托多洛夫為代表，這種觀點認為，敘事學研究的對象是敘事本質、形式、功能，無論這種敘事採取的是什麼媒介……它著重研究的是敘事的普遍特徵；另一種意見以著名的法國敘事學家熱奈特為代表，認為敘事學研究只限於敘事文學，即以語言為媒介的敘事行為……敘事學研究的主要對象是反映在故事與敘事文本關係上的敘事話語，包括時序、語勢、語態等等。〔註15〕

托多洛夫（V. N. Toporov, 1939～）與熱奈特（Gérard Genette, 1930～）的說法都屬於敘事學研究範疇，托多洛夫的觀點屬於對故事本身的研究；熱奈特的論點則屬於敘事話語上的研究，惟須將兩人的論點結合在一起才是敘事學的全貌。講故事實際上就是敘事的一環，敘事的形式廣泛多樣，電影、戲劇、繪畫、史詩或是街頭巷尾的閒談，都屬於敘事的範疇。不過說故事因人而異，劉世劍認為「採用不同的敘事話語，不同的敘事體態、方式或技巧敘述相同或類似的故事情節，會創造出各式各樣面貌上迥然有別的小說文本。」〔註16〕究竟何謂敘事，傑拉德·普林斯（Gerald Prince）認為「由一個、兩個或數個敘述者向一個、兩個或數個受敘者傳達一個或更多真實或虛構事件，」〔註17〕申丹認為「即通過語言或其他媒介來再現發生在特定時間和空間裡

〔註14〕胡亞敏，《敘事學》，臺北：若水堂，2014年，頁23。

〔註15〕羅剛，《敘事學導論》，雲南：雲南人民，1999年，頁1～2。

〔註16〕劉世劍，《小說敘事藝術》，長春：吉林大學，1999年，頁1。

〔註17〕普林斯（Prince, G），喬國強、李孝弟譯，《敘述學詞典》，上海：上海譯文，2011年，頁136。

的事件，」〔註18〕徐岱認為「所謂『敘事』，即採用一種特定的語言表達方式——敘述，來表達一個故事。」〔註19〕從以上的論點可以得知，所謂敘事即是敘述者透過媒介（或語言）再現特定時空間的真實或虛構事件。浦安迪則認為敘事就是「作者通過講故事的方式把人生經驗的本質和意義傳示給他人」，〔註20〕然而許多文學形式如抒情詩或戲劇，也是在於傳達人生經驗的本質和意義，並非特屬敘事文學的內涵特質。因此，浦氏再對敘事文作一定義「敘事文特重表現時間流中的人生經驗，或者說側重在時間流中展現人生的履歷。」〔註21〕換句話說，敘事文（或稱故事）的本質就是在演示人生經驗在時間流中如何開始與如何結束，並且極力描寫當中的轉折之處藉以傳示讀者，屬於一種動態的時間流變過程。

　　歷史研究脫離不了「人」這個因素，也因此歷史敘事其實也是透過說故事傳達人類過去生活的經驗，藉以引發讀史者的感同身受。此外，歷史所展現的不外乎是事件的時間演變及其影響，其所表現的仍舊是時間流中的經驗傳遞。據此，研究者採取敘事學為本論文研究方法之一。事實上，史景遷是個擅長說故事的歷史學家，此處以敘事學的觀點切入其著作《婦人王氏之死》，藉以了解史氏的敘事手法。關於敘事學理論的層面，王平認為至少包含「敘述者、敘事角度、敘事時間、敘事邏輯、角色模式、敘事結構、敘事修辭」〔註22〕等七個面向。本文擇取敘述者（史景遷如何作為敘述者）、敘述角度（史景遷的視角展現）、敘事時間（文本中呈現的時間流動）以及敘事邏輯（文本的情節結構）等四個面向，從敘述者端到文本端作一討論。

二、超現實主義（Surrealism）

　　「做夢」是每個人都會經歷的事。每當夜幕低垂，閉上雙眼躺在柔軟的床鋪上，過沒多久便進入一個奇幻的世界。在這個世界中，有時就像日常生活景象那般熟悉；有時又帶有荒誕、可怖的驚險冒險，狄倫‧圖契洛（Dylan Tuccillo）認為「夢是我們每晚都會經歷的真實體驗，但由於貧乏的夢境記憶，我們忘了

〔註18〕申丹、王麗亞，《西方敘事學：經典與後經典》，北京：北京大學，2010 年，
　　　　頁 2。
〔註19〕徐岱，《小說敘事學》，北京：商務，2010 年，頁 6。
〔註20〕浦安迪，《中國敘事學》，北京：北京大學，1995 年，頁 5～6。
〔註21〕浦安迪，《中國敘事學》，頁 6。
〔註22〕參見王平，《中國古代小說敘事研究》，石家莊：河北人民，2001 年，頁 8。

另一個自己也參與其中的完整人生。」〔註23〕當天亮的時候，我們離開了夢境世界，有時卻很難記得夢境裡發生了什麼事，也許是考試第一名，也有可能被野狗追。然而夢醒之後，卻只依稀想起破碎、迷濛不清的些許印象，這些都只是對於夢境的記憶，並非夢的本身。我們在夢的世界穿梭感覺非常真實，這種真實是鮮明且原始的，且大腦完全不認為這是在做夢，以致清醒後才會感覺夢的迷濛不清。夢的產生是因為大腦沒有完全休息所造成的。人在入睡時，腦細胞也隨之進入放鬆和休息的狀態，但某些腦細胞沒有完全休息，微弱的刺激就會引發它們的活動（如聞到花香就會產生置身花園的夢境；呼吸困難就會產生痛苦掙扎的夢境），從而觸發夢境。夢有顯性和隱性之分，顯性的夢就是一般所謂「日有所思，夜有所夢」，其所展示的基本上是生活情景中所經歷的、發生的事件，內容較為直白容易理解；隱性的夢是大腦對於一些事件選擇性的隱喻表達，經過加工粉飾後也顯得較為曲折離奇。也因此多數人在夢的記憶上，能夠記得的多為顯夢（隱夢含有違反社會規範要求，所以隱夢多隱藏在潛意識，同時也展示了心中深層願望，因此成了遭遇挫折的避難所〔註24〕）。夢境裡最特別的就是其象徵與借用性，李長博認為：

> 夢還有很多的象徵性和借用性，比如對於女性生殖器的象徵就有很多，荷花、飯碗等；還有借用性，大多少都有過這樣的經歷……同一個夢的場景裡出現了不同地方的標誌性建築，這就是夢的轉移性，會把我們在不同的地方，不同的場合遇見的事情，擺在一起釋放出來。〔註25〕

夢充滿各式各樣的象徵，使得夢世界變得多采多姿；夢融合了我們日常生活的所見所聞，並且藉機播放。當我們在入睡時，大腦處理白天的短暫記憶，並將之儲存成長期記憶，在記憶整理中產生的光怪陸離現象。夢和現實非常密切，人在夢中經歷無常變化，現實中也是看盡悲歡離合，以致有「人生如夢，夢如人生」的虛實交錯慨歎。夢境作為潛意識傳達訊息的媒介，那麼它必定是想傳達給我們重要的消息（可能是身體上或是生活上的）。夢本身帶有敘述性質，趙毅衡對於夢的敘述指出：

〔註23〕狄倫・圖契洛（Dylan Tuccillo）、賈瑞・塞佐（Jared Zeizel）、湯瑪斯・佩索（Thomas Peisel）著，Maopopo 譯，《清醒做夢指南：全面啟動你的夢境之旅》，臺北：大塊，2014 年，頁 65。
〔註24〕參見吳靜吉，《心理與人生》，臺北：遠流，1994 年，頁 43。
〔註25〕李長博，《超現實夢境：顛覆你所認知的常理》，臺北：永續，2014 年，頁 14。

> 夢者不是夢的敘述者，而是夢敘述的接收者、感知者。夢敘述必然
> 是這個主體單獨接受，任何人無法代替別人，或窺見別人的夢境……
> 有時候夢者感覺到自己在做夢（在所謂「透明的夢」之中），但是依
> 然無法控制這個夢中的任何情節，因為這部分意識只是夢敘述的受
> 述人……夢敘述是一種自身敘述，即意識的一個部分，把故事演示
> 給意識的另一部分看。〔註26〕

夢中的所見所聞，做夢的人本身無法指揮或改變它的進行，他只能被動接受夢
的演示（做夢者感覺不到自我意識，意即沒有察覺正在做夢）。夢的內容常常經
過調整與揀選，既然做夢者無法控制夢境，那麼夢竟是由誰在組織呢？其實是
潛意識在操控，它將做夢者想要實現的欲望轉化在夢境中實現，使其經歷一段
真實旅程。換句話說，做夢者實際上是被捲入意識的感知層面。不過夢經由潛
意識的加工敘述，使得我們得以窺見人們心中的想望。史臺茲認為「（夢）用形
象連接成為故事，是人的內在能力，用回憶中的經驗材料組成情節，卻因人而
異，因此是外在能力，做夢與講故事實際上是同一種活動的不同類型。」〔註27〕

　　夢經過潛意識組織生活經驗轉化為夢境，向做夢者放映故事（敘述）。夢
作為一種敘述，張穎認為該敘述包含兩種形式──演示敘述與語言敘述，同時
夢敘述展現敘述層次的主敘述與次敘述劃分（敘述框架的跳接）。〔註28〕演示
敘述是夢境的體驗過程，做夢者在這裡只是一個接受者，所有的敘述是一種無
意識的敘述行為，其表示夢的正在進行；語言敘述是回顧自身做夢的過程，是
一種再敘夢境的行為，此時除了做夢者外還多了一位敘述者（兩者同時存在），
其表示一種夢的事後敘述。夢帶有諭示作用，不過也因為夢的內容撲朔迷離，
因此古來多有「占夢」的行為，即向巫師或解夢者詢問夢境所要傳達的意涵。
《左傳》對夢也多所著墨，何福仁指出「記晉景公的夢，可說是《左傳》裡最
奇特的夢，一個夢貫串另一個夢，夢與夢相關、夢與現實呼應，寫來妙趣橫生。」
〔註29〕夢在古代常被看做是上天向人的暗示，且先秦史官也常為帝王占夢以
求得喻意，並藉以預防災禍或預知吉兆（如夢見黑雲壓地代表會發生瘟疫；夢

〔註26〕趙毅衡，〈夢：一個符號敘述學研究〉，《四川大學學報（哲學社會科學版）》，
　　　　第 3 期（2013），頁 107。

〔註27〕Bert O States, "Authorship in Dream and Fiction"，轉引自趙毅衡，〈夢：一個符
　　　　號敘述學研究〉，頁 108。

〔註28〕張穎，〈談《遊園驚夢》戲劇演出中的夢敘述〉，收入於鄭穎玲主編，《敘事學
　　　　研究：理論、闡釋、跨媒介》，北京：北京大學，2013 年，頁 245。

〔註29〕何福仁，《歷史的際會──先秦史傳散文新讀》，香港：三聯，2013 年，頁 145。

見天光照在身上表示疾病可以痊癒)。夢和現實相互呼應,夢往往應驗了現實,更加深了夢境的魔幻與真實。

　　超現實主義是第一次世界大戰後新興的流派,影響了文學、繪畫和音樂等領域,它屬於一種離開現實,返回原始和否認理性的精神革命,強調人們的下意識或無意識活動。它以「夢境」、「幻覺」作為創作的素材,認為只有超越真實的無意識或潛意識的世界才能真實的將客觀事實呈現出來。蔡源煌認為:

> 超現實主義從浪漫主義師承了對夢、催眠、瘋狂、妄想——簡而言
> 之,即人的「潛意識」——等等的關心……超現實主義所提倡的「反
> 調」,乃是強調經驗論式的自我無法管窺「世界」之全貌,因此人必
> 須重新去發掘「非具體」世界的重要性。〔註30〕

超現實主義最常透過「暗喻」手法——「夢」來呈現真實,並藉由「夢境」、「幻覺」來表現人物的內心世界,挖掘潛意識藉以浮現比現實更真實的人性探索。他們常將不相干的概念、事物並列呈現,透過喻象引起讀者情感反應。超現實主義受到許多學說的影響,如達達主義、浪漫主義、象徵主義、精神分析學說和直覺主義,其中又以精神分析學家佛洛伊德(Sigmund Freud)的精神分析學說影響最深遠。佛洛伊德認為「夢的內容在於願望的滿足,其動機在於某種願望」,〔註31〕夢是滿足慾望的手段,夢境並非毫無意義,它是一種精神現象,在每個夢境裡,可以找到做夢者的自我的願望。心理學家榮格(Carl Gustav Jung)在佛洛伊德的基礎上加以論述,提出「夢是無意識為靈自發的和沒有扭曲的產物……夢給我們展示的是未加修飾的自然的真理」,〔註32〕夢是隱藏於心中原始的欲望,它可以成為巨大的能量而促使願望達成。大衛·洛吉(David Lodge)則認為「無意識狀態不受我們清醒生活實的邏輯限制,以生動的形象與驚人的連續敘事,洩漏了隱藏的慾望與恐懼。」〔註33〕人的無意識包含各種想法與欲望,這些平常都被壓抑在無意識中,唯有在夢的世界才會表現出來。張一兵說「超現實主義的意義在於重新發現了精神世界中一個『最為重要的部分』,一個已被眼前的現實物欲生活拋棄了的世界,即超越現實的似夢的想

〔註30〕蔡源煌,《從浪漫主義到後現代主義:文學術語新詮》,臺北:書林,2009 年,頁 167。

〔註31〕佛洛伊德(Freud, Sigmund)著,呂俊等譯:《夢的解析》,臺北:知書房,2014 年,頁 99。

〔註32〕格瑞心靈工作坊,《Dream 夢:解夢及夢中清醒》,臺北:丹陽,2014 年,頁 123。

〔註33〕大衛·洛吉(David Lodge)著,李維拉譯,《小說的十五堂課》,臺北:木馬,2006 年,頁 230。

像世界。」〔註34〕夢創造出超越「現實世界」而令人驚嘆，而夢敘述豐富了人的精神世界，同時也能深入探索人們內心最真實想法。

傳統歷史研究較少著墨個人精神層面的私領域探索，他們認為這當中充滿太多主觀因素，影響了歷史的客觀性。不過榮格也認為「人類世世代代經歷的事件和情感，最終會在心靈上留下痕跡，這痕跡可以通過遺傳傳遞，」〔註35〕榮格稱這些痕跡為「原型」（archetype）或「集體潛意識」。夢境中出現許多奇異的形象，這些形象與做夢者本身生活沒有直接關連，是潛伏在民族生活經驗中的產物，並透過夢境的象徵傳達給我們，這就是原型的展現。據此，本文選擇超現實主義為研究方法之一。超現實主義認為夢境和幻覺才是內心最真實的反映，且擅長構建幻想、夢境以及記憶中的意象和幻想。史景遷在《婦人王氏之死》中雜揉蒲松齡《聊齋誌異》的意象（如冬天的湖、鞋子和露水等），完成了王氏死前奇異夢境的敘述，當中的文字富含象徵，同時也暗示了王氏的死亡結局。郯城在明末清初經歷戰亂、疾病與天災，瀰漫著虛無幻滅的情緒，也因此夢的書寫特能展現內心的複雜感受，同時可使讀者感受王氏內心無法言喻的哀愁，進而產生歷史的同情。關於超現實主義的特色，張光達認為有「反邏輯反正統的思路、意識自由聯想的發揮、純粹通過感官的體察與從平凡的題材中帶出不平凡的體悟」〔註36〕等面向，本文擇取超現實主義在夢境的表現中，所使用的意象與象徵表現作一論述，探究王氏夢境的超現實特徵。

三、文際互典（Intertextuality）

中國古代的文學作品中，常會使用典故或是化用前人詩句來增加自己作品的文采，如晚唐詩人李商隱〈錦瑟〉：「莊生曉夢迷蝴蝶，望帝春心託杜鵑」〔註37〕就是援引「莊周夢蝶」的典故；南宋詞人辛棄疾〈南鄉子·登京口北固亭有懷〉：「千古興亡多少事，悠悠。不盡長江袞袞流」〔註38〕化用了盛唐詩人杜甫的詩句「無邊落木蕭蕭下，不盡長江袞袞來」〔註39〕這些在文學作品中是很常見的現象。南朝文學批評家劉勰認為，用典的作用在於以古鑑今、

〔註34〕張一兵，《不可能的存在之真：拉岡哲學映射》，臺北：秀威，2015 年，頁 115。
〔註35〕格瑞心靈工作坊，《Dream 夢：解夢及夢中清醒》，頁 127。
〔註36〕張光達，《馬華現代詩論：時代性質與文化屬性》，臺北：秀威，2009 年，頁 161。
〔註37〕〔清〕清聖祖敕編，《全唐詩》卷 539，北京：中華書局據揚州詩局刻本校點，1960 年，頁 6144。
〔註38〕唐圭璋編，《全宋詞》，北京：中華，1965 年，頁 1961。
〔註39〕〔清〕清聖祖敕編，《全唐詩》卷 227，頁 2467。

藉古抒懷。典故的來源有很多，舉凡歷史故事、神話傳說、民間故事或是自古流傳下來的俗諺都可以成為材料。然而用典不容易，必須對典故有一定程度的熟悉，且要用得精妙，才能坐收餘韻盎然、提升表意造境的效果。化用則是將作品字句化解開來，再從新排列靈活運用。化用雖然是模仿前人句式，卻仍須注意與作品的協調，並在前人基礎上注入新意，達到渾化無跡、倍見精巧的境地。無論是詩詞創作、小說戲曲，都可以發現作家化用前人名句來增加自己作品的豐富性，或是用來增加人物角色性格的鮮明特性。這種旁徵博引、引經據典、掉書袋的寫作形式，讓文學作品更加縱橫錯節，不同文本之間能夠相互映照、滋養，形成一廣大的圖像。無論是引用前人詩句或是不同文本之間的互相指涉，這種能在不同語境之間的文本對話模式，就是一種「文際互典」（intertextuality，或稱「互文性」），張隆溪認為「『互文性』不僅指明顯借用前人辭句和典故，而且指構成本文的每個語言符號都與本文之外的其他符號相關聯，在形成差異時顯出自己的價值。」〔註40〕也就是說，文本意義不僅依靠自身的內部結構（語言符號），還與外部（歷史文化）或其他文本有著繁複的聯繫，是一種無限延伸的開放性特徵。

　　文際互典的概念最早是由符號學家朱麗婭‧克利斯蒂瓦（Julia Kristeva）在雜誌《如是》（*Tel Quel*）中所提出的概念。1967 年她在《封閉的文本》（*texte clos*）中，有了明確的定義：「一篇文本中交叉出現的其他文本的表述，已有和現有表述的易位。」〔註41〕這是說一個文本擁有自身的意義和規範，當它出現在另一文本中，不但會保留原本的意義和用法，同時還會在文本中跟其他的詞連結，形成一種新的語義和用法。互文性的概念後來又經過菲力普‧索萊爾斯（Philippe Sollers）從新界定：「每一篇文本都聯繫著若干篇文本，並且對這些文本起著複讀、強調、濃縮、轉移和深化的作用，」〔註42〕他指出世界本來就是一本書，且這本書未完成也未曾中斷，任何文本都是這本書上的一個節點。互文性的概念如同一張大網，每個文本是網上的交點，彼此互相聯繫。趙毅衡認為互文性包含兩種含義：

　　　　第一，「一個確定的文本與它所引用、改寫、吸收、擴展、或在總體
　　　　上加以改造的其他文本之間的關係。」；第二，「任何文本都是一種

〔註40〕張隆溪，《張隆溪文集第四卷》，臺北：秀威，2014 年，頁 236。
〔註41〕薩莫瓦約著，邵煒譯，《互文性研究》，天津：天津人民，2002 年，頁 3。
〔註42〕王先霈，《文學理論批評術語匯釋》，北京：高等教育，2006 年，頁 431。

互文，在一個文本之中，不同程度地以各種多少能辨認的形式存在
著其他的文本，任何文本都是對過去的引文的重新組織。」〔註43〕
文際互典的理論受到許多流派影響。克利斯蒂瓦認為巴赫金（Ъахтинг, Михаил МихаЙлович）提出的對話概念和狂歡化理論影響深遠。巴赫金認為文本是由許多聲音交互摻雜（複調）並透過「戲擬」和「顛覆」來對菁英文化的破除與戲謔。這種讓高雅文化（如文學）和大眾文化（如民俗文化）間的相互消弭，正是互文性多元開放的特性。周慶華認為「互文性理論在文化層面的深入，使文學話語在呈現出不同的意識形態、並在生存空間上具有了更多的可能。」〔註44〕另一方面，後現代主義對互文理論的影響也極為重要。後現代主義是對現代主義的批判，高玉認為一些後現代主義共通的特點有「不確定性、零亂性、非原則化、無我性、無深度性、卑瑣性、反諷、種類混雜、狂歡、行動、參與、構成主義、內在性，」〔註45〕王岳川也認為「後現代主義消解認識的明晰性、意義的清晰性、價值本體的終極性、真理的永恆性這一反文化、反美學、反文學的『遊戲』態度，」〔註46〕後現代主義在形式上展現了混雜、蒙太奇以及拼貼等特色，呈現一種動盪的否定和懷疑。此外，後現代主義反對二元並置，重視「互文關係」，即文學文本與非文學文本可以互相闡發與影響，孫藝風說「在後現代主義者看來，文本具有互文性，沒有真正的獨創的文本，所有的文本都是「互為文本」，都是相關於、參照於其他文本。」〔註47〕而在後現代主義之下產生的新歷史主義和解構主義也對互文性作出論述。新歷史主義認為文本的產生會受限於歷史與環境的影響，同時也存於特定的歷史與社會當中，讓文本成為歷史的一部份；另一方面，我們想瞭解過去的事件，還是需要透過各種文本才能瞭解歷史，因為我們無法親身經歷過去所發生的一切。歷史透過語言文字的記錄得以保存下來，也因此歷史的形成往往充滿了各種的文本的向度，這說明了文本和歷史之間相互依存的概念。解構主義反對結構主義推崇的結構系統，所有的文本沒有固定的內在結構，文本自身並非有機統一體，而是與其他文本相關聯，因此文

〔註43〕趙毅衡、胡易容編，《符號學：傳媒學辭典》，臺北：新銳文創，2014 年，頁 141。
〔註44〕周慶華主編，《跨領域語文教育的探索》，臺北：秀威，2011 年，頁 33。
〔註45〕高玉，《從「話語」視角論中國文學》臺北：秀威，2012 年，頁 321。
〔註46〕王岳川，《後現代主義文化研究》，臺北：淑馨，1992 年，頁 12。
〔註47〕孫藝風，《視角，闡釋，文化：文學翻譯與翻譯理論》，北京：清華大學，2012 年，頁 48。

本的意義是多元的。陳永國認為「互文性關係到一個文本與其他文本的對話，同時，它也是一種吸收、戲仿和批評活動。」〔註48〕文際互典讓我們看到了不同作品互動的可能性。據此，本文選擇文際互典為研究方法之一。王厚森在《隔夜有雨：王厚森詩集》一書提到「互文可以複數、追憶或重寫人類生命中共同的感知及感受，將共同的情思用相異的意象、相似的象徵或截然不同的詩結構重新隱喻、指涉，」〔註49〕而中國現代小說家沈從文也認為文學藝術的可貴在於文字能保存、凝固住那一點一滴流逝的生命，並且讓後世的人得以透過文字相互理解。史景遷透過互文的手法，再現「王氏與郯城」和「張岱與晚明」的點滴，透過《聊齋誌異》和《陶庵夢憶》的文字將蘊藏的生命流洩出來，這種被歷史遺忘的記憶，正是史家所追尋的真實。關於文際互典的手法，薩莫瓦約在《互文性研究》一書將之分為「引用、抄襲、戲擬、仿作、合併、黏貼」〔註50〕六種形式。合併和拼貼是較為常見的手法，本文擇取合併與黏貼（剪裁）來探討史景遷文際互典的風格。

本論文共分為六章。以史景遷的歷史敘事為主軸，依次展開以敘事學、超現實主義及文際互典的作品討論。首先第一章緒論部分，分別敘述本文的動機與目的、所使用之研究方法及其研究範圍與相關資料的文獻探討。第二章主要討論史景遷其人其書其事，綜合歸納史氏的學史經歷與史學理論。第三章承接上一章歷史書寫風格探究，就其作品《婦人王氏之死》，以敘事學理論分析史氏如何在敘述者、敘述角度、敘事時間與敘事邏輯四個面向完成歷史敘事，並以夢境呈現王氏的精神世界作一析論。第四章分別就《婦人王氏之死》與《陶庵夢憶》兩書，以文際互典理論作討論，一一探析歷史文本與文學文本間之互動，藉以喚醒歷史記憶。第五章則討論史景遷身為海外學者，在中國史料閱讀上的困難如何解決，同時如何完成史家「歷史的想像」與「歷史的同情」之任務，使得中國歷史可以在海外讀者中迅速傳播。第七章結論，先回顧各章節重要的提點，再總結史景遷的歷史敘事特色，並透過敘事學、超現實主義與文際互典之探究，瞭解史氏的書寫中有著極強的文學性，史氏豐富的想像力及對人性幽微的描寫，正是史學中最珍貴的精髓。以下是本論文的研究架構圖：

〔註48〕陳永國，《理論的逃逸：解構主義與人文精神》，臺北：秀威，2014年，頁44～46。
〔註49〕王厚森，《隔夜有雨：王厚森詩集》，臺北：釀出版，2014年，頁163。
〔註50〕薩莫瓦約著，邵煒譯，《互文性研究》，頁36～58。

圖 1-1-2 研究架構圖

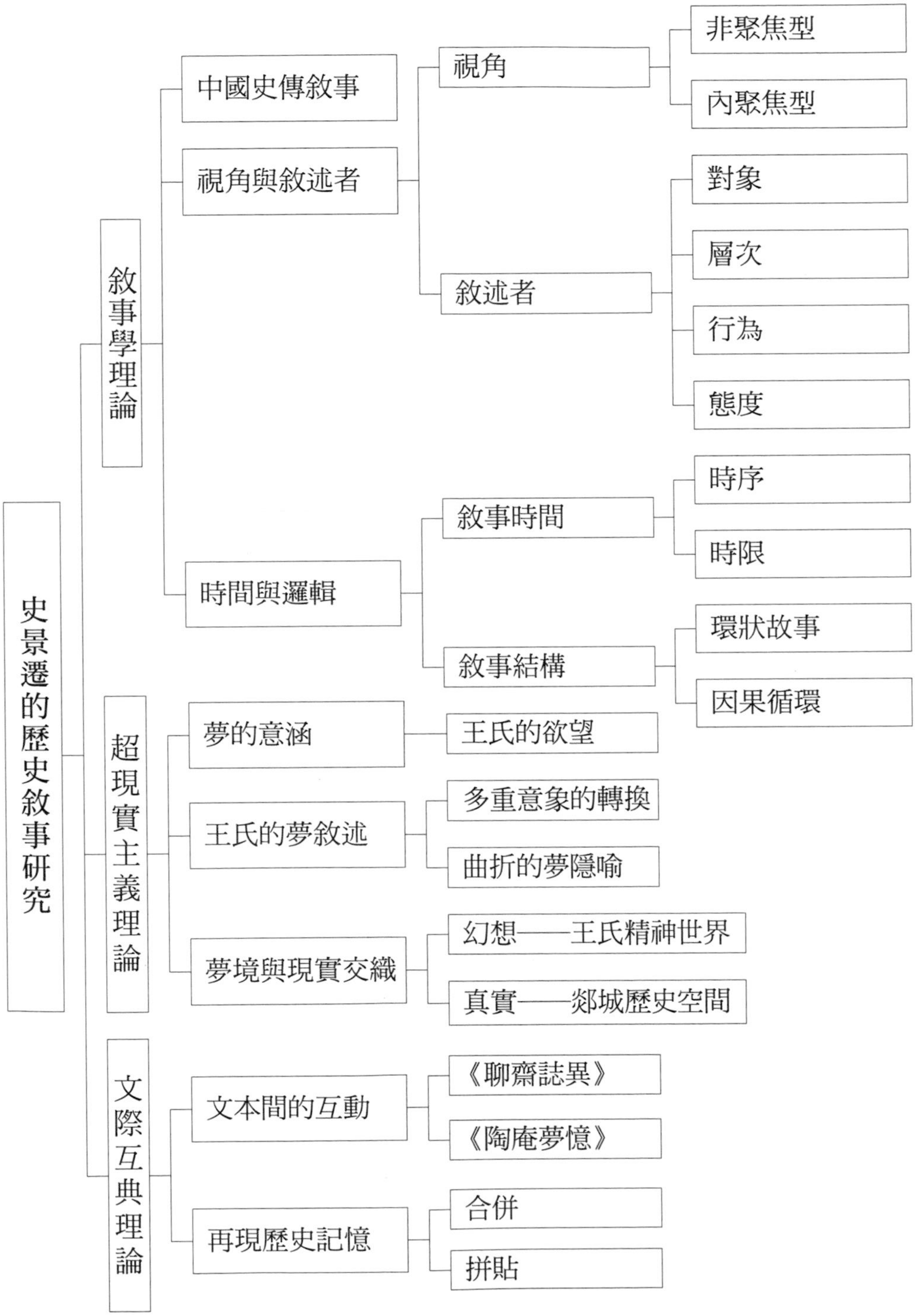

史景遷的歷史敘事研究

- 敘事學理論
  - 視角與敘述者
    - 中國史傳敘事
    - 視角
      - 非聚焦型
      - 內聚焦型
    - 敘述者
      - 對象
      - 層次
      - 行為
      - 態度
  - 時間與邏輯
    - 敘事時間
      - 時序
      - 時限
    - 敘事結構
      - 環狀故事
      - 因果循環
- 超現實主義理論
  - 夢的意涵
    - 王氏的欲望
  - 王氏的夢敘述
    - 多重意象的轉換
    - 曲折的夢隱喻
  - 夢境與現實交織
    - 幻想——王氏精神世界
    - 真實——郯城歷史空間
- 文際互典理論
  - 文本間的互動
    - 《聊齋誌異》
    - 《陶庵夢憶》
  - 再現歷史記憶
    - 合併
    - 拼貼

第三節　文獻探討

　　歷史學家汪榮祖（1940～）說：「史筆蘊有詩心，絕非幻想或浪漫情調，而是培養歷史眼光與想像力，經詩心培育之史識更能洞察歷史之精髓，因而得其神而益見其傳真之餘，更能傳神……故史家治史，智度之外尚須神會。」〔註51〕文學重在美感想像與興發感動；史學則重在「實錄」與求真。然而史學與文學藝術結合，並非完全棄實求虛，而是能增加史家在歷史當中的直覺美感經驗，進而提升對歷史事件的理解與同情，中國第一部紀傳體通史《史記》正是一部史學與文學相融的著作。司馬遷善於敘事，將歷史人物、情節與場景緊密結合，製造戲劇性的氛圍，例如《荊軻列傳》的「圖窮匕見」情節，荊軻拿著匕首在大殿上追著秦王，秦王只好繞著柱子跑，藉以躲避荊軻的追擊，這就鮮明的寫出了荊軻的勇猛與秦王的慌亂，富有感染力；另一方面，司馬遷也善於描寫人物，洞察人物的內心面貌，如項羽和劉邦看到秦始皇巡遊陣仗的威儀氣勢後，項羽說出我會取代他；而劉邦則說我可以像他一樣，雖然兩人都有取而代之的意味，但項羽的言談表現出輕浮外顯，而劉邦則較為穩重內蘊。透過人物的言行舉止、內心獨白等細節描寫，展現人物的性格特徵，以符合人物身分的口吻，體現遙體人情的想像。史景遷崇尚司馬遷的敘事風格，他同樣透過文學的敘事技巧與豐富的歷史想像力，將史料化作一篇篇有趣故事，使人物躍然紙上。他認為文學的語言是讓歷史更接近藝術，同時能夠獲得某種道德性的價值批判，汪榮祖「史蘊詩心」的內涵正是如此。史家蒐羅史料，經過詳細的考證，最後呈現的歷史故事雖然真實，但卻了無生趣，只有傳真而未達傳神的境地。歷史若能透過敘事技巧來重述，更能探求歷史事件的本真，洞察細膩幽微之處；透過史家敏銳的觀察與文學的想像技巧總綰人情，探入人們心中的世界，對史料不足之處做出補充，揭露歷史現象的原貌。透過史料基礎與想像同情合而為一，再現歷史記憶感發的真與美，即是史家最重要的任務。

　　然而，可惜的是，過去多年來在史景遷歷史敘事研究中，基本上皆是中國學者的論述占絕大多數，而臺灣對於這個主題的研究則相當稀少，目前研究者所蒐尋到最直接相關的文獻即是侯方峰的博士學位論文《史景遷的歷史敘事

〔註51〕汪榮祖，《詩情史意》，臺北：麥田，2005 年，頁 17。

研究》〔註52〕與其〈論史景遷的歷史敘事寫作〉〔註53〕一文，是明確地以史景
遷歷史寫作為對象，並以其中的客觀性及文學性辯析上對史學史的意義為一
重要的里程碑。前者利用後現代主義史學理論對「事實」與「價值」的合一，
以及荷蘭歷史學家安克斯密特（Franklin Rudolf Ankersmit）「敘事實體」與「歷
史經驗」理論的關係從新梳理，對史景遷在歷史敘事上的內容、形式、觀念和
思想等三個面向進行分析，發現他對生命經驗和史料的重視、語言結構和視角
方面獨樹一幟的巧創，達到認清史景遷歷史寫作之價值和缺陷，他指出史景遷
在歷史敘事的實踐上有以下特點：「講究史學作品的文采」、「對史學普及的重
視和貢獻」、「重視敘事背後的史料支撐」、「關注歷史中的鮮活個體」、「勇於嘗
試的治學精神」。〔註54〕歷史研究隨時間進展，開始走回傳統敘事，但歷史敘
事於學界才剛起步，絕大多數仍不接受這種富含文學性的敘事筆法，他們認為
這種方式將使史實與小說在形式上沒有差異。然而小說家與歷史學家最大的
不同在於歷史學家所追求的是試圖找出真相。因此歷史敘事重點仍是以史料
為基礎、重視時間和空間觀念與合情合理使用敘事筆法。史景遷的歷史敘事手
段對於現代史學來說有開創性的意義，他能在真實與虛構之間取得平衡，不失
史學家應有的態度。後者旨在探求史景遷如何「確認事實」與「描述事實」為
目標，從中分析長期以來學界對於他的歷史書寫評價多持正反兩派爭論，然而
史景遷的歷史想像絕非空想，而是掙脫了史料的束縛；史景遷運用敘事筆法絕
非如小說般虛構，而是引發出更為豐富的歷史情感，史景遷在歷史敘事上結合
了其在人文關懷的探究，也展示了歷史傳播的普及優勢。不過無論是該論文或
期刊論文，其所觸及領域仍以史學理論為重，而在文學批評理論上篇幅所占有
限（僅部分觸及敘事學）。而在臺灣的研究裡，僅謝昕昊〈由《婦人王氏之死》
試評史景遷的寫作意識〉〔註55〕一文，該文類似書評，前半段介紹此書的產生
背景、無法逃脫命運的主角、文本的史料來源以及內文大意作一概述。後半段
開始點出此書在史學辯證中的缺陷：作者認為不管是《郯城縣志》或是《福惠

〔註52〕　侯方峰，《史景遷的歷史敘事研究》，濟南：山東大學史學理論及史學史博士論
　　　　　文，2014 年。
〔註53〕　侯方峰，〈論史景遷的歷史敘事寫作〉，《東嶽論叢》，第 35 卷第 3 期（2014）
　　　　　頁 64～69。
〔註54〕　侯方峰，《史景遷的歷史敘事研究》，頁 153～157。
〔註55〕　謝昕昊，〈由《婦人王氏之死》試評史景遷的寫作意識〉，《新北大史學》第 2
　　　　　期（2004），頁 187～190。

全書》，主觀意識成分過重，這樣的材料真實性是否不足，且書中對話之詳盡，
摻入作者的想像力，這樣的情節造成讀者難以區分孰真孰假。該文雖為試評史
景遷的寫作意識，但仍舊在於對史景遷史學辯證功夫上的討論，仍未曾觸及寫
作者的敘事態度或是敘述視角之展現。不過該文仍清楚提出史景遷在史料選
擇上的相關問題，可詳加探究。另一方面，王海龍的《遭遇史景遷》是目前唯
一一本研究史景遷的專書，該書分為〈遭遇史景遷〉、〈史景遷五章〉以及〈漢
學的悲劇〉三部份。〈遭遇史景遷〉主要從其治學背景出發，同時他也指出，
史景遷身為海外漢學家，筆下的中國世界竟沒有一點「西方人」的視角，而是
盡可能地融入對方的文化；另一方面，由於我們身處中華文化許久，早已認為
許多歷史掌故都已讀透，而在史氏的作品中，所展現的是一種從新認識自身文
化的方式。〈史景遷五章〉是作者 1998 年在美國聽史景遷的演講，在演講中史
景遷說出的五個故事（但這五個故事並不完整），作者稱自己「戲擬」史景遷
的敘事功夫，因而為史氏完成了當初未完成的五個故事（詳見王海龍的《遭遇
史景遷》）。而〈漢學的悲劇〉一文則是說到早期的西方人對中國這個遙遠的東
方國度充滿好奇，但自文藝復興以降，僅有馬可波羅的《東方見聞錄》遊記對
中國作了紀錄，而後「漢學」才慢慢的有較系統性的研究。在這一章中較多的
是對中西方在文化或學術交流上的困境與解決之道，同時也展示了漢學的一
個發展流脈。該書對史景遷的歷史敘事手段表示贊同，他說「我們需要知道的
是超乎具體的、瑣碎的事實之上的歷史的真實，並通過對這種真實的認知而對
人生有更深刻的體悟。」〔註56〕不過這本書仍未呈現史景遷的歷史寫作是如何
進行的？又是以何種角度來看這些歷史人物或事件？也因此這些部分仍是本
論文極力著墨之處。

　　史景遷是西方漢學界研究中國近代史著名的史學家，其史學考證功夫自
是有一定程度，他致力於使文學和史學相結合，在史料的蒐集上盡力做到完
整，而在故事敘述上也做到「無一字無來歷」的考據精神。他以文學性筆法書
寫歷史，再現歷史記憶，這又有別於傳統史家。因此本文雖以「史景遷的歷史
敘事研究」為題，但相關討論內容則著重在《婦人王氏之死》一書的敘事手法、
夢敘述以及採用《聊齋誌異》此一帶有虛構性的文學材料等特徵，以清楚展現
史氏在深入展現「人」這一主體之外，身為史家的觀照角度以及敘事筆法之呈

〔註56〕王海龍，《遭遇史景遷》，上海：上海書店，2007 年，頁 25。

現效果，除卻以上關於史景遷歷史敘事的直接文獻討論外，以下整理前賢所耕耘《婦人王氏之死》相關的研究成果。

圖 2-1-3　文獻探討範圍

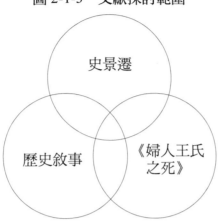

史景遷鎔鑄中西，以明清思想文化史為經，以西方漢學史為緯，在龐雜的中國史料中編織出一篇篇過去的生活圖像。然而許多學者認為史景遷的敘事宛如一位小說家，毫無史學家的嚴謹，王海龍對此表示「文章畢竟是寫給人讀的，如沒有魅力，文筆枯澀，不管學問多好，見解多新，沒有人讀或讀者太少自然會減少它的作用和影響力。」〔註57〕究其實，史學研究是一個古老的學問，它在過去以客觀穩重和事實真理為依據而接近科學範疇的陣線。而隨著時間的發展，現今的史學受到許多學派的影響（如後現代主義）而有所變革，史景遷也以自己的文學藝術寫作手法來為史學開創新的道路，但整體而言整個史學界仍是遵循原有套路，史氏的創新就成了學界的特例。齊克彬對此也表示「他的著作並不注重傳統學院派對資料的分析和理論與詮釋範式的建構，善於在僵化的史料背後，重新塑造或捕捉逝去的時空和人物的生命，他是為大眾寫作。」〔註58〕史氏的史學見識，朱政惠認為「史景遷的史學見識，首先在於他對中國歷史發展進程的動態考察及其深層思索……史景遷史學識見的又一重要表現，就是很關注下層民眾史的研究，」〔註59〕史氏的這些關注面向，使得史學研究能有所轉向與新創。史景遷的研究在中國非常盛行，雷錦認為現今中國對史景遷的研究可概括出一些特點：

〔註57〕王海龍，《遭遇史景遷》，頁 10。
〔註58〕齊克彬，〈史景遷的中國歷史研究〉，《國際漢學》，第 1 期（2005），頁 166。
〔註59〕朱政惠，〈史景遷史學探要〉，《史學月刊》，第 1 期（2009），頁 103～105。

第一，針對史景遷專著的研究有待挖掘。從本文上面對其專著的解讀中，可以知道這方面還有很大的研究空間。第二，對於史景遷與其他作者合著的著作也有待翻譯、瞭解。第三，將史景遷與其他漢學家或中國學家進行對比研究也可嘗試。〔註60〕

目前中國對史景遷的研究，主要有專書、學位論文、學術期刊、訪談回憶錄和媒體訪問等，可見其豐富性，然作者認為這些文論多是對其翻譯作品的評論，尚屬於起步階段。而有關史景遷專書研究或與其他研究中國歷史的漢學家對比分析則未有所觸及，相關研究都有待持續探掘。

　　有關《婦人王氏之死》的研究相關文論相當多元，但仍少見深入探討其中的寫作技巧。首先在後現代史學特徵上，王霞的〈新歷史主義視角下的《王氏之死》〉〔註61〕一文以「新歷史主義」（New Historicism）為出發點。他指出史景遷所選用的材料（包括郯城縣志、福惠全書以及聊齋誌異）為的就是呈現新歷史主義視角下兩種文本的間的關係（呈現社會文本與文學文本、社會話語與文學話語、真實的歷史與虛構的文學之間的可能），運用蒙太奇手法串聯所有的細節，讓讀者有身歷其境的感覺。此外，歷史敘事的文學與虛構性，能讓我們更輕易地走進人物的內心意識。文中也提到，歷史敘事應該是對原有的歷史資料上進行整理、加工，重新去描寫事件。而張雅嵐在〈微觀史學與《王氏之死》〉一文則以「微觀史學」為探討概念，微觀史學家在歷史研究上多為一種特定的局部現象，經考證後的歷史解釋雖然略帶孤立，但卻可以為深入作為整體歷史結構的說明。他認為新微觀史學有以下特點：「對一個地區或一個城市的所有居民，特別是對歷史上的普通民眾更加重視；新微觀史學借鑒人類學和心理學的方法，對他們所描述的事件和個人進行分析；新微觀史學比傳統的敘事史學更加強調史料的精確性。」〔註62〕在微觀史學下，史景遷以唯美的蒙太奇文學手法，有別傳統大歷史的記敘特點，重新帶領讀者認識了清初郯城底層人民的生活面貌。周祖榮認為史景遷在微觀史學上有所創新，「在敘事對象上有所拓寬（王氏屬一個小鄉村的人物，不像大歷史框架下的帝王將相）、在史料運用上有突破（以《聊齋誌異》這一文學材料構建王氏的內心世

〔註60〕雷錦，〈國內史景遷研究綜述〉，《陰山學刊（社會科學版）》，第 2 期（2013），頁 89～90。

〔註61〕詳見王霞，〈新歷史主義視角下的《王氏之死》〉；《廣西大學學報（哲學社會科學版）》，第 32 卷第 3 期（2010），頁 77～79；101。

〔註62〕張雅嵐，〈微觀史學與《王氏之死》〉，《青春歲月》，第 23 期（2014），頁 222。

界與補充郯城的生活面貌，有別於過去的史料只關心人物的外在面貌）、史景遷採用了多學科視角（如經濟史、社會史和政治史）」〔註63〕另一方面，史坤坤對該書的史學特色，提出「文筆優美，敘事流暢、史料多元、運用巧妙、結構嚴謹、佈局獨到和感覺敏銳，富有想像」〔註64〕等特徵，使得他在建構小人物的生活面貌上，有了豐富的圖像。

其次，關於《婦人王氏之死》的史料選擇問題，有李宛蔭、程田田的〈明清史料的搜集與利用——以《王氏之死》為例〉一文，她指出：

> 首先，從寫作方式來看……歷史資料充分展開，分析處理，運用到文章中，並將敘述、「講故事」的獨特寫作手法融入本書的編撰當中。其次，從史料的選取和運用來看，作者選取了同時代同區域蒲松齡所寫的聊齋故事來補充記述的不足。……最後，從全書寫作思路來看，作者以王氏這個小人物為切入點，通過引用大量的原始資料，生動形象地反映了當時清初的山東社會狀況和當時民眾的生活風貌，從而深刻的揭露了中國封建社會農民的悲劇命運。〔註65〕

史料的選擇在史學界是非常重要的考證功夫，然而近代學者在援用史料上，開始由傳統歷史文獻轉向田野調查（口述歷史與傳記），這是一種社會史的研究領域發展，將過去視為史料邊緣的材料，如文學作品（如唐代杜甫的詩被視為是一種研究唐代底層社會的真實材料）、筆記小說（文人對奇特的事件予以紀錄，某種程度上也是一種紀實的作品）等非史料文獻從新吸納進史料的視野，從而豐富了社會史的研究面向。《婦人王氏之死》吸收《聊齋誌異》正是體現了這一特徵。此外，也有學者以婦女史研究為面向，提出《婦人王氏之死》體現明末清初婦女的悲慘處境。〔註66〕郯城縣在當時存在殺害和虐待女嬰的普遍情況，即使存活下來，也會面臨童養媳的命運。郯城縣是個不甚起眼的地方，如果連這麼不起眼的地方都這樣，那麼整個社會應該有存在著這樣的風俗。《婦人王氏之死》體現了婦女在重男輕女社會和忠貞觀念的價值觀所展現的

〔註63〕周祖榮，〈《王氏之死》的小人物敘事與史實差錯〉，《博覽群書》，第2期（2010），頁78～79。

〔註64〕史坤坤，〈史景遷史學特色探析——以《王氏之死》為例〉，《高校社科動態》，第3期（2015），頁45～48。

〔註65〕李宛蔭、程田田，〈明清史料的搜集與利用——以《王氏之死》為例〉，《黑龍江史志》，第3期（2010），頁16。

〔註66〕朱麗麗：〈男權文化下的女性命運——讀《王氏之死》有感〉，《神州》，第30期（2012），頁1、3。

時代的悲劇，然而這個悲劇並不因時間而褪去，而是至今還留存的根深蒂固觀念。史景遷逐步分析出可供思考的依據，值得我們更深的思考。

最後，《婦人王氏之死》和《聊齋誌異》兩者之間文際互典關係上，有李寶祥〈《王氏之死》中的《聊齋誌異》〉和〈史景遷和蒲松齡的「緣識」──以《王氏之死》為中心〉兩篇期刊論文。在〈《王氏之死》中的《聊齋誌異》〉中，李寶祥指出：「《王氏之死》採用《聊齋誌異》篇章極多，形式多樣，不拘一格。概括而言，可分為三種類型：整篇錄用；取其片斷；概述大意。」〔註67〕，從這裡可以看出史景遷並非毫無目的的揀選材料，而是有其考量。據此，李寶祥指出《聊齋誌異》在《婦人王氏之死》中所扮演的角色：「通過《聊齋誌異》來解讀蒲松齡的生活經歷、借助《聊齋誌異》來分析蒲松齡對社會階層的看法、通過《聊齋誌異》來觀察郯城的社會現實、整合《聊齋誌異》的材料來剖析王氏的精神世界。」〔註68〕在這篇研究當中，為研究者指出明確的方向，明顯分析出史景遷對《聊齋誌異》的處理方式和透過《聊齋誌異》所要達到的目標。不過在這篇論文中，雖然作者將其分成三種類型，並說明各類型所採用的篇目數量，卻無法完清楚瞭解這三種類型所帶來的效果分析。史景遷在採用《聊齋誌異》時，不僅篇目不一，就連文字內容上比例也不一，也因此研究者在這篇論文中以李寶祥的分類為基礎，再從中分析史景遷所採取這種方式，所傳達的效果呈現出來。另一篇〈史景遷和蒲松齡的「緣識」──以《王氏之死》為中心〉一文中，李寶祥認為史景遷會選擇蒲松齡作為《婦人王氏之死》的一部分絕非偶然，他指出：

> 史景遷和蒲松齡的「緣識」還源於他們對故事的執迷。蒲松齡是善於聽故事、編故事的小說家……史景遷是專於講故事、寫故事的歷史學家。在講故事方面，史學大師史景遷和小說巨匠蒲松齡是心境相通的，他們之間產生了極大的親和性。〔註69〕

史景遷和蒲松齡同為說故事的專家，在這一點上，兩人是相同的。另一方面，作者還指出，在官方史料所觸及不到的地方，也就是下層民眾的精神層面，是蒲松齡在《聊齋誌異》當中所關注的地方，他把蒲松齡當成一個觀察者，呈現

〔註67〕李寶祥，〈《王氏之死》中的《聊齋誌異》〉，《聊齋誌異研究》，第 2008 卷第 2 期（2008），頁 58。

〔註68〕李寶祥，〈《王氏之死》中的《聊齋誌異》〉，《聊齋誌異研究》，頁 58～61。

〔註69〕李寶祥，〈史景遷和蒲松齡的「緣識」──以《王氏之死》為中心〉，《常熟理工學院學報》，第 21 卷第 9 期（2007），頁 97。

出郯城民眾的生活點滴，將他們的歡樂與苦痛展示出來。不過在這篇論文中，作者對於將《聊齋誌異》作為史料價值的觀點尚有不足，作者認為《聊齋誌異》在描寫現實社會之餘，也達到了反映普遍的社會現象，但《聊齋誌異》終究只是一部志怪小說，難以進入史學家的視野中。但這樣的說法並不盡然，《聊齋誌異》的有意仿史（文末「異史氏曰」的論贊）、刻劃人物角色性格等，都是《史記》這部亦文亦史的史書所表現出來的特色。史景遷使用《聊齋誌異》，將它作為郯城的一部份，達到了歷史跟文本之間的對話，也觸及了史料未說明的地方，不僅關懷小人物的生活，也帶領讀者看到了歷史人物的性情，這也是史景遷所極力探索的部分。

第二章　史景遷的史學之路

第一節　學術經歷與創作背景

　　史景遷（Jonathan D. Spence，1936 年 8 月 11 日～），是美國漢學界中國近代史研究的權威人物之一。馬敏在〈耶魯怪傑史景遷〉中是這樣對史景遷作描述：

> 耶魯大學歷史系教授史景遷，他身材修長，頭髮微禿，穿著隨便，
> 不刻意修飾，但又灑脫自如，和藹可親，頗具風度；他不愛寫嚴格
> 的學術論文，不出席大型的學術會議，不培養自己的學術「階梯」，
> 不做系統的學術規劃。他只是非常投入地教書，教書之餘，則讀書、
> 寫書和旅行。〔註1〕

史景遷不刻意修飾穿著，展現出自然率性的一面；在史學研究上，不走嚴肅的學術論調，也不擺出學術權威，使得他能在漢學研究上能闖出一片天地。史氏一九三六年生於英國倫敦郊區薩里郡（Surrey），就讀大學期間曾輟學進入英國皇家軍隊服役，後畢業於劍橋大學。一九五九年獲美侖獎學金，以交換學生的身分前往美國耶魯大學攻讀碩士。一九六五年完成耶魯大學博士學位，並留任該校擔任歷史系教授和東亞研究中心主任，二〇〇四年更榮膺「美國歷史學會」（AHA）主席。該學會主席通常任期為一年，屬於榮譽職頭銜，實際工作的推動是由副主席執行，然而史景遷連續兩年擔任學會主席，可謂一項得來不易的殊榮，也可見其在美國史學研究的地位與肯定。美國歷史學會自一八八四

〔註 1〕馬敏，〈耶魯怪傑史景遷〉，《讀書》，第 6 期（1997），頁 60。

年脫離「美國社會科學學會」成立以來，致力於探討歷史研究的相關問題，同時提升歷史研究與教學之維繫，並從一八九五年起每年發行五期《美國史學評論》專刊，該專刊包含史學專論與相關書評，成為美國史學界最重要的研究刊物。〔註2〕

　　史景遷在耶魯大學求學時期受到專研中國近代史的權威教授芮瑪麗（Mary C. Wright, 1917～1970）的指導，學習許多關於中國的宗教、歷史與政治等科目。史氏很感謝芮瑪麗教授的栽培，認為是她引領自己進入中國近現代史研究的世界，進而引發對古老中國的文化產生憧憬，走上反思中國近現代歷史發展研究的道路。芮瑪麗是美國漢學界研究清史的專家，其專著《同治中興：中國保守主義的最後抵抗（1862～1874）》〔註3〕一書更奠定其在美國漢學清史研究的地位。林博文在〈易勞逸與國民黨學〉一文對此書有所評價：

> 對蔣介石所領導的國民黨在思想上、精神上、政治和軍事上，以曾（曾國藩）、左（左宗棠）、李（李鴻章）、胡（胡林翼）等晚清名臣為師，以儒家經典為本的治黨建黨方式，具有精到的剖析。芮瑪麗認為同治中興的失敗乃在一方面既要維持儒家的社會秩序，一方面又要使中國在現代世界中生存，而這兩者的必要條件是相互對立、互不相容的。〔註4〕

「同治中興」是清朝同治、光緒年間所出現的政治清明時期。在此之前的咸豐年間，朝廷開始一連串的內憂外患，如太平軍兵臨天津、天京事變（太平天國內訌）、簽訂《璦琿條約》（第二次鴉片戰爭爆發，沙俄藉機要求中國放棄黑龍江以北領土，以協助對抗英國）、簽訂美俄英法《天京條約》、俄英法《北京條約》（割地賠款），令當時朝廷焦頭爛額（整體而言，內有太平天國四處攻陷，外有強權虎視眈眈中國的土地）。然而就在同治、光緒時期，出現了所謂「中興四大臣」，他們推動洋務運動，以「師夷長技以制夷」為口號，積極學習西方近代科技，開啟西學之門，促使清廷走上現代化工業發展之路。與此同時，湘楚淮三軍成功鎮壓太平天國之亂、左宗棠鎮壓回亂並收復新疆、伊犁，國家出現了短暫的勝利與繁榮。然而洋務運動終究受到守舊派反對（其根本原因是中西方觀念的差異，造成守舊人士不願朝向現代化之路前進，同時慈禧太后對

─────────

〔註2〕參見王曉菊，《何謂歷史學》，北京：中央編譯局，2015年。
〔註3〕詳見芮瑪麗著，房德鄰等譯，《同治中興：中國保守主義的最後抵抗（1862～1874）》，北京：中國社會科學，2002年。
〔註4〕林博文，《關鍵民國：聆聽民國史的馬蹄聲》，臺北：大塊，2013年，頁38。

洋務運動的費用支出日益苛薄，也是造成該運動無法有效推動之原因；另一方面，洋務運動雖引進西方科技與器物，並沒有積極培育本土技術人才，最後只能靠洋人輸出入器材與設備，而這些洋人利用中國官員不懂技術而進行敲詐，也間接導致洋務運動的失敗），最後中日甲午戰爭爆發，清廷的北海軍隊無法抵抗明治維新後的日本海軍而吞敗仗，中興光景黯然退場。龔書鋒認為「芮瑪麗十分強調儒家文化在其中的作用。她用了相當的篇幅來敘述和分析儒家文化如何影響和決定著『同治中興』的中堅人物的生活、思想和行動，如何影響和決定了『中興』的各種政策和措施與失敗。」〔註5〕另一方面，在其書最後一章〈中興遺產〉中，指出國民黨在革命初期把自己看成是太平軍的起義者，連孫逸仙自己也自詡為洪秀全的繼承者，然而隨這時間的推衍，到了蔣介石的時代，國民黨開始走向推崇同治中興的精神，即儒家的精神。與革命初期的破壞不同，革命之後所需要的是秩序的建立，而儒家的文化正是恢復社會秩序的方針（不過共產黨則始終反對儒家）。在蔣介石看來，太平天國最終導致失敗，是因為曾國藩所盛讚的善德，並將之體現於對抗太平軍的行動中。國民黨的領導人汲取儒家禮、義、廉、恥的美德，且宣揚禮是社會的秩序；義廉恥則是軍隊紀律的來源，這些都是穩定社會和紀律的手段（除了灌輸美德觀念外，其目的也在於控制共產黨的擴張），而在這場儒家體系復興的過程中，國民黨本身仍舊相對保守——反對那些有悖禮教和左翼思想的書籍。芮瑪麗在最後指出，被共產黨擊退的國民黨士氣沒有恢復士氣，對地方的控制也無法深入，終究步上同治中興的後塵。芮瑪麗不同於其他學者研究西方文化如何衝擊中國近代歷史發展，而是關注中國社會如何回應外來文化的影響（即這些保守派知識份子如何運用儒家文化來對社會作出適當調整）。透過她對同治中興的研究，無疑是一條認識和解讀中國近現代歷史的途徑。

　　另一位對他影響很深的教授是房兆楹（Fang Chao-ying, 1908～1985）。房兆楹是研究中國明清史的權威學者，其三部著作：《明代名人傳》（*Dictionary of Ming Biography*, 1368～1644）、《清代名人傳略》（*Eminent Chinese of the Ch'ing Period*, 1644～1912）和《中華民國人物傳記辭典》（*Biographical Dictionary of Republican China*）是明清至民國以來人物傳記資料的彙集，成為漢學界研究中國近現代史不可或缺的工具。以《明代名人錄》的〈朱祐樘〉記

〔註5〕芮瑪麗著，房德鄰等譯，《同治中興：中國保守主義的最後抵抗（1862～1874）》，頁2～3。

載來說，房兆楹指出孝宗是明朝最恪守儒家規範的皇帝，然而對宦官的信任卻為他帶來負面批評；另一方面，關於孝宗的身世實為一大謎團，這些在書中都有詳盡的說明：

> 他是憲宗朱見深的第三子，又是他存活下來的長子，是他與皇宮中一個管理圖書的宮女所生……她顯露出懷孕徵兆之時便立即被藏起來以避開皇帝，因為他寵幸的萬貴妃有著出奇的嫉妒心……當朱見深渴望得到一個兒子的時候，他被告知已經有兒子了；他便非常高興地接見了朱祐樘，並承認了他的身份。這件事發生在 1475 年 6 月，一個月後，他的母親紀氏離奇死去。〔註6〕

明憲宗朱見深最寵愛的萬貴妃原本是孫皇后（宣宗的皇后）的宮女，後來被派去服侍朱見深（兩人相差十幾歲），憲宗小時候經歷土木堡之變，父親（英宗）被俘，而後于謙又立英宗之弟朱祁鈺為景泰帝，隨後被廢太子；五年後，其父利用奪門之變復辟，再立朱見深為太子，也因此在他的心靈留下些許陰影，而這位從小跟他在一起的「褓姆姐姐」，就成了他心靈依託的對象。不過萬貴妃後來與憲宗的唯一小孩未滿周歲就夭折，卻使她開始用盡心計迫使懷有皇上龍種的宮女、嬪妃流產，孝宗朱祐樘就在這個險惡的環境下誕生。孝宗的生母紀皇后是個宮女，關於她的出身紀錄不多（據房兆楹所考究，認為是瑤族人；也有學者認為是壯族人〔註7〕，但兩者都指向廣西這個地方）。萬貴妃知道紀氏懷孕後，就派宮女前去探查，宮女向萬貴妃回報紀氏只是肚子脹氣並非懷孕；又有一次，萬貴妃要守門宦官張敏把小孩溺死，張敏不忍，把嬰兒藏起來，直到五六歲，才讓憲宗知道他還有子嗣。「萬貴妃惱怒，很快派人毒死紀氏，但紙裡包不住火，小孩子不能再放手弄死，她索性撒手不再管束憲宗皇帝，任他和妃子們生孩子。」〔註8〕

朱祐樘的後宮只有一位張皇后，房兆楹認為這是因為在他母親死後，他極力尋找她的過去，如族譜或親族，但結果不是偽造就是冒名的。也因為這樣，

〔註6〕富路特著，《明代名人傳‧2》，北京：北京時代華文，2015 年，頁 511。

〔註7〕「近來，廣東連山壯族自治縣就此作了專門調查，結果認為紀氏淑妃是壯族人，幼年時喪失父母，被廣西省賀縣一家親戚收養，不幸親戚不久也死去，又被當地一土司收養。土司無子，視她如親生骨肉，紀女聰明伶俐，能歌善舞，一次朝廷平定叛亂後，紀女被俘入宮。」見蕭鑫、劉寶等著，《北京皇城玩全指南》，新北：宏碩文化，2012 年，頁 53。

〔註8〕梅毅，《縱慾時代：大明朝的另類歷史》，臺北：達觀，2010 年，頁 220。

他渴望得到至親的愛的願望轉變成對張皇后的深愛，同時在中國歷代皇帝中，也是唯一一個一夫一妻制的君王。不過他對張皇后的親族賦予大量田產與權力，也招致批評。張皇后的兄弟得權後變本加厲，但孝宗卻袒護他們；孝宗是一位很仁慈且理智的皇帝，他汰除那些不適任的宦官，但他還是用了一批自己覺得可以信得過的人（如懷恩），在他的治理下，宦官們的確較為安分守己，不同以往所見的宦官把持朝政（如王振的權力欲望過高且好大喜功，導致明朝差點斷送在他手裡；又如孝宗之子朱厚照時代任用號稱「八虎」的一群宦官，其中勢力最大的是劉瑾，目無法紀且擾亂朝政，先是榜示大臣之數罪狀，後又專擅朝政，要求奏摺需分送兩份，一份在他手裡，一份在武宗的手上）。朱祐樘是勤於政事的皇帝，所有奏摺都親自批閱，因此都忙到很晚；他一生只娶張皇后，遵守了儒家所謂「一夫一妻」的傳統（歷代多數君王這傳統轉變為一夫一妻（皇后）／多妾（嬪妃））；同時他不會無故對大臣們動粗，也不會亂發脾氣（像是朱元璋就曾對大臣動用「廷杖之刑」羞辱朝臣），這些都是他遵守儒家規範所表現出來的行為，是中國歷史上少有的典範，而這個觀點也是房兆楹在這一篇中加以讚揚之處。他所著的這些傳記提供了我們好好了解這些歷史人物的完整資料，並向讀者展現他們的面貌。

在房兆楹的指導下，史景遷完成其博士論文《曹寅與康熙皇帝》（*Ts'ao Yin and the K'ang-hsi Emperor*），同時這部專著奠定了他在研讀史料和史學方法上的基礎。史景遷在求學期間由於受到很多老師的啟蒙與指導以及西方史學理論和中國傳統文化等專業課程教育，所以他在史學理論與史料整理的基礎十分紮實。史景遷對房教授抱持崇拜、喜愛與警醒的心情，他認為房教授學問嚴謹紮實而且誨人不倦，房教授以自身博大的學問功夫，一步一步引導他對文本進行研讀與分析，使得史景遷對中國史有更深入的認識，也讓他對中國文化產生了憧憬，並為之研究終生。與西方文化的個人功利主義不同，中國的傳統文化以人倫道德為核心，重視人與人的人際網絡關係，西方文化重視挑戰自然，多描寫英雄式歷史人物；中國文化則強調天人和諧，雖然也有如岳飛、項羽等英雄人物之描寫，但仍著重於敘事文字背後所蘊含的倫理道德與價值觀的力量，同時也描繪人與人之間的情感表現。史景遷對中國這個古老的國度產生迷戀，除了中國對他而言充滿了很多謎團（史氏認為當時的中國對西方人來說仍無法全盤了解，然而中國文化傳承五千多年，這麼古老的東方文明如果無法讓大家認識，是非常可惜的），更重要的是他本身對於各種細節的追尋。向敬之

說「他對中國有一種特殊的情結，擅長於以獨特的視角觀察悠久的中國歷史，敏銳深邃，通俗耐讀，廣稽博采，深入淺出，不但具有史學家與漢學家的謹慎，而且富於暢銷書作家的特質。」〔註9〕史氏在近現代的動盪洪流中，看到了人如何在這鉅變的命運裡展現其獨特的經歷，也因此他寫下了許多動人的故事，這些人有位居上位（如康熙皇帝），也有西方的傳教士（如利瑪竇）、文學家（如張岱），甚至是普羅百姓（如王氏）。史氏在近現代史當中，以其獨特視角觀察了這一群人的生活。另一方面，史景遷非常喜愛繁體字，他曾說「我非常喜愛繁體字，這是一門傳承了幾千年的偉大的語言藝術，」〔註10〕繁體字不僅僅是一種美麗的字體，還有在它背後所體現的中國文化以及各種相關的歷史故事都深深的吸引了史景遷的目光。以「泉」、「原」和「源」來說，「泉」是「原」和「源」的本字，「泉」象徵泉水從石縫中流出來的樣子，而後造「原」字取代其本義「最初的、本來的」，又造「源」來彰顯水流源頭的涵義，這是漢字的特殊現象，是一種從本字演化而派生的過程。周慶華指出「這一本一衍，所透露的是中國傳統一種『尊尊系統』漫化諧和的生活美學以及專屬的氣化觀在背後支撐的文化意識形式，」〔註11〕然而簡體字的造字模式（減省筆畫、同音字代替、以符號代替偏旁等形式），使得文字難以再回推其本義，令文化內涵喪失其特殊性。為更了解中國文化，史氏努力讀懂文言文與學習書寫繁體字，希冀能與中國傳統文化親近一點。

不過，在《曹寅與康熙皇帝》完成之後，他的另一本書寫康熙的著作《康熙：重構一位中國皇帝的內心世界》（*Emperor of china: Self-Portrait of K'ang-hsi*）在敘事風格上明顯與《曹寅與康熙皇帝》有些不同。他在完成博士論文後，又繼續埋頭在康熙皇帝自身的研究上。在《康熙：重構一位中國皇帝的內心世界》一書中，他以「遊、治、思、壽、阿哥、諭」等六個面向描述康熙皇帝的一生，而且以第一人稱的口吻來表現康熙皇帝的性格特點以及內心世界。他說「在這個過程裡，我發現資料多得超出我的想像，我意識到可以利用它們來更深入地理解康熙，來從內部建構康熙的思想。」〔註12〕與《曹寅與康熙皇

〔註9〕向敬之，《敬之書話——歷史的深處》，臺北：釀出版，2012年，頁46。

〔註10〕田一坡，〈史景遷，抓住中國月亮〉，《西部廣播電視》，第Z4期（2010），頁177。

〔註11〕周慶華，《轉傳統為開新：另眼看待漢文化》，臺北：秀威，2008年，頁3。

〔註12〕鄧玲玲，〈史景遷：失敗的小說家還是成功的歷史學家〉收入於「新浪網歷史頻道」，http://history.sina.com.cn/idea/zm/2014-03-13/103185086.shtml（2014/09/28點閱）。

帝》的單一角度敘述曹寅和康熙的關係有明顯的不同，透過第一人稱敘述，彷彿親身經歷康熙在面對立儲風波所表現出的執著與淡然；也看到康熙在政事上親力親為的謹慎態度，在史料（顏料）與想像（畫筆）間，透過拼湊、剪裁，勾勒出康熙皇帝的自畫像，同時也讓康熙的語氣與神韻能夠在現出來，展現出人性化的一面。之後的作品風格也多以《康熙：重構一位中國皇帝的內心世界》的手法基礎發展。

　　史景遷的名字是房兆楹給他取的，對他來說也有很深遠的寓意。「史」是Spence 的音譯字，「景遷」是指「景仰司馬遷」之意。史景遷非常崇拜中國漢代史學家司馬遷的成就，同時也很欣賞《史記》的敘事式史學筆法。史景遷認為歷史就是「說故事」，而司馬遷的《史記》也是一種說故事的歷史風格。黃俊傑認為：

> 司馬遷著史的目標在於「究天人之際，通古今之變，成一家之言」，司馬遷以自己主觀的「一家之言」「通」貫客觀的「古今之變」。在《史記》的歷史世界裡，主客交融，「過去」與「現在」親切互動。歷史研究的所謂「客觀性」，正是通過司馬遷的「歷史的心魂」的「主觀性」而折射地建構而成。〔註13〕

中國史家的傳統以「人」為主體，重視「道德評斷」的力量。正如「趙盾弒君」的故事，弒君者是趙穿而非趙盾，顯然不符合史實，但是史官董狐認為趙盾是晉國大夫，逃出國境（晉靈公因趙盾多次直諫而欲殺之，趙盾只好逃離晉國）後回國卻不討伐逆臣（指趙穿殺了晉靈公一事），國君蒙難趙盾沒有挺身而出，國君就是因趙盾而死的，因此直書「趙盾弒其君」。這是中國史學一個核心的重要價值，即歷史裡的當事人，應該要為他自己所做的一切行為負起責任，這個責任就是「道德責任」。趙盾身為國家的正卿卻沒有沒有選擇討伐弒君的趙穿，因此史官認為他必須為自身行為承擔道德責任，而這正是所謂「儒家的人本精神」。在儒家的人本精神命題下，黃俊傑認為這對中國歷史思維產生兩種表現，即「對歷史上行為者的重視」和「超時間的道德命題」。〔註14〕在司馬遷的《史記》當中，也存在這兩種表現，他十分細膩且深入刻劃人物內心，藉以表達出人物的善惡價值評斷；而在超時間的概念上，將過去的史實與現今事件予以聯繫，達到「以古鑑今」（現在與過去的反覆流轉，體現一種盛極而衰、

〔註13〕黃俊傑，《儒家思想與中國歷史思維》，頁82。
〔註14〕參見黃俊傑，《東亞儒家人文精神》，臺北：國立臺灣大學，2016 年，頁220。

否極泰來的永恆歷史循環），在過去的事件中能夠看到超越時間、空間限制的定理，且具有放諸四海皆準的普遍性意義。余英時（1930～）認為「蓋我們所謂之歷史，事實上乃是人類文化的日積月累之過程，其中每一項新的增添都有其永恆存在的一面。就其永恆的一面說，歷史事件或歷史的思想同時又是超時間的。」〔註15〕現今的我們（或史家）站在歷史時間軸上，透過思考過去的歷史事件，在「古往」與「今來」間找出一種發展規律，從而對現今的發展做出行為準則或重新定位，這是史學家企求的目標，也是司馬遷「通古今之變，成一家之言」的展現。司馬遷在歷史心魂上，揣摩歷史人物的心，進而與歷史人物合而為一，真正瞭解行為者採取行動的根本因素；在主觀性方面，站在歷史時空的軸線看古今的發展演變，找出適合自身環境的行為選擇。這種歷史並非抽象與空想，而是一種歷史記憶的再現。史氏認為自己受到司馬遷的影響深遠（西方史學重視集體性的歷史建構與中國史學以個人意念為主要論述核心有所不同），史氏本身在歷史敘事上也朝向追求人物心靈面貌與道德意義評論，他認為這是在史料基礎上，透過文學藝術而可能的。文學是虛構且帶有想像的藝術成分，其所描繪的正是生活經驗與真實感受的投射，文學家將情感、理想與經驗等感受投射在作品當中，使作品可以更加觸動讀者的感受。也正因為如此，史氏認為諸如《聊齋誌異》等蘊含作者生命情感的作品可以與史料相互結合，補足歷史所無法深入的領域，透過文學與歷史的結合，重構過去的歷史經驗與記憶，李蓉認為「儘管文學敘事最多也只是對其真實生活的一種想像，但是，正是由於想像的存在，才構成了歷史記憶的難以整體劃一的特質，」〔註16〕張隆溪也認為「文學的確可以是一種虛構，但那種虛構往往有現實和現實經驗作為基礎，和我們的生活體驗和記憶相關，也可以幫助我們記憶個人和集體的歷史。」〔註17〕史氏也期許自己能夠和司馬遷一樣成為一個不凡的史學家，就像房兆楹教授對他的期許一樣，融貫中西史長，並作為一個不平之輩！

第二節　史學風格

統計可以幫助史家在龐大的歷史資料中，找尋一個清楚的脈絡。馬克・波

〔註15〕余英時，《歷史與思想（二版）》，臺北：聯經，2014年，頁235。
〔註16〕李蓉，《中國現代文學的身體闡釋》，臺北：秀威，2010年，頁321。
〔註17〕張隆溪，《張隆溪文集・第三卷》，臺北：秀威，2013年，頁320。

斯特說「自 70 年代法國出版『年鑒』集團的著作、英國出版《過去和現在》
（*Past and Present*）、美國普遍向社會史和量化史轉向以來，數字已經取代敍
述，成為衡量歷史現實性的主要指數。」〔註 18〕因此歷史統計學（或計量史
學）這種仿「科學」的數據化歷史，直到現在還是成為史學研究的一個重要工
具，諸如社會經濟史、社會史、人口史和家庭史等與歷史研究相關學門都會採
用這種方式，他們相信透過對歷史事件的定量分析，找出歷史事件在發展過程
中的變化，這樣的歷史才能有更客觀的展現。但史景遷認為，歷史不應該只是
由一堆數字所疊合構成，統計固然重要，它可以呈現更精確的數據，但這也使
歷史研究充滿冰冷的數字，無法跟讀史者拉近距離，讓歷史變成一種封閉式的
鑽研成果。在中國選拔官吏制度中，唯有考上科舉才能進入官場，進而擺脫原
本的階層。西周的選官制度按《周禮》劃分，分成天子、諸侯、卿與士等階級，
爵位按血緣世襲。到了東周，禮樂崩壞，各諸侯國為鞏固國家利益開始網羅人
才，任用了許多知識分子（如孟嘗君、平原君、信陵君和春申君）共同議事。
漢朝則出現察舉制度，由各地官署推舉地方孝順廉正的人才為官。魏晉南北朝
出現「九品官人制」，由中央將人才按出身與品德分成九個等級錄用，然而隨
著世族勢力的擴張，影響評選考核標準，最後甚至憑門第出身為任用標準，形
成所謂「上品無寒門，下品無世族」的極端現象。科舉直到隋代有了初始的樣
貌，改以考試任官，但在政治上影響力不大。唐代科舉開始蓬勃發展，設明經
科（經義背誦）和進士科（辭章策論），科舉一直延續了兩千多年才被廢除。
有學者將明清兩代的進士資料作一整理，歸納出「祖上三代有舉人以上功名
者」與「祖上三代無舉人以上功名者」兩類，最後發現明代進士中約一半的比
例來自祖上三代無舉人以上功名者。從這個分析中可以得知近半的進士來自
底層社會，故社會流動率非常大，科舉制度使得寒窗苦讀的子弟得以進入官場
服務；而清代的情況又與明代有所不同，在科舉制度的激烈競爭下，有些人苦
讀十年也不一定會考上進士（如《聊齋誌異》作者蒲松齡僅考上秀才，七十一
歲補為貢生），這當中所需花費的時間、金錢和精神已非一般百姓所能夠負荷，
因此清代的進士祖上三代無舉人以上者已降至百分之三十七的比例，顯示出
官宦子弟因其較有閒有錢，故有更多能力在準備科舉，因而提升世家子弟入仕
的比例（在會試中較祖上三代無舉人以上者增加百分之六十三），這也展現出

〔註 18〕郭宏安、徐葆耕、劉禾主編，《國際理論空間・第一輯》，北京：清華大學，2003
年，頁 55。

明清兩代進士存在著社會流動率下降的趨勢。〔註19〕然而呂元驄則指出：

> 富裕家庭的成員並不一定能通過科舉考試……出身名門望族的子弟均不超過百分之十。因此，科舉考試就像是一次劃分社會地位的演習。富裕家庭的子弟也容易養成奢侈的習慣而散盡家財……名門望族往往難以將其社會和經濟地位保持至三代以上。〔註20〕

在漫漫科舉路上，無疑是一條所費甚鉅的道路，也因此有了家庭的支持變得十分重要，但更重要的仍是科考人自身的想法（否則他們大可不必參加科舉，可以繼續當紈褲子弟）。

　　對於提高社會地位來說，財富的確是一個重要因素，這些富家子弟的家庭有著雄厚的財力，因此他們可以負擔兒子讀書的費用，最後將他們培育成進士，進入官場並透過各種途徑繼續累積財富。而在乾隆年間的進士邵洪，祖父邵基是康熙年間進士，曾任翰林院掌院學士、江蘇巡撫；父親邵鐸是乾隆年間進士，官至翰林院檢討。雖然祖上皆為進士，是個標準官宦世家，但祖上為官清廉，至邵洪這一代已家徒四壁，但他仍奮發勤讀，最後於乾隆三十六年考上進士，後任安徽巡撫兼提督、吏部與禮部右侍郎。從以上例子看來，如果單就統計「祖上三代是否有舉人以上」來看，的確可以看出明清兩代的進士在比例上的不同，進而歸結出兩個朝代在社會流動上所呈現的樣貌。但另一方面，從富家子弟與官宦世家這兩個例子當中，則又提供了不同的省思（富家子弟可能不想參與科舉進入官場，選擇虛度光陰，最後散盡家財；而官宦世家子弟也可能因為祖上為官兩袖清風，最後無法支持他這一代繼續參加科舉），因此史景遷認為歷史研究當中最重要的是仍是那些活生生存在的個體，他們的種種生活經歷、心情，才是讓我們認識、同情與理解歷史的關鍵，何俊在〈余英時的中國近世思想史研究〉指出「歷史的主角是人，史學在任何方面的研究實際上都只不過是在重建歷史的場景，其最終的目的是為了呈現出場景中的人。但事實上，在大量的史學研究中，人卻是缺席的，更不必說鮮活的呈現。」〔註21〕

　　史家的任務是重構人類過往的文化活動，同時告訴我們所發生的事件樣貌為何，提供我們一個清晰的歷史圖像。然而在許多歷史研究中，學者轉而關

〔註19〕參見周樑楷、吳振漢、胡昌智編著，《史學導論》，臺北：空大，1995 年，頁 144～145。

〔註20〕呂元驄、葛榮晉著，《清代社會與實學》，香港：香港大學，2000 年，頁 30。

〔註21〕田浩，《文化與歷史的追索：余英時教授八秩壽慶論文集》，臺北：聯經，2009 年，頁 443。

心歷史數據的展現，而缺乏了對「人」此一主體的表現。古往今來的資料過於繁雜，史家無法在一定時間擷取所需要的訊息，因此史料必須透過大數據（Big Data），透過電腦科技去執行繁複的處理與解讀，可以快速找出一個發展趨勢。數字在某個程度上（除去一些因素，如誤植或偽造）是客觀且精確的，這的確符合歷史研究的基本要求。但事實上，數字的統計只能用於人類歷史的外在活動（如經濟活動、遷徙範圍），而內在活動（如思想、情感與行為）則無法透過數字作衡量，也就無法經由統計得到一個概況。也因此在歷史研究中，人幾乎只剩冰冷的數字，缺乏了人所擁有的情感面向，也讓讀史者讀來有些枯燥乏味，也因此史景遷在史料統計之餘，所關心的仍舊這些人物的思想與情感。歷史是鮮活的圖像而不應是機械式的結構。這些情感或許是內顯而不直白顯露，唯有替人物填回空白的情感，才能使歷史人物有了活力，也才能感動讀者並讓歷史知識的傳遞發揮效用。史氏將歷史描述奠基在人類普遍的情感經驗之中，使得歷史的描述發揮了更大的功能，逝去的歷史記憶也能夠再現。

史景遷書寫中國歷史時，遵循西方漢學的傳統——即「注重歷史個案的考查，同時又常以宏大的歷史敘事來承載其研究的成果，從而使得其作品在為學界關注的同時常常又成為大眾的暢銷讀物。」〔註22〕他的著作絕大部分都是書寫中國近現代史的風貌，除了有個案的呈現，如康熙、雍正、胡若望、利瑪竇、洪秀全、毛澤東、張岱以及王氏之外，也有以宏大歷史時空間來敘述的，如敘寫一八九五年到一九八〇年的一百年間，中國知識份子面對中國近世的遽變，如何摸索自我定位與省思出路，同時他認為中國近現代的開端應當從晚明（不同於西方史學家所認為西方文化介入中國，以鴉片戰爭為中國近現代史開端），因晚明的經濟與社會文化已將中國推向一個高峰。史氏在史學家不可欠缺的史料基礎上，融入文學家豐富的想像力、細緻的心理描寫和吸引讀者的敘事能力，也因此廣受中西方讀者的注意。

史氏擅於從小處著眼，透過史料細微之處的挖掘與分析來建構其所要描寫的主題，進而完成一部宏觀的史學著作，這是史景遷的史學特色之一。他在閱讀史料時，透過細心觀察個別事件的細節，並將這些細節之間的關聯相互串接在一起，創造出整個歷史環境。汪衛東認為「小事情是個體存在與時代命運的扭結，是小自我與大時代的直接碰撞，是當下發生的歷史……小事情更能揭

〔註22〕孫敬鑫，〈史景遷：向西方講述「中國故事」〉，《對外傳播》，第 8 期（2012），頁 61。

示時代的真相。」〔註23〕在《婦人王氏之死》一書中，史景遷曾說他想為王氏書寫只是因為書上僅記下寥寥數語，但當史氏要為她書寫時，便竭盡所能的為王氏蒐集史料，為她提供最好的歷史背景，他認為王氏之死並非偶然，這件事對於山東或是整個中國具有普遍性意義的，他在書中加深對各種細節的描寫，全文先由一系列不足為道的事件作為鋪陳，最後才揭示了王氏的死，這些發生在郯城的事件與主題看似毫無關聯，卻對王氏的遭遇有著不可分離的重大意義。這種不著眼於大歷史視角的取材，搭配其獨特的敘事手法，更增添史氏著作中那份深層的歷史省思。

此外，對於人物內心世界的描摹與勾勒也是史景遷的書寫特色之一，「史氏對人物內心的探尋則是建基於自身的生活經驗之上，通過移情的方式來進行的。」〔註24〕史景遷認為，對於人物內心的描摹其實就是在尋找自己身上所缺乏或是缺少的東西，而這種自我理解的過程則是根基於我們的日常生活經驗中。在《康熙：重構一位中國皇帝的內心世界》中的〈阿哥〉一章中，他認為康熙皇帝一生縱橫，似乎沒有任何事情可以打敗他，但在皇位繼承的鬥爭上卻成了困擾他晚年的心病，也擊垮了他。史景遷當時有了孩子，特別對康熙的晚年感到同情，因此在人物的描寫上，也產生移情作用，他被父母對於孩子的那份感情所感動，他認為這是對康熙來說不可或缺的人生的重要階段，所以獨立設章來作細節描寫。史景遷認為人物的心理探尋是作品的靈魂所在，是作品中不可缺少的元素，這些都是他對歷史人物所作的一種「自我」的探索。張隆溪指出：

> 赫德爾則十分強調移情（*Einfühlung*）的作用，認為人們通過移情，可以設身處地去想像他人的境況，也就可以超越差異而達到相互理解。然而移情絕不是把自己主觀的思想感情投射到解釋的客體上去，因為解釋的客體自有其歷史，和解釋者的思想感情有所不同，所以移情是儘量體驗他人的境況，達到同情的理解。〔註25〕

史家在解釋歷史時，難免會有同情與想像，但這種想像絕非空想，而是體驗歷史人物的心境，進而與之合而為一，如此才有可能深入研究對象的想法、歷史事件的態勢之中。即便所述事件或人物令人深惡痛絕，仍需對其愛之惜之，否

〔註23〕汪衛東，《魯迅：現代轉型的精神維度》，臺北：秀威，2015年，頁233。

〔註24〕馬金生，〈試論史景遷的著史風格〉，《史學理論研究》，第4期（2007），頁95。

〔註25〕張隆溪，《張隆溪文集・第二卷》，臺北：秀威，2012年，頁263。

則歷史研究終究徘徊在不幸與罪惡之中，無法看到真實的一面。而在歷史文本的想像中，專注於文本的當下，便能傾聽那個時代的聲音（這個聲音絕非幻聽），透過不斷的交互對話與激盪，才能使歷史在想像中在一次鮮活起來，這是一種設身處地的理解，也是一種移情後的同情。何兆武認為「歷史理解是我們對古人思想和感受的認識過程，其中主體和客體雙方既是對立的，同時又是統一的。」〔註26〕史家透過敏銳的觀察與想像綰結人情，探入人們心中的世界，經由史料基礎與想像同情合而為一，此即主體（自身經驗／感受）與客體（歷史事實）的統一，進而再現歷史的真與美。

　　史景遷總是喜歡以「蒙太奇」的形式書寫作品，他不喜歡那種編年方式的書寫，因為我們生活經驗與自身記憶很難以編年形式呈現。蒙太奇（montage）原指電影鏡頭的剪接組合，也可以用來指敘事的分解與組合，該形式打破時空的線性發展，將不連續／斷裂的各個片段予以連接，藉由多視角、多聲部的場景切換手法來展現難以同時進行的歷史事件，揭示更多宏大時空間跨度中的史實。此外，人的記憶表面上看似屬於編年體（按照時間先後順序依次紀錄），但實際上人的記憶會隨著個體成長的經歷與理解而有所不同，正如我們無法記住過往日子所發生過的每一件事，但卻可以記住某些有關聯性的事件，也因此人的記憶或生活經驗無法依照編年形式來呈現，這裡就必須借用蒙太奇的形式來書寫。朱汝瞳認為「作家從人物特定的心理出發，通過聯想、回憶、幻覺、蒙太奇等手法，形成一股意識流。運用快速跳躍的節奏，打破時空中的區隔，把過去、現在和將來連成一片。這樣就淡化了現實的情節，強化了人物的內心世界。」〔註27〕因此史氏喜歡以「跳躍」的方式，運用自己獨特的思考方式，將情節從這裡跳到那裡，讓作品呈現一種戲劇般的效果。在情節發展上，他會將較不重要的因素放在前面，與主題相呼應的因素放在後面，達到一種由弱到強的特性。在《婦人王氏之死》中，前面的四章先是讓我們對於王氏所生活的空間與婦女的命運，最後的兩章〈私奔的女人〉與〈審判〉才是和王氏之死有關連性，到最後才揭示王氏之死的原因。而這樣的情節編排也讓作品更有可讀性，也讓現實與虛構之間的界線變得模糊，打破了時空的框限。

　　史景遷認為歷史最重要的核心就是透過文學的手法來宣揚某種道德評斷。有些人認為他的著作充滿小說的味道，但他認為小說跟文學是不同的：

〔註26〕何兆武、陳啟能著，《當代西方史學理論》，臺北：五南，2002年，頁287。
〔註27〕朱汝瞳，《中國現代文學流派漫談》，臺北：秀威，2010年，頁118。

他說，當人們用「literature」一詞時——無論是指「文」或「文學」
——是用這個詞來傳遞一種品質，一種評判，或者如何遣詞造句；
而用「fiction」一詞時，則是意指一種方法，這種方法除了廣義上的
通情合理外不必以事實為依據。所以文學和小說有區別……我想文
學更是一種哲學傳統。「literature」一詞也與一種藝術傳統相連。所
以，如果說我把文學和歷史相結合，這只是意味著我對史學的寫作
風格有著激情……這就像運用藝術一樣，使歷史寫作接近藝術以取
得更深層的效果。我想這對我來說是一種自覺，因為我熱愛西方傳
統中的文學人物。〔註28〕

史景遷認為史學是一種藝術，而這也讓他的作品有著明顯的人文風格。他不
以史實的真實性為最終依據，而是在這之上，運用文學化的語言來獲得某種
意義或是道德的評判。另一方面，史氏對於史料的蒐集與整理的功夫做得很
確實，他非常注重書中所用的史料，且隨文附註，做到「無字無來歷」的地
步。但在《婦人王氏之死》中她卻運用了非史料的《聊齋誌異》作為這本書
的構成元素。他認為史學家必須從歷史文獻的觀察和奇聞軼事的觀察中，找
到歷史本來的面目。史氏常被人批評是「失敗的歷史小說家」，但他在史料的
蒐集與考證上仍不輸其他的歷史學家；他以文學化的筆法，增加作品的可讀
性，同時也呈現古典史學「文史不分」的特色。他認為可以合理的想像，但
這些都必須根基於史料的基礎上，這和歷史小說家有很大的不同。史氏在歷
史敘事上朝向追求人物心靈面貌與道德意義評論，這些都是以史料為基，透
過文學藝術而可能的。

　　史景遷的歷史研究縱有以上幾個面向，但事實上他並沒有一個特定的「學
術風格」，只有一貫的「著述風格」。也因此其作品雖然屬於暢銷研究讀物，但
仍受到多方抨擊。馬金生指出「學界目前主要有兩種傾向性認識。一種認為史
氏的部分作品具有典型的後現代主義傾向，某種程度上有將其視為後現代史
學家的意味。另一種觀點則認為史氏的相關作品是歷史小說，甚至是小說。」
〔註29〕後現代強調對大歷史的否定（反中心）、轉向位居傳統史學研究邊緣的
下層百姓或是其他弱勢族群、企圖消弭文學（虛構）與歷史（真實）的界限。

〔註28〕盧漢超，〈史景遷談史〉，頁2。
〔註29〕馬金生，〈美國漢學家史景遷的治史觀——美國史學界對史景遷著史風格的不
　　　　同認知〉，《國外社會科學》，第5期（2007），頁75。

但史氏本人不認同這個觀點，他認為史家與小說家仍有不同之處，在於對史實
的認識與想像的發揮空間。小說家可以虛構或改動歷史，但史家仍須遵循史實；
當出現史料未能明確指出的「空白」時，小說家可以天馬行空的自由填補，但
史家必須遵循史料所提供的論點去填補，因此自由想像程度相對較低。馬金生
認為「史氏在書寫歷史時是完全以一個史學家的自覺去進行的。在其心目中，
史實的真實性是第一位的。」〔註30〕而作家楊照在〈中國心靈的轉譯家〉一文
對史景遷有一番論述，可以作為了解史景遷史學風格的一個指標：〔註31〕

> 這些書一以貫之的，是史景遷的史學「風格」。一種建立在普遍、常
> 識性心理原理上，對歷史人物進行剖析的風格。廣義來說，史景遷
> 最好的作品，都是「心理史學」，然而「心理史學」對史景遷而言，
> 是一門史家技藝，而不是一套方法論。
>
> 史景遷最深刻、最驚人的能力，在其「同理心」（empathy）。他隨時
> 帶著同理心，而非任何其他史學理論架構，與史料相處……當他研
> 究太平天國時，他就轉而化身成半文半野的革命叛逆者，從他們的
> 悲喜去解釋他們的行為，而不是光只記錄他們的行為，或只從社會
> 結構階級原因來分析他們的行為。
>
> 史景遷時時刻刻活在當下，意識到當下。一個歷史研究者，必定要
> 「進入」他研究的對象，可是史景遷更感興趣於如何「出來」，如何
> 把他研究的那些中國人、中國生活、中國心靈，帶出來變成當代美
> 國學生、美國讀者能夠理解的東西。

正如本章一開始提到的，史景遷本身不注重什麼專業的學術方法，他只是一
直履行自己一以貫之的一套「風格」，儘管這套風格有很多種名稱，如後現代
史學、心理史學，但實際上該寫作「套路」（或方法）只能意會而無法言傳，
也因此引來多方批評，但他並不在意，只專注在自己的寫作之路上，仍舊以
其高度的同理心，持續與歷史人物對話，最後走出史料將之轉換成西方讀者
所能夠理解的東西。這背後所涵蓋的不僅僅是史家與歷史人物的相互理解，
同時也是搭建起「陌生」讀者與歷史人物的相互體會橋樑的重要關鍵。長期
的歷史實踐培養了他的深刻洞察力，他以優美的文筆和生動的敘事去還原歷
史現場，王海龍認為「歷史本身是不是文學其實並不很重要，重要的是寫歷

〔註30〕馬金生，〈試論史景遷的著史風格〉，《史學理論研究》，第 4 期（2007），頁 100。
〔註31〕鍾怡雯，《九十四年散文選》，臺北：九歌，2006 年，頁 357～359。

史必須要有文學的才華。」〔註32〕歷史能夠永久流傳，如果只靠著一堆史料
文字堆疊，仍舊無法引起讀史者的興趣，終究掃入倉庫或束之高閣；歷史能
夠廣為流傳，靠的正是寫作的技藝，此技藝即是一種文學的力量，但這種文
采並不是指浮誇的虛構，是一種文（華美）質（事實）並重的技巧。如此讀
者才能夠洞察歷史所流洩的恆久生命力，從而使歷史記憶的再現成為可能。
史氏在宏觀的近現代史研究中，以生動的筆觸揭示歷史人物的命運，正是一
種實踐洞察歷史的意識。

表 1　史景遷史學風格正反方意見

	支　持	反　對
風格	人文氣息。	小說家氣質。
敘事技巧	以說故事的方式，充分展現中國歷史的全貌。	沒有史學家該有的嚴謹態度，充滿虛構性質。
考證功夫	結合各類史料形塑生動的人物。	史料挖掘功夫不足。

研究者自行整理。

第三節　作品介紹

　　史景遷著作非常豐富，迄今出版作品近 20 部，〔註33〕包括《康熙與曹寅：
一個皇室寵臣的生涯揭秘》（*Ts'ao Yin and the K'ang-hsi Emperor*）（1966 年）、
《改變中國：在中國的西方顧問》（*To change china: Western Advisers in china*）
（1969 年）、《康熙：重構一位中國皇帝的內心世界》（*Emperor of china: Self-
Portrait of K'ang-hsi*）（1974 年）、《婦人王氏之死：大歷史背後的小人物命運》
（*The Death of Woman Wang*）（1978 年）、《從明到清：17 世紀中國的征服、地
區與延續性》（*From Ming to Ch'ing: Conquest, Region, and Continuity in
Seventeenth-Century China*）（1979 年，與 John E. Wills Jr 合著）、《對中國、東
亞新規則的歷史先例》（*The Historical Precedents for Our New Regulations with
China, East Asia Program*）（1980 年，與 Paul Cohen, Steven Levine 合著）、《天
安門：中國的知識份子與革命》（*The Gate of Heavenly Peace: The Chinese and
Their Revolution*）（1981 年）、《利瑪竇的記憶宮殿》（*The Memory palace of*

〔註32〕王海龍，《遭遇史景遷》，上海：上海書店，2007 年，頁 47。
〔註33〕詳見朱政惠，〈史景遷史學探要〉，《史學月刊》，第 1 期（2009），頁 100。

MatteoRic-ci)（1984 年）、《胡若望的疑問》（*The Question of Hu*）（1987 年）、
《追尋現代中國（最後的王朝、革命與戰爭、從共產主義到市場經濟）》（*The search for Modern china*）（1990 年）、《中國縱橫———一個漢學家的學術探索之旅》（*Chinese Roundabout: Essays in History and Culture*）（1992 年）、《上帝的中國之子：洪秀全的太平天國》（*God's Chinese son: The Taiping Heavenly Kingdom of Hong Xiuquan*）（1994 年）、《大汗之國：西方眼中的中國》（*The Chan's Great Continent: China in Western Minds*）（1998 年）、《毛澤東》（*Mao Zedong*）（1999 年）、《雍正王朝之大義覺迷》（*Treason by the Book*）（2001 年）、《前朝夢憶：張岱的浮華與蒼涼》（*Return to Dragon Mountain: Memories of a Late Ming Man*）（2007 年）。其著作無論在西方或是中國、臺灣地區都非常受歡迎，幾乎一上架就會有中譯本的出現。

　　史景遷的作品有著高超的歷史敘事技藝，洞察敏銳、獨特且深邃，也使得他成為暢銷歷史著作寫手。他不僅描繪出眾多的歷史人物，而且擁有能夠駕馭他們的能力，讓他們躍然於書上。在他的作品中，人物是真實、可靠、生動的，同時也展現出人物的豐富性與複雜性，在他筆下的人物是多采多姿的，如雄心壯志的康熙、抵抗世事變遷的張岱、富有宗教熱情的洪秀全、異於常人的胡若望、善於記憶的利瑪竇以及命運多舛的王氏，從而吸引廣大的中西方讀者。

　　《康熙：重構一位中國皇帝的內心世界》一書以〈遊〉、〈治〉、〈思〉、〈壽〉、〈阿哥〉、〈諭〉六個章節揭露出他鮮為人知的一面，是一本全面性展示康熙內心的種種歡愉、猜疑、無奈，乃至於追憶。史景遷認為「天子」或「朕」有種異於常人的特質，他是天地間的溝通管道，同時他一生幾乎離不開禮儀（接受群臣朝覲陛見、春秋定期大祭、祭祀宗廟等），也離不開紫禁城（除非巡遊他處才有機會出宮），這些都突顯出皇帝的威嚴與尊榮，且符合一個皇帝該有的行為模式。然而這些形象都是官方所製造出來的。康熙皇帝年少的時候就學習了漢文，史氏認為他不同於那些富有文學涵養、工於雕琢字句的文人，康熙在信箋（康熙喜歡草擬信箋給少數幾位親近且信任的人，史氏也發現在滿清被推翻後至少發現幾百封康熙親筆的信）所表現的正是一種坦率抒發之感。史氏說「透過這些信函，我們得以一窺康熙私底下口語化的風格；捕捉康熙的語言神韻，瞥視康熙心緒的翻騰和糾葛。」〔註34〕這些信箋未經任何人

〔註34〕史景遷著，溫洽溢譯，《康熙：重構一位中國皇帝的內心世界》，臺北：時報，2005 年，頁 18。

的潤筆修飾,因此可以盡情騁懷己思。史氏認為唯有從康熙自己的思想、觀點,才能領略這個雄才壯志的皇帝如何領導百姓、面對清初的動盪以及子嗣間奪嫡的風波。齊克彬指出「史景遷『寓論斷於史實』,全書不置任何評論,而將政治與人性的衝突、文化發展中的社會歷史因素等歷史問題直接推到讀者面前,發人深思。」〔註35〕這本書是史景遷第一次嚐試第一人稱自敘的手法,透過信箋、實錄和起居注等與康熙較為親近的史料紀錄,在虛實之間描繪康熙的形象,而讀者也藉康熙的視角一同俯視其治理下的清帝國。

　　《上帝的中國之子:洪秀全的太平天國》一書在探索洪秀全內心之餘,更企求追尋洪秀全在建立「拜上帝會」的宗教信仰時,他堅信自己就是上帝之子,但他是否曾想過該組織會為無數的百姓和朝廷帶來極大的破壞力,成為歷史的一大傷痛。洪秀全是一個農家子弟,考過四次科舉皆名落孫山,在第三次科舉落榜後心灰意冷,臥病不起,在床上他做了一個夢,這個夢也改變他一生。他看見一個美好光明的地方,有一老嫗呼他為兒,並帶他去洗淨(受洗)身子,隨後便帶他去見一個穿著黑袍,金黃髯鬚的長者(天父上帝),並賜予他寶劍和金印,命他為「天王大道君王全」,同時這位長者又派其長兄耶穌(洪秀全是次子),一同下凡斬妖伏魔。之後洪秀全四處宣揚上帝教義,成立「拜上帝會」,道光三十年更於廣西發動「金田起義」,創立「太平天國」,爾後十餘年席捲了半個中國。洪秀全的基本思想是來自於當時傳入中國的基督教,且頗為著迷。而史景遷指出,洪秀全從《聖經》得到自身的使命感,但影響他這本書卻是中文的《聖經》(馬禮遜牧師先刊行《神天聖書》,而後和助手梁發刊行宣傳意義濃厚的《勸世良言》)。他認為這些翻譯有許多含糊、訛誤,或是原文義誤讀,如此造就了洪秀全的天賦神權信念和建立天堂的命定感,不過有趣的是,洪秀全完全沒有接受基督教的引導,僅依照自己對《聖經》「牽強附會」式的理解將上帝旨意傳達出去。另一方面,太平天國在攻城掠地之時,連帶造成兩千多萬人或戰死、或餓死的悲劇,也讓清朝傾盡國力耗時十年才完全鎮壓。齊克彬認為「史景遷要探索的是洪秀全的心靈世界是如何受到《聖經》的啟示,真誠地相信可以在人間建造天國,這一信念又如何使兩千多萬生靈遭塗炭,讓清政府費時十年才肅清。」〔註36〕洪秀全自認負有重大使命,他有熱情且努力完成目標,卻沒有思慮到毀滅與繁榮是一個

〔註35〕齊克彬,〈史景遷的中國歷史研究〉,頁167。
〔註36〕齊克彬,〈史景遷的中國歷史研究〉,頁168。

危險平衡，因而造成歷史的一大傷痛。

《胡若望的疑問》與《利瑪竇的記憶宮殿》兩書的主角，一個是在中國廣州擔任法國耶穌會傳訊部守門人的胡若望，一個是義大利天主教耶穌會的傳教士利瑪竇，他們在因緣際會下，各自離開自己生活許久的國家踏入陌生的世界。在東西方文化觀念不同的情況下，一次中西交流為他們帶來了不小的衝擊。耶穌會神父傅聖澤在中國鑽研古代典籍，同時他也在尋找基督教在中國的證據（道家所謂的「道」或「太極」，就是基督教所謂的「真神」，是宇宙的創造者；而《易經》就如同《聖經》一般，是真神傳遞給世人的經典）〔註37〕。後來傅聖澤收到法國耶穌會的調回命令後，他找上擔任教廷傳信部的胡若望（胡若望是中國人，可以協助傅聖澤研究這些典籍），帶上十幾箱的藏書趕往歐洲。然而他們發現胡若望的行為異於常人，甚至還把它當作瘋子關進精神病院長達兩年半之久。本書題為「胡若望的疑問」，實際上不僅是他自己對這件事的疑惑，也是一次中西文化磨合所帶來的謎團。中西方的生活差異在本書透過胡若望的行為，展現得淋漓盡致：「當菜一上桌就挾走凡是他想要的。其夥伴試著對他解釋「一客」的概念……胡仍會吃掉他們覺得恰當的份量」〔註38〕、「乞丐伸手奉上外套，但胡不願接受它，回吼道他絕不會收回它」〔註39〕、「胡告訴傅氏，教堂裡有太多婦女，這觸怒了他」〔註40〕、「見到十字架，胡便跪地反覆磕頭，無視一群目瞪口呆的旁觀者」〔註41〕。中國傳統的餐桌多是「合菜」，都是一大盤，每個人依據喜好夾起菜餚，但西方人講究的「一客」觀念，所有菜餚已經過分配，每個人就只能吃自己的那盤，所以胡若望的行為才會令人訝異；中國人常有「惻隱之心」，對需要幫助的人會伸出援手，但西方人比較不會去接受別人的幫助，因此那位乞丐才一直要退回外套；中國人面對神聖的事物會以磕頭或跪拜表達尊敬，所以胡若望才會對十字架磕頭，但西方人並沒有這樣的習慣（正如英使馬嘎爾尼不願雙膝下跪朝拜乾隆），此外胡若望在男尊女卑的觀念下，會認為神聖的地方不能讓女性進入（他在廣州的教堂就是如此），而在西方社會並沒有強制規定婦

〔註37〕 詳見楊平，〈耶穌會傳教士《易經》的索隱法詮釋〉，《周易研究》，第 4 期
　　　　（2013），頁 39～46。
〔註38〕 史景遷著，黃秀吟、林芳梧譯，《胡若望的疑問》，臺北：唐山，頁 2。
〔註39〕 史景遷著，黃秀吟、林芳梧譯，《胡若望的疑問》，頁 47。
〔註40〕 史景遷著，黃秀吟、林芳梧譯，《胡若望的疑問》，頁 50。
〔註41〕 史景遷著，黃秀吟、林芳梧譯，《胡若望的疑問》，頁 67。

女不能進出教會，因此引來異樣眼光。不過有學者認為「像是在寫小說，而不是研究歷史。主人公瘋了，作者也不深入分析原因。」〔註42〕究其實，胡若望正是因為有著看似瘋狂的行徑，才導致傅聖澤將其關進精神病院，不過更大的原因是雙方對宗教功能認知差異（傅氏追尋的是真理，胡氏則想藉歐洲之旅改變生活）〔註43〕。齊克斌則認為「胡若望的個案是東西方文化衝突、理想與現實衝突的典型範例……通過胡若望的眼睛，看到中國人眼中的歐洲形象。」〔註44〕

　　利瑪竇是明朝萬曆年間來中國傳教的義大利籍神父，他運用歐洲中世紀文藝復興所流行的「記憶術」，將他一生中所見所聞完整的記錄下來，並存在腦中的房間。「記憶術簡言之是一種形象佔位記憶法。它要求人們在頭腦中建立『記憶秘宮』……對於要記住的每一項事物，都要賦予一個形象，然後指定一個場所，把它安放在那裡。」〔註45〕利瑪竇認為我們希望記憶下來的東西都應該賦予它一個形象，將其放置在一個場所，當我們需要用到時就能使它重新顯現（這有點類似現今所謂「右腦圖像記憶法」）。當時的中國對於他這套記憶術深感佩服，他也說漢字符合記憶「形象化」的要求，因為漢字中的每個字都有其表達意義的形象，利瑪竇在中國傳教兼研究的這段時日，也受益漢字的特性，使得他能輕易的學習漢語、專注於古籍研究上。史景遷為利瑪竇敘事時，考慮到他善於記憶的一面，因此他不以線性時間進行敘事，而是以四個中文字（武、要、利、好）和四幅插畫，帶領讀者遊歷記憶宮殿，將利瑪竇不平凡的一生化為一幕幕栩栩如生的場景。但記憶無法以連貫的形式出現，史氏以形象與插畫引導出隱藏的記憶，因此在敘事上仍是以跳躍、混雜的蒙太奇手法呈現，不過這些記憶卻串起利瑪竇對當時世界的見聞，將記憶與現實交織一起。

　　《張岱的浮華與蒼涼》中描寫的是晚明知識份子在面臨歷史鉅變之下，如何以書寫來對抗被歷史遺忘的自身的存在價值。當時的知識份子，特別是張岱推崇的那些人，早已看出社會積弱不振，他們冒著丟官甚至丟命的危險，也要上書疾呼。但張岱早已看透這一切的表象，了解暗藏的積弱不振，彷彿他小時候在街上看的燈籠，「入夜月出之後，燈籠也亮起，令他深覺住在此處真『無

〔註42〕朱政惠，〈史景遷史學探要〉，頁102。
〔註43〕詳見箭在弦上，〈閱讀《胡若望的疑問》〉收入於「痞克幫」，http://goo.gl/NL0WK7（2016/09/24點閱）
〔註44〕齊克彬，〈史景遷的中國歷史研究〉，頁168。
〔註45〕張國剛，《明清傳教士與歐洲漢學》，北京：中國社會科學，2001年，頁244。

虛日』,『便寓、便交際、便淫冶。』身處如是繁華世界,實在不值得把花費掛
在心上。」〔註46〕張岱曾享盡富貴也曾受盡磨難。史景遷他的著作中發現,張
岱是寓居在自我的內心世界當中。他認為張岱不僅是史家,對明朝的歷史有著
透徹的了解,同時也是熱愛歷史的文人。這本書除了寫張岱的一生、內心描寫
以及對於過往的追憶,更是點出張岱藉由回憶以及修史這兩件事來確立自己
存在的意義,面對朝代更迭的歷史洪流,只有嘗試捕捉逝去的回憶,以書寫的
方式面對世事變遷與生命無常。無論是他一生所寫的史書《石匱書》或是《陶
庵夢憶》,除了有個人歷史的回憶,有有家國歷史的書寫,在夢與憶的交織跌
宕下,呈現了自我的人生與對前朝的追憶。

　　《婦人王氏之死》是史景遷的代表作之一。他在翻閱《郯城縣志》、黃六
鴻的《福惠全書》時,發現在山東這個地方,發生了一名婦人的死亡案件。全
書開頭以一六六八年的一場大地震開始,試圖尋找一切與王氏之死的相關線
索,進而建構出整個社會的價值觀以及婦女的地位,當我們憐憫王氏的遭遇
時,也能深刻體會當時社會價值觀對王氏或是整個中國婦女的無奈。史景遷除
了在史料的基礎上建構這篇故事,同時還引用了蒲松齡的《聊齋誌異》,造成
了一種虛實交替的風格,蘊含了濃厚的文學敘事手法。他透過《聊齋誌異》補
足了上述兩份史料的不足,進而深入探討郯城的另一種風貌以及婦人王氏的
精神世界。透過他的文字,我們彷彿能更深入三百多年前的郯城,看到了那個
社會和他們的命運。

　　史景遷善於以人物的慾望、動機為座標,重新編碼歷史素材,史景遷寫婦
人王氏之死、利瑪竇、胡若望,都是在大時代中的一小方天地中,塑造出似幻
似真的情境;而史景遷書寫歷史的魅力就在於他掌握到讀者面對歷史時的微
妙心境:希望歷史不是那麼冰冷遙遠,而是可供讀者投射情感、釋放想像的私
人場域。這些人或為尋常的平民百姓,或是限於海角的外國傳教士,對歷史即
使有所影響,也顯得迂迴而間接,但是卻有助於醞釀讀者的私密感。

　　史氏擅於講故事,他的作品大量使用註腳,所引用的史料也都經過嚴格的
挑選,不過仍有許多人質疑他的敘述風格。他們認為他的作品缺乏分析與論
證,也有人指出史景遷的作品存在文學化的色彩,因為許多作品同時有文學和
史學的敘事手法,所以有人認為讀起來就像是小說而非歷史著作。研究者認
為,史景遷的歷史著作雖然存在此一現象,但仍不失為一部好的歷史著作。他

〔註46〕史景遷著,溫洽溢譯,《前朝夢憶:張岱的浮華與蒼涼》,臺北:時報,2009。

極力描寫人物內心的欲望、動機，在史料中重新賦予歷史素材生命，從而塑造出虛實相生的史實，其筆下的王氏、張岱、胡若望等，雖是在歷史齒輪中的一小塊零件，卻是歷史不可或缺的元素。我們都無法回到歷史現場，所以我們只能憑藉史料來拼湊與還原當時的情況，但即使是在皇帝身邊紀錄皇帝言行的史官所作的「實錄」仍會有缺陷（唐太宗為了知道史官對「玄武門事變」所記載的情形，便要求史官給予查閱，但事實上「實錄」不可以給皇帝翻閱，這也開啟後世「實錄」的準確性。）所以在歷史的書寫上，難免有個人的想法混入其中。史景遷在史料的基礎上運用文學的筆法，予以一定的想像，提供作品豐富的藝術色彩，也讓歷史更接近藝術的境界。另一方面，由於史景遷的著作一開始是寫給西方的英語讀者閱讀的，他們並沒有中國歷史的背景知識，如果使用艱澀的史料來呈現歷史，必定會讓他們望之卻步。所以史景遷以文學的筆法，將歷史通俗化，將歷史變成是普羅大眾都可以清楚了解的歷史著作。他認為西方一直以看待自身的方式來看待中國歷史，但他則是深入中國歷史當中，了解與同情那個時代的歷史。因此史氏的歷史敘事的魅力在於能精準掌握到讀史者面對歷史事件時的那種幽微心境，以及歷史人物的自我追尋，歷史不再是冰冷生硬，人物的遭遇也不再是遙不可及，而是可供讀者投射想像、再現經驗的場域，有助於醞釀讀者的歷史親近感。

　　史景遷之所以能在漢學界佔有一席地位，除了對於歷史的深刻觀察和研究，還有對於史學思潮的了解以及引領史學發展的方向。雖然遭受許多批評，可是他獨特歷史眼光仍讓他有著屹立不搖的地位。

第三章　敘事與夢境：婦人王氏
生活空間的建構

第一節　中國史傳敘事傳統：《史記》

　　史景遷很推崇司馬遷，他曾說「司馬遷是我心目中的史學家」，[註1] 此外史氏也認為自己在寫作中受到司馬遷的《史記》很多影響。董乃斌指出「史景遷的多本著作，實質是史，寫法卻近文，他的偶像和模仿對象已在其筆名中宣示，那就是紀傳體史書和文學的鼻祖司馬遷。」[註2] 史景遷欣賞《史記》的敘事筆法，並且在作品中進行實踐，這就是他作品中帶有強烈的故事性的因素，他說：

　　　　我第一次知道司馬遷，是在一本小冊子上，是一個很短的傳記，我
　　　　知道他很會講故事，知道他的著作講述了中國的很多家庭、普通人
　　　　以及組成中國的很多小國家。[註3]

《史記》是中國第一部紀傳體的史書，上自三皇五帝，下迄漢武帝太初年間（前104～前101），橫跨三千多年的宏大鉅著。《史記》原名《太史公書》，全書以

〔註1〕林庭瑤，〈史景遷：如遇司馬遷，會結巴臉紅〉，《聯合報》A12（兩岸），2014年3月26日。

〔註2〕董乃斌，〈從抒情敘事兩大傳統論中國文學史〉，收入於李貞慧主編，《中國敘事學：歷史敘事詩文》，新竹：清大，2016年，頁47。

〔註3〕李楊，〈史景遷：向司馬遷學習〉收入於「財經國家新聞網」，http://webcache.googleusercontent.com/search?q=cache:KIkGm5V-eaEJ:www.ennweekly.com/2014/0428/13290.html+&cd=9&hl=zh-TW&ct=clnk&gl=tw（2015/10/19 點閱）。

散文方式撰寫而成，其體例區分為十二本紀（記載統治者治天下的事蹟，藉此觀其興衰。其中項羽、呂后雖非帝王，但項羽在秦末以至劉邦稱帝的這一段時間，掌握了實際的政權；而呂后則是在劉邦駕崩後，以外戚身分干政，名義上雖有惠帝主政，然主導大局者仍是呂后。故本紀記載的人物多為帝王，但司馬遷想呈現的是「共主」的概念，亦即握有權力者即能治天下）、十表（以年表形式將重要的歷史事件或人物，依其年代呈現）、八書（記載歷代典章制度，藉以呈現其通變）、三十世家（記述具有影響力的貴族或諸侯，其家系事蹟。其中孔子、陳涉雖非貴族或諸侯，但孔子因為在儒學思想的傳播上，以聖人教化為根本，且對後世影響深遠，故而將之列入世家；而陳涉因為在大澤鄉發動起義抗秦，激發了後繼一波波反秦勢力的漣漪，故將其列入世家。因此司馬遷的重點在於他們的「影響力」）、七十列傳（旨在呈現各種歷史人物的表現與社會的種種樣貌）。王國瓔在《中國文學史新講（上）》指出「綜觀《史記》一書，實包含古代史傳論述體裁的全部，是古史的總匯，集古史之大成……通過五種不同的體例，相互配合，彼此補充，構成一個完整的歷史體系，」〔註4〕史記的這五種體例，以本紀為主，其餘四體為輔，相互配合、互見成文。後世史書也多依此體例為本撰述成書。

　　正如史景遷所言，《史記》當中記錄了很多家庭、身分普通的人以及組成「中國」的許多小國家。就家庭的部分來說，如《史記・孔子世家》所述：

> 孔子生魯昌平鄉陬邑。其先宋人也，曰孔防叔。防叔生伯夏，伯夏生叔梁紇。紇與顏氏女野合而生孔子，禱於尼丘得孔子。魯襄公二十二年而孔子生。生而首上圩頂，故因名曰丘云。字仲尼，姓孔氏。丘生而叔梁紇死，葬於防山。防山在魯東，由是孔子疑其父墓處，母諱之也。〔註5〕

透過世家中的敘述可以得知孔子的家庭組成，父親是叔梁紇，母親為顏徵在。根據司馬遷所述叔梁紇是個武士，有兩次功績（第一次是晉國與齊魯聯軍共同攻打偪陽國，然圍困許久無法攻下，有次聯軍逮著機會衝向城門，誰料偪陽國突將閘門放下，叔梁紇硬是舉起城門讓聯軍得以撤退；第二次是齊靈公攻打魯國，大夫臧武仲被圍困，叔梁紇與臧疇、臧賈率領軍隊夜襲齊軍將臧武仲營救出來），可見其體能的健魄以及武功的精湛。然而孔家到叔梁紇這一

〔註4〕王國瓔，《中國文學史新講（上）》，臺北：聯經，2014年，頁174。
〔註5〕《史記》，頁1905～1906。

代已經走下坡，其妻施氏沒有生下一子（有九女），與妾所生的兒子卻又有殘疾。為了延續香火，他決定再拼搏一回（因為他已屆花甲）而向當地的士族人家，顏氏的女兒求婚並生下孔子。不過這裡有兩個奇特的現象，那就是孔子竟是「野合」而生，而且其母從頭到尾都不讓孔子知道其父所葬之處。「野合」一詞說明白點就是「野外交媾」，同時「野」帶有一種不合禮儀的意思（相對於「禮」）。因為一個六十歲的娶一個二十歲的老夫少妻並不合婚配禮儀；另一方面，因為「野合」這一件事難以啟齒，才會導致顏氏不肯透漏其父相關訊息。不過這些說法眾說紛紜，事實上在古代「野合」是一個神聖的儀式，男男女女在野外集體交媾以感動神靈，藉以祈求上天降下甘霖，而孔子經過這樣一個神聖儀式後誕生，更顯其不凡，因此周慶華認為「依《史記‧孔子世家》那段記載，孔子父母是先禱天於尼山而後才因野合生孔子的。這樣孔子父母的野合就隱隱然有一個「加值」的作用可以理解了。」〔註6〕正因為少時家庭的貧賤（父早逝，與母相依為命），更加激發了孔子的胸懷抱負與積極奮鬥之心，最後成為至聖，其影響無遠弗屆。

就普通人的部分來說，可見《史記‧滑稽列傳》中的優旃如何展現智慧：

> 優旃者，秦倡侏儒也。善為笑言，然合於大道……二世立，又欲漆其城。優旃曰：「善。主上雖無言，臣固將請之。漆城雖於百姓愁費，然佳哉！漆城蕩蕩，寇來不能上。即欲就之，易為漆耳，顧難為蔭室。」於是二世笑之，以其故止。居無何，二世殺死，優旃歸漢，數年而卒。〔註7〕

優旃是個能歌善舞的伶人，但身形非常矮小，不過他所說的話常富含深刻的道理。正如引文所示，秦二世胡亥想粉刷城牆，優旃擔心此舉會勞民傷財，於是運用智慧和胡亥「交涉」。他先稱讚二世這個想法非常好，然後也說自己非常認同；接下來指出粉刷城牆所動員的財力物力非常可觀，但又接著說其實沒關係，漂亮才重要！（帶有暗諷意味）最後則藉此喻彼，向二世說如果城牆漆得漂漂亮亮，敵人倒也爬不上來，但要上哪找一個遮蔽處來讓城牆風乾（意指還沒等城牆乾，敵人早就來殲滅我們了）。優旃就在談笑間掌握對話的節奏，讓話語主導權在自己的手上，既不直指二世粉刷城牆是無意義的行為，又能讓二世主動放棄這個計劃，可謂不傷彼此和氣（不同於歷史上

〔註6〕周慶華，《轉傳統為開新：另眼看待漢文化》，頁31。
〔註7〕《史記》，頁3202～3203。

許多直諫的大臣因其鋒利的言語直指皇帝的不對，而招來殺身之禍）。《滑稽列傳》中的故事，主角雖然沒有高大的外表，也沒有顯貴的出身（如淳于髡是入贅到齊國女婿，身高不滿七尺；優孟是楚國的歌舞優伶，身高八尺），但他們不因其身分卑微而退卻，反而能言善道，直指問題核心式的借事託諷，解決問題。楊儒賓認為「淳于髡、優孟、優旃諸人，以滑稽態度或語言，談言微中，終成事功……談者不得不逆反正規的語言格局，造成一種語義的轉移、對照、決裂，使人君在開懷之餘，忽然有所了悟，」〔註8〕也因為有他們的幽默感，化解了許多不必要的紛爭。最後是史記記述了許多組成「中國」的小國家，在古代的中國，「中國」一詞原本僅有範圍之義（相對於南蠻、北狄、東夷、西戎）的世界觀，而隨著朝代的更迭與征戰，中國一詞的指稱範圍才開始擴張，直至近代因為民族主義崛起，才又以「中國」一詞代表國家的名稱。也因此司馬遷所撰述的那些國家，其實都是「中國」範圍的一部分。

時任太史令的司馬遷因替李陵投降匈奴一事辯護，最後竟被判了「腐刑」，雖然這個打擊一度讓他想自我了斷，但他想到過去文王被關在羑里寫下《周易》；屈原被楚國放逐完成《離騷》；左丘明眼睛瞎了仍寫出《國語》，而他手邊也有一項工作未完成，因此決定將全部精力投注在《史記》上。《史記》取材多由司馬遷親自考察而來的資料，加上父親司馬談任太史令的資料，還有宮廷文獻檔案與各式史書，如《詩》、《書》、《易》、《春秋》、《左傳》、《戰國策》以及諸子百家之書，蒐羅之盛，前所未有。《史記》亦文亦史，體現中國早期文史不分的史傳敘事特色，其敘事是以第三人稱的角度，彷彿有一位目擊者在陳述歷史現場，且採用全知視角，客觀的描述其所見所聞。當中人物之間的對談乃至內心的念頭，敘述者完全瞭若指掌，不過作者仍然處於事件之外，直到最後才有「太史公曰」的論贊形式，表達出自己的看法。關於司馬遷這種述後再評的史論，左海倫認為「司馬遷的述後再議，無疑是種史評。也近於一種歷史哲學……他所提示的，有時引人之語，轉折諷勸，發人深省。而其終極目的是要增進人生，喚醒人性的尊嚴。」〔註9〕與《春秋》所謂「一字寓褒貶」不同，司馬遷將客觀的史料雜揉主觀的紀錄，寄褒貶於不同的篇章中，讓讀史者

〔註8〕楊儒賓，《儒門內的莊子》，臺北：聯經，2016年，頁251。
〔註9〕左海倫，《司馬遷與史記：經驗築成的巨塔》，臺北：臺灣商務，2003年，頁15～16。

透過閱讀，理解人生究竟該追求什麼？該畏懼什麼？經由這些事件讓我們看到教訓，明白其意義所在，而這也是司馬遷「成一家之言」的出發點。另一方面，《史記》以「人」為主體，生動的描述每一位角色的外貌與性格特質，讓司馬遷筆下的人物顯得傳神，不僅留給讀者深刻的印象，也增添了本身的文學性。司馬遷以人物列傳之體例，上至帝王將相，下至尋常百姓皆能為其書寫；藉由人物間的對話言談來刻畫人物的性格與心理，使得史傳敘事能夠承載一種超越時間的關懷。李秋蘭認為「司馬遷不拘於傳統史學寫作方式，為奇節異行的人作傳，使他們的事跡流於千古。同時對傳記人物也注入自己的身世、感情於其中，超越史學書寫的框架，將形象與個人情感結合，抒發一己情感……」〔註10〕這一為特定人物立傳之形式也被後世小說所援用，諸如唐代傳奇的《鶯鶯傳》、《任氏傳》和《柳毅傳》，宋代傳奇的《李師師外傳》和《梅妃傳》，甚至清代聞言小說《聊齋誌異》中的〈聶小倩〉、〈公孫九娘〉等，都成功的塑造了一系列鮮明的人物形象。

敘事傳統的源頭正是史傳敘事，史傳敘事指的是先秦迄兩漢的諸子史著，包括《春秋》、《左傳》、《國語》、《史記》以及《漢書》，這些史傳敘事作品有故事、人物、場景和主題，當中許多名篇都可以視為一篇篇精彩的故事。柯慶明針對史傳敘事的起源，有更清楚的說明：

> 中國的「敘事傳統」始於「左史記言；右史記事」君主身側「史官」的設置，由於所記的是「言」與「事」，通常不可能出以「韻歌」，也就形成了分別為《尚書》、《春秋》的典範；而真正「敘事」文體的成形，則來自《左傳》、《國語》的揉合「言」、「事」為一體；使讀者對特定人物既可以觀其言亦可觀其行，達到對於人物身處情境中所表現之「性格」的觀察。〔註11〕

「史傳」是中國古代敘事文學的重要源流。史官的職責就是要公正的記錄帝王的言行事蹟，透過這些記錄來約束帝王的作為，因此史官的道德監督和帝王的權力機制形成了制約的平衡。早期的史傳記述體裁有「記言」和「記事」兩個不同的側重點，但後來兩者越來越難以區分（我們很難在記錄言行的時候不看重其行為與事件，例如當我們記載一個人所說的話，如果不輔以事件加以對

〔註10〕李秋蘭，〈從〈報任安書〉看司馬遷對生命的終極關懷〉，《臺北大學中文學報》，第 14 期（2013），頁 99～118。

〔註11〕柯慶明，《古典中國實用文類美學》，臺北：國立臺灣大學，2016 年，頁 338。

照，對該人物所身處情境的觀察便難以進行），以致於史傳敘事開始轉向言事合一，也就是說事件當中無不是以言語所構成的，也沒有言語不牽涉到事件本身的。因此，透過言行與事蹟的相互參照，讀者便能夠對該人物有深刻的觀察，而這也促成中國史傳敘述傳統的發展。

　　史家寫史側重凡事都要實錄，因此歷史敘事和文學敘事有著些許差別，高小康認為「歷史敘事與現實世界的關係是一種在時空關係上相互關聯、一脈相承的『轉喻』關係。文學敘事則是在故事中構造了一個獨立的時空結構」〔註12〕，在這個觀點上，歷史敘事和現實世界是垂直的形式，文學敘事和現實世界則近乎平行。歷史敘事最重要的特色就是「實錄」，實錄是史家的最高原則，同時也是對這個世界的解釋。史學家千方百計想要還原歷史的本來面目，司馬遷在著《史記》時，也是秉持「實錄」精神，盡力做到與現實世界的契合。不過「實錄」並非絕對客觀，也全非絕對主觀，書寫歷史的人在揀選材料時所作的組合、剪裁，都有可能帶來某些個人的喜好，同時這些材料是否也保有真實性？這些都是無可奈何的情形，史家對於那些久遠以前的史料很難判定真假與虛實，而在撰寫中有時又加入個人的取捨，不可避免地讓我們掉入隱晦曲折、虛虛實實的迷霧中。孔子編著《春秋》時，有著「為尊者諱、為親者諱、為賢者諱」的書寫標準，歷史上稱之為「曲筆」，即隱晦行文，委婉的表達作者的看法。另一方面這種實錄所隱含的意義也並非完全不可容納虛構的成分，當我們在閱讀歷史文本的同時，便把它看作是一種事實的陳述。倪愛珍認為「史傳作為紀實型敘事，意味著作者所敘事的事件是有指稱的，即指向歷史上的真實事件，而讀者在接受時，也把它與歷史上的真實事件聯繫再一起。這是一份作者與讀者默認簽訂的文化契約。」〔註13〕因此，史傳敘事實際上包含了歷史敘事（實錄）和文學敘事（虛構）的成分，但兩者是動態的平衡，如果虛構的成分過度膨脹，最後衝破了歷史事實的藩籬，那麼它終將邁向廣闊的虛幻天地。

　　《史記》作為史傳敘事的一個高峰，其中也不乏虛虛實實的敘述手法，而這種自先秦以來文史不分的敘事傳統，不僅影響了《史記》的結構，也成就了後世小說以史傳為承衍的不朽篇章。下圖為《史記》的內在結構與相關文體演化之形式：

〔註12〕高小康，《中國古代敘事觀念與意識形態》，北京：北京大學，2005 年，頁 17。
〔註13〕倪愛珍，《史傳與中國文學敘事傳統》，北京：中國社會科學，2015 年，頁 13。

圖 3-3-1 《史記》內在結構及其變化形式

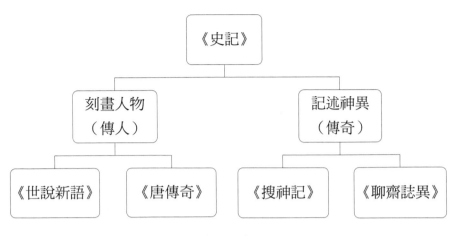

研究者自行整理。

倪愛珍認為《史記》的虛實性主要展現在「虛構都發生在衛星事件上」、「虛構敘事表現在擬言、代言上」和「虛構表現在神奇怪異上」三種主要類別。〔註14〕首先在衛星事件上，作者會將事件區分為核心事件（構成故事的重大事件）與衛星事件（構成故事的背景或相關細節）。因此，核心事件既然在故事上具有重大意義，當然不可以隨意打散或增減，所以在故事的主線上仍舊保持事件的真實性；而在衛星事件上，常會有省略或是杜撰的情事發生，因為並不影響整個歷史的演變發展，卻能增強故事因果的連貫或是情節的曲折，不啻增添了敘事文本的文學性。例如重耳出奔狄國的故事，在史記當中增加了重耳出奔的原因（驪姬欲立奚齊為太子，設計殺害太子申生，又欲剷除重耳與夷吾），以及為何選擇狄國為落角處長達十二年（狄國是重耳的母國，重耳的母親大戎狐姬是狄國大臣狐突的女兒），這些手法在敘事上增強了故事的因果關聯，也填補了歷史事件的空白。而在重耳到達曹國時，遭到曹共公偷窺洗澡（觀其「駢脅」），後來大臣僖負羈勸諫曹共公這個不禮貌的行為，但曹共公不予理會；而後其妻要僖負羈餽贈璧玉表達善意，以禮相待（以免重耳將來得勢後會因此事報復曹國）。果然最後晉文公入侵曹國時下令軍隊不得無禮對待僖負羈一家（感謝僖負羈當時的照顧）。《史記》在這段故事中移動了事件的順序（據《國語》記載，順序為窺浴→饋玉→勸曹共公禮待重耳），改成窺浴→勸曹公禮待重耳→餽贈璧玉的順序，如此不僅塑造了僖負羈的形象，也為後文做了一個伏筆。此外，衛星事件也適合用虛寫場景，例如項羽垓下被圍與四面皆楚歌

〔註14〕詳見倪愛珍，《史傳與中國文學敘事傳統》，頁 53～80。

的場面形成強烈對比，而項羽內心的情感透過場景的渲染顯得更加的慷慨悲壯。在不破壞故事核心或歷史發展的規律下，透過對衛星事件的改動，達到更加傳神的效果。

其次是擬言與代言的虛構。前面提到史家的職責便是記言與記事，其中記錄言語這項工作並不容易，因為人們說出口的話稍縱即逝，即使要該人物在重述一次，話語也不全然相同，因此史家必須藉歷史人物的口來說話，倪愛珍認為其表現在「秘密之言」與「內心之言」兩個層面。〔註15〕所謂秘密之言是指雙方的對話被第三者所知的機率甚低，因為對話的兩人並非在大庭廣眾下高聲談論，很難讓第三人有機會抄錄下來變成史家的材料，所以秘密之言是史家根據情境所設想出來的對話，如〈項羽本紀〉提到項羽說「書足以記名姓而已。劍一人敵，不足學，學萬人敵。」〔註16〕這段言辭根據前後行文來看，在場的只有項梁和項羽二人，因為項羽學什麼都沒興趣，他說想學的只有能夠戰勝千軍萬馬的本事，於是項梁就教他兵法。這段對話能被旁人得知的機會太小了，這可能是史官根據項羽學任何事不成的資料而得出的一段對話，年少學書學劍可以是歷史事實，但學萬人敵是否為歷史事實就不得知，因為無任何史料予以對證。因而「萬人敵」目的是在突顯項羽的性格，亦即他年紀輕輕便胸懷大志。內心之言則是指人物的心理活動，包括他所想、所感的一切內心獨白。這裡也有兩種表現形式，一是透過人物直接說出內心話，二是敘述者把人物內心的想法展現出來。內心之言又比秘密之言更加隱密，完全只有該人物自己一個人知道，因此史家很難去記錄他的思想與情感，這時仍需要史家豐富的想像力來填補。例如〈高祖本記〉中，秦始皇看見東南方有一道天子氣，便想透過東巡來壓制，但此時的劉邦懷疑這是在說他自己，便跑去藏匿起來，後來呂雉來找他，劉邦問她為何能找到她，呂雉說這是因為劉邦頭上有道雲氣（印證秦始皇所說的天子氣），便暗自竊喜。這裡所描寫劉邦的心情，便是一種內心之言，旁人難以得知此時的劉邦究竟是喜是疑，仍舊透過史家的筆法來進行敘述，透過心理活動的展示，使得後續事件的推展更有合情合理的依據。當我們用文字來再現歷史時，是以現在看過去，歷史現場已是過去，我們無法親臨現場看見事實發生，史學家再敘寫這些過去發生的歷史事件時，常常會做到「歷史想像」，杜維運提到「歷史想像並不是一觸即發的，它要靠很多的條件。專注

〔註15〕詳見倪愛珍，《史傳與中國文學敘事傳統》，頁62～66。
〔註16〕《史記・項羽本紀》，頁295。

（involvement）、同情（sympathy）、物證的刺激以及學術的基礎。」〔註17〕在撰述歷史時，專注於歷史人物或是當時的時代背景，自然仍與歷史人物合而為一或是聽到那個時代的聲音，這些並不是幻覺，而是對歷史真實的直覺。對於歷史上的人物，也應做到同情，唯有同情，才能洞察到人物的思想以及人物與其所處時代的關係。史學家在歷史未述及的領域上，加上許多的想像，但這些想像也必須合情合理，並從中找到事實的真相。

最後是特寫神奇怪異之事。中國古代有所謂「巫史合一」的傳統，如倉頡身為黃帝的史官，也擔任部落巫師一職。這些史官和後來專業化（修史）的史官並不相同，他們往往能夠主持國家的祭祀活動、作為溝通天地人神的中介者，也負責保存官方各種文獻典籍，因此他們不僅身懷多種技藝（卜筮、占星、釋夢），也保有豐富的歷史知識，是部落中不可或缺的人物。而到了商周時代，巫史逐漸分離，「*巫是繼承、處理神秘知識的文人系統；史是繼承、撰寫現實知識的文人系統。*」〔註18〕因此史家開始轉向著重事實的紀錄，而巫文化中的神奇幻想則轉變為一種藝術，深刻影響著史傳的敘事模式。正如《史記》中的〈本紀〉，在敘及先祖的起源時，無不採用神話式的書寫，像是簡狄誤吞了神鳥的蛋而生下殷的始祖契（感生神話）、帝舜和項羽眼睛皆為重瞳（異於常人的外表）以及赤帝（劉邦）展白蛇（奇事）等的紀錄，皆是摻雜了奇異的成分，帶有文學成分的敘事。然而這些虛幻色彩濃厚的紀錄，雖然可信度不高，卻也非完全棄實求虛，仍為史傳敘事增添了傳神之境地。史傳敘事書寫神奇怪異的事件中，又以「夢」的敘述為大宗，如〈殷本記〉中一則有關武丁夢見聖人的故事。武丁初即位，想復興殷商的事業，因此想找的一個人才來輔佐他；有天晚上他夢見一個聖人名說，醒來後他遍尋朝中的大臣皆非他夢裡的那個人，後來又命大臣尋訪民間，終於找到了他，而他就是後來的宰相傅說。夢境本身就是一個敘述，有豐富的故事性，同時它展現的也是做夢者的強烈願望（求賢），而夢敘述的另一個意義在於「應驗」的可能性。在這些史傳敘事的夢境中，幾乎所有的夢都得到應驗（如武丁果真找到夢裡的那個賢才），倪愛珍認為「*史傳中的這些神奇事件形成了『預言—行動—應驗』的敘事模式，*」〔註19〕王立也認為「中國文學對夢驗的尊崇，還遷移泛化到人們對『信史』的態度上，夢

〔註17〕杜維運，《史學方法論》，臺北：三民，1989 年，頁 200。
〔註18〕鍾宗憲，《先秦兩漢文化的側面研究》，臺北：知書房，2005 年，頁 203。
〔註19〕倪愛珍，《史傳與中國文學敘事傳統》，頁 87。

驗描寫在史書上『正反饋』的循環，圍繞著生死之謎的夢兆被愈加豐富化精緻化。」〔註20〕史家面對紛雜的歷史訊息時，藉由整理、編排，使得歷史資訊得以成為一個具有連貫意義的故事，透過夢驗的預示（事實的證明）更加深了連貫的因果關係。

　　史景遷身為史學家，對於文獻的考據非常講究，在史料的蒐集上盡力做到完整，在作品中也做到「無一字無來歷」的考據精神。《婦人王氏之死》中對各種角色內心的描摹，和司馬遷對於人物性格的刻畫與塑造有著相似的過程；史氏在《婦人王氏之死》的故事上，承繼了《史記》的史傳敘述模式，如王氏的主線故事上，在其他的衛星事件中作了一些加工與潤飾（以《聊齋誌異》為材料進行故事組織）；對故事中的人物作了許多的擬言與代言的敘事行為；而故事的最後，為王氏鋪排了一個奇幻的夢敘述，而該夢境竟也暗示了王氏的一生與死亡結局。不過，史氏仍有與司馬遷不同之處，即走入人物的生活，並將所感受的歷史情感帶出來，以自身的高度影響力，藉以將中國歷史傳播給不同文化圈的讀者認識。

　　《婦人王氏之死》在史景遷的筆下存在著兩個世界。敘事文的內容往往是有具體的人物以及相關事件、周遭環境所構成的一個空間，這個空間就是作品中呈現的「世界」。敘事作品的空間型態，可以分成由神話、民間故事一脈的幻想空間以及由傳統史官書寫的歷史空間兩種類型。幻想空間中所描繪的這些超乎真實的幻覺圖景（如《山海經》裡述及的奇異國度——貫胸國、三首國等）通常是與現實世界疏離的，不過這些奇幻的世界卻是故事中的主角生命寄託的所在，是一種獲得幸福的可能（如《桃花源記》中武陵漁夫前往桃花源所見裡面的居民與世隔絕卻怡然自得的狀態）。但這種幸福是虛幻的，與人物的現實生活經驗往往是相反的，形成了一種隱喻和反諷，這也是幻想的魅力所在。與幻想空間相對的是歷史空間，這是以史實為基礎所構建的空間，故事當中的環境都是與歷史事件相關的概念，而所描寫的環境與幻想空間的描寫不同在於幻想故事為主角創造行動所需環境（如《水滸傳》對梁山泊這一地點的環境敘述，提供了一個梁山英雄們「替天行道」的行動環境）；歷史空間則為主角呈現了行動的結果（如諸葛亮六出祁山不順利的原因在於所經歷的險惡環境，為讀者顯示出險惡環境造成的結果）。故事中的幻想空間是王氏的夢境，

〔註20〕王立，《中國古代文學十大主題：原型與流變》，臺北：文史哲，1994 年，頁309。

這是一個不同於王氏現實生活的世界，處處充滿美好的景象，這裡面的一切是理想的，具有不可思議的超現實性。前面提到，幻想世界是一種人們期待的幸福所在，王氏面對現實生活中的不順遂，只好轉求夢境世界尋求慰藉。其次歷史空間的部分，則是「郯城」這個世界，敘述者所提供的這個世界是不幸的，而從書中各個章節所示的線索，也呈現出這些因素所造成的結果——無論是王氏與人私奔最後被任氏掐死，甚至是與郯城相同命運的城市一樣，表現出深刻的關注。書中虛與實共存的郯城，史景遷用自己的方式，捕捉了逝去的時空與人物的生命，讓讀者看到敘述者對著塊土地上的風貌。

　　司馬遷與史景遷，兩人在史學的功夫上，特別是資料收集與考據上都下了一定的功夫，也有著一定程度的歷史想像與同情。《史記》透過文獻資料，將自己置入歷史現場，還原人物的行為特徵，生動地描繪出各式各樣的角色，同時讓讀者重新了解歷史，做到「究天人之際，通古今之變，成一家之言」，探究天意與人事之間的關係，以及歷史成敗興衰的規律，最後提出自己的見解形成所謂天命史觀的命定規律，也凸出了人物在歷史洪流中的重要作用。《婦人王氏之死》同樣透過文獻資料，試圖還原王氏與整個時代，讓讀者了解當時的婦女生活，讓我們看到小人物如何在艱困的環境中努力生存，以及幾千年來「不變」的思想價值觀，在閱讀時能有更多深刻的反省。

第二節　《婦人王氏之死》的敘事手法

　　敘事學（Narratologie）最早是在 20 世紀的法國開始盛行，由法國國立科學研究中心研究員托多洛夫（V. N. Toporov, 1939～）在 1969 年出版的《〈十日談〉語法》一書中首次提出，認為敘事學即是「關於敘事作品的科學。」〔註21〕敘事學是研究敘事作品的一門科學，胡亞敏認為「敘事學重視的是敘事文本身的結構和關係，它把敘事文視為超越時間和歷史的共時現象」，〔註22〕它強調研究作品內在的形式與結構，即故事是以怎樣的角度來觀察和論述，以及故事如何編排，故事的組成要素等等。羅剛在其《敘事學導論》書中，針對《敘事學辭典》，在「敘事學」詞條下所摘錄的兩種對立觀點作出整理：

　　　　一種以托多洛夫為代表，這種觀點認為，敘事學研究的對象是敘事

〔註21〕轉引自趙毅衡、胡易容編，《符號學：傳媒學辭典》，臺北：新銳文創，2014 年，頁 198。
〔註22〕胡亞敏，《敘事學》，頁 23。

　　本質、形式、功能，無論這種敘事採取的是什麼媒介……它著重研
　　究的是敘事的普遍特徵；另一種意見以著名的法國敘事學家熱奈特
　　為代表，認為敘事學研究只限於敘事文學，即以語言為媒介的敘事
　　行為……敘事學研究的主要對象是反映在故事與敘事文本關係上的
　　敘事話語，包括時序、語勢、語態等等。〔註23〕

托多洛夫與熱奈特（Gérard Genette, 1930～）的說法都屬於敘事學研究範疇，
托多洛夫的觀點屬於對故事本身的研究；熱奈特的論點則屬於敘事話語的研
究，惟須將兩人的論點結合在一起才是敘事學的全貌。講故事實際上就是敘事
的一環，敘事的形式廣泛多樣，電影、戲劇、繪畫、史詩或是街頭巷尾的閒談，
都屬於敘事的範疇。不過說故事因人而異，劉世劍認為「採用不同的敘事話語，
不同的敘事體態、方式或技巧敘述相同或類似的故事情節，會創造出各式各樣
面貌上迥然有別的小說文本」。〔註24〕究竟何謂敘事，傑拉德‧普林斯（Gerald
Prince）認為「由一個、兩個或數個敘述者向一個、兩個或數個受敘者傳達一
個或更多真實或虛構事件」，〔註25〕申丹認為「即通過語言或其他媒介來再現
發生在特定時間和空間裡的事件」，〔註26〕徐岱認為「所謂『敘事』，即採用一
種特定的語言表達方式──敘述，來表達一個故事」。〔註27〕從以上的論點可
以得知，所謂敘事即是敘述者透過媒介（或語言）再現特定時空間的真實或虛
構事件。浦安迪則認為敘事就是「作者通過講故事的方式把人生經驗的本質和
意義傳示給他人」，〔註28〕然而許多文學形式如抒情詩或戲劇，也是在於傳達
人生經驗的本質和意義，並非特屬敘事文學的內涵特質。因此，浦氏再對敘事
文作一定義「敘事文特重表現時間流中的人生經驗，或者說側重在時間流中展
現人生的履歷。」〔註29〕換句話說，敘事文（或稱故事）的本質就是在演示人
生經驗在時間流中如何開始與如何結束，並且極力描寫當中的轉折之處藉以
傳示讀者，屬於一種動態的時間流變過程。歷史研究脫離不了「人」的因素，
因此歷史敘事其實也是透過說故事傳達人類過去生活的經驗，藉以引發讀史

〔註23〕羅剛，《敘事學導論》，頁 1～2。
〔註24〕劉世劍，《小說敘事藝術》，頁 1。
〔註25〕普林斯（Prince, G），喬國強、李孝弟譯，《敘述學詞典》，頁 136。
〔註26〕申丹、王麗亞，《西方敘事學：經典與後經典》，頁 2。
〔註27〕徐岱，《小說敘事學》，頁 6。
〔註28〕浦安迪，《中國敘事學》，頁 5～6。
〔註29〕浦安迪，《中國敘事學》，頁 6。

者的感同身受。此外，歷史所展現的不外乎是事件的時間演變及其影響，其所表現的仍舊是時間流中的經驗傳遞。

在過往的歷史中有很多事被記錄下來，也有很多事從歷史上消失，然而什麼事情值得被記錄，什麼事情應該被忽略，往往是根據史家的選擇來決定的。因此史家本身自然有一套衡量與判斷的準則，究竟如何記錄又應該採取什麼角度紀錄，就端賴敘述手法的運用。當我們在說故事時，無異也在回顧一件事的過去，而這個過去正是以故事為框架而得以完整的呈現。歷史本身是由許許多多的事件組成，但史家觀察事件時，總會希望事件有開頭、過程與結尾，因此他們必須利用講述故事的方式，串接各種事件的時間點並使它們產生關連性，進入個別事件內的分析解說，這就是一種說故事，唯有進行敘說才能將雜亂無章的事件整合成一個故事。史景遷是個擅長說故事的歷史學家，《婦人王氏之死》是史景遷的代表作之一，他發現在山東這個地方，發生了一名婦人的死亡案件。全書開頭以 1668 年的一場大地震開始，試圖尋找一切與王氏之死的相關線索，進而建構出整個社會的價值觀以及婦女的地位，當我們憐憫王氏的遭遇時，也能深刻體會當時社會價值觀對王氏或是整個中國婦女的壓迫感所造成的無奈。史景遷除了在史料的基礎上建構這篇故事，同時還引用了蒲松齡的《聊齋誌異》，造成了一種虛實交替的風格，蘊含了濃厚的文學敘事手法。他透過《聊齋誌異》補足了上述兩份史料的不足，進而分析郯城的另一種風貌以及婦人王氏的精神世界。透過他的文字，我們彷彿能更深入三百多年前的郯城，看到了那個社會和他們的命運，歷史不再止於一種想像，而是真正的走入人物的生活當中。

以下將就敘述者（史景遷如何作為敘述者）、敘述角度（史景遷的視角展現）、敘事時間（文本中呈現的時間流動）以及敘事邏輯（文本的情節結構）等四個面向，探討《婦人王氏之死》的敘事手法，藉以瞭解史景遷如何「說故事」，如何演示王氏的人生經驗。

一、視角與敘述者

（一）視角

視角在敘述中的地位是非常重要的。視角是指敘述者或是人物以什麼樣的角度來說故事，角度不同，同一事件就會出現不同的結構與結果。在敘述作品中，視角主要由「感知性視角」與「認知性視角」兩種類型構成。所謂「感知性視角」是指敘述者或人物的感官覺察，如人物看到什麼、聽到什麼，屬於外在

環境的部分；「認知性視角」是指敘述者或人物的意識活動，如人物的回憶、對某些事件的看法，是屬於內在心理層面的部分。胡亞敏根據視野的限制程度，將視角分為三大類型：「非聚焦型」、「內聚焦型」、「外聚焦型」。廖卓成認為外聚焦型的「敘述者嚴格地從外部呈現每一件事，只提供人物的行動、外表及客觀環境，而不介紹人物的動機、目的、思維和情感。」〔註30〕然該敘段手段書中並無採用，故略而不論，因此此處所探討的以「非聚焦型」和「內聚焦型」為主。

　　非聚焦型視角又稱為「零度聚焦」，這是一種敘述者或是人物可以從各種角度來觀察被敘述的事件，這種視角彷彿一種全景圖（如北宋張擇端的〈清明上河圖〉將當時的生活面貌細膩的展示在繪紙上，無論是人物的神情或衣著，都詳實地呈現了汴梁繁華的風貌），可以窺探人物的行為與思想。而這樣的全景式敘述，更可以用來鋪敘複雜的線索與宏大的場面，也是展現史家歷史事件的通盤掌握，因為史家在組織歷史之時，所用的材料是紊亂無序的，唯有透過史家對歷史的了解，才能將歷史事件的因果順序還原，從而避免單一視角的編撰。非聚焦型視角的敘述者正如先知一般站在故事背後，掌握故事的進行以及人物的命運，也可以對故事的結局作出預言。不過申丹認為「全知敘述並非『無聚焦』或『無視角』，只是『視角』變化無常而已」〔註31〕，因此非聚焦型視角的著重點在於它的視角是變幻無窮的，以符應全知敘述者的需求。以下就《婦人王氏之死》中的非聚焦型視角類型加以闡述。

　　　　郯城依然下著雪。任抱起老婆的屍體，用她的藍色夾衫包著她的肩膀……他是這樣計畫的：她死後，他會把她的屍體帶到高某住處，留在門前；他會說她一直和高某有姦情，而高殺了她……兩人可以乘任某外出工作時，每天在一起調情。（〈私奔的女人〉，頁 205）〔註32〕

任氏殺了老婆王氏後，還想把這件事嫁禍給高氏，因為任氏懷疑高氏和自己的妻子通姦。在這裡我們可以看到：第一，敘述者生動地描繪出有人抱著屍體在下著雪的夜晚穿過森林，這種景象的描述顯然不是任氏自己的敘述，猶如有位攝影記者站在這裡看著這一幕的發生。第二，敘述者在描述任氏內心想嫁禍給高氏的計畫時，並非透過人物自己說話，而是由敘述者說出，他對任氏內心的

〔註30〕廖卓成，《兒童文學：批評導論》，臺北：五南，2011 年，頁 85。

〔註31〕申丹，《敘事學理論探頤》，臺北：秀威，2014 年，頁 129。

〔註32〕史景遷著，李孝愷譯，《婦人王氏之死》，臺北：麥田，2009 年，以下文中所引皆出自此書。

計畫瞭若指掌，毫無隱藏的表現了任氏的想法。

　　不過任氏最後並沒有把屍體帶到高家，他遇到許多困難，最後把王氏丟在雪堆裡，自己卻回到家裡睡覺。

> 但是任永遠沒有帶著王氏走到高家。當他穿過黑暗的樹林時，一隻狗吠了起來。躲在門樓下的更夫鳴鑼示警，亮起一陣光。任把屍體丟在雪中等候……回到空蕩蕩的家，鎖上門，上床睡去。（〈私奔的女人〉，頁 205～206）

敘述者在這裡設置了狗和更夫，透過這兩者的形象，對比出任氏的害怕，更貼切的表現出任氏的心理狀態。敘述者繼續把目光帶到任氏回到家之後的情況，原本兩人生活的環境頓時變得空蕩蕩，同時也襯托出人物此時的心境。透過非聚焦型視角，敘事者彷彿站在故事背後講故事，他能通察所有角色的行為與思想，無微不至的表現出人物的所作所為。

　　其次內聚焦型視角是透過一個或幾個人物的感知來呈現，讀者只能從人物所得到的資訊來解讀，在其他人物的塑造方面，他們就像旁觀者去猜想主角的所作所為。這種敘事視角和非聚焦型視角不同，無法掌握事件來龍去脈，難以掌握其他人的想法，多從被敘述者的角度呈現他所見所聞，所以專注於被敘述者熟悉的環境，至於不熟悉的部分就略而不談（以免變成全知的人）。內聚焦型視角還可再細分為「固定內聚焦」（透過單一人物的視角來展現）、「不定內聚焦」（透過幾個人物的視角來陳述事件）和「多重內聚焦」（讓不同人物透過自身視角觀察同一事件，以見互參之功效）三種，[註33] 以下就《婦人王氏之死》中內聚焦型視角類型加以闡述。

> 當他默默思索著一六六八年的地震時——這場地震在他就任知縣僅幾個月後襲擊郯城——他筆下的數字甚至更為精確……沂州死了一萬兩千人，在郯城（人口遠不及沂州的一半）卻幾乎有九千人喪命。（〈觀察者〉，頁 37）

> 在黃的回憶錄中，他想到自己在提振士氣上遭遇的一些困難……「鴻待罪郯東，輕生者勝多，而郯為最甚。地方凋瘵，百姓貧苦，原不知有生民之樂。」（〈觀察者〉，頁 47）

> ……我們可以聽到屋樑和柱子斷裂的聲音，我們面面相覷，嚇得臉

〔註33〕詳見廖卓成，《兒童文學：批評導論》，臺北：五南，2011 年，頁 85。

> 色發白……在街上，可以看到赤身裸體的男女聚在一起，激動地述
> 說自己的經歷，完全忘了沒有穿衣服。（〈觀察者〉，頁 53）

上引這三段分別是史景遷描述馮可參（一六六八年郯城知縣）、黃六鴻（一六
七○年郯城知縣）和蒲松齡（《聊齋誌異》作者）對於一六六八年七月二十五
日的一場大地震，也是本書的開端。在內聚焦型—多重聚焦視角當中，作者設
置了三個人物，讓這些人從各自的角度觀察同一件事，可以做為互相彌補敘述
的不足。作者先從馮可參對於地震引發的死傷，並從統計數字上顯示出了郯城
百姓的不幸遭遇，經過兩年後，黃六鴻來到這裡擔任知縣。經過兩年的時間，
這裡依然貧苦，也造成了黃六鴻看到百姓對生命感到不幸與絕望。在《聊齋誌
異》的〈地震〉中，蒲松齡的視角則提供我們一種更加詳實紀錄地震發生的經
過，不僅可以看到屋內擺設與建物的錯動，連在屋外的人們的一舉一動都被敘
述者記錄下來，就像一幅會動的畫一樣，生動而紀實。同樣對於一個地震，每
個人對於這起事件的看法各自不同。馮可參用數字記錄下整起事件，而蒲松齡
的敘述則提供我們較為清楚的事件始末，可供讀者去參究；黃六鴻的角度則讓
我們看到事件發生後的進展。這三種角度，都有其關注的地方，同時也拼湊成
一幅完整的畫面，這種多重內聚焦型視角，讓各種人物以自身的角度來觀察同
樣的事件，讓讀者可以看到資料的互補與故事的豐富性，這正是史景遷將這三
人安排於書中第一章上場講述，盼給予讀者更多角度的觀察，不啻也提供一個
極大的郯城生活圖像。

　　總的來說，非聚焦型視角是一種全知的視角，而內聚焦型（或外聚焦型）
視角則是屬於限制視角（敘述者借人物的感官來觀看），林怡沁認為「限制觀
點是全知觀點的另外一面，它讓敘述者有所「限制」（即使這個限制是刻意創
造的），相對的就給讀者製造了更多的想像空間。」〔註34〕這種視角的轉換正
是減低了敘述者的權限，使得作品更加的親易近人，留給讀者更多的想像空
間；另一方面，內聚焦型的視角基本上是建立在人物的內心層面，當敘述者用
他們的角度觀察世界時，讀者也正是透過人物觀照現實。因此史氏在敘事視角
上的流動，是根據敘事的整體需要而有所改變。

（二）敘述者

　　在敘述中和視角的地位同等重要的是敘述者，有了視角和敘述者便可以

〔註34〕林怡沁，《寫作戲劇化教學》，臺北：秀威，2013 年，頁 133。

構成敘述。敘述者是敘事學裡面的重要概念，任何敘事作品都會有一個敘事者
（或說話者），無論是直接在故事中講述的人或是隱姓埋名，躲在故事之後的
人都是敘事者，如果沒有敘事者，故事將無法繼續進行下去。不過敘述者和真
實作者、隱含作者有些不同。真實作者是作品的創作者，而敘述者則為作品中
的說話者，正如羅蘭‧巴特所說：「敘述者和人物都是紙上的生命」〔註35〕。
敘述者只存在作品當中，而真實作者則存在於現實生活中；隱含作者是在故事
中，是經由讀者從閱讀中所產生的，它的作用是讓讀者可以把握作品的內容。
所以，敘述者和真實作者有所不同，也不一定等同於隱含作者。換句話說，敘
述者是真實作者在文本中的化身；而隱含作者則是真實作者的一種人格，可以
說是經由讀者閱讀產生的。

　　根據胡亞敏的分類，敘述者的類型大致可以分為四種：依敘述者和被敘述
對象劃分的「異敘述者和同敘述者」、依敘述層次劃分的「外敘述者和內敘述
者」、依敘述行為劃分的「『自然而然』的敘述者與『自我意識』的敘述者」和
依對故事態度劃分的「客觀敘述者與干預敘述者」〔註36〕。以下將就《婦人王
氏之死》中的敘述者特性作論述。首先，《婦人王氏之死》基本上仍屬於一種
異敘述者（雖然很多時候作者透過故事的人物講述他們的所見所聞，那只是為
因應敘事的需要），敘述者不是故事中的人物，他不涉入故事情節，因此可以
掌握全部故事的細節與線索，可以對故事有詳盡的解說，如同古代說書人的角
色一般。在書中敘述者並不參與故事內容，因此他可以對故事內容作全方位的
述說。作者也可以有節制地發出訊息，但那也只是要為了解說而權當一個紀錄
者的角色，事實上並沒有真正涉入故事情節中，這也是史家在敘事時，盡可能
減低文本帶有主觀性的一個重要特徵。如史景遷在書中所述「*我們知道王氏白
天大部分時間都一人孤單在家；知道她纏了腳……並知道在某個時間，因為某
個原因，隨著一六七一年的流逝，她跑掉了。*」（〈私奔的女人〉，頁187）在這
段敘述中，敘述者擁有全知的能力，可以告訴我們王氏的生活面貌，如纏足、
沒有生育、家門口有一片樹林等等資訊，有意地告訴讀者一些關於故事的線
索，不過作者並沒摻入主觀的評述，而是交由讀者自行想像王氏私奔的原因。

　　其次就敘述層次方面，作品中形成了故事之中還有一個故事，就像俄羅斯

〔註35〕巴爾特：〈敘事作品結構分析導論〉，收錄於張寅德《敘述學研究》，北京：中
　　　　國社會科學，1989年，頁29。
〔註36〕詳見胡亞敏，《敘事學》，頁50～54。

娃娃層層包覆，形成層次感，這便是敘述層次的概念。熱奈特將敘述層次分成內外兩大層次，外部層次類似一種框架；內部層次則是框架內的故事，外部層次是外敘述者，內部層次是內敘述者。兩種層次之間存在一種聯繫關係，內敘述者可以巧妙地回答外敘述者的疑問，充當一個解釋的角色。書中的外敘述者想要解決的問題是「王氏為什麼會死？」於是內敘述就開始從土地、寡婦、鬥爭的面向開始闡述，當中的人物也各自成了一個敘述者，透過這些人物的描述，最後才開始描寫王氏，這就像史景遷在書中所述「本書始於王氏，所以也理所當然的跟著她結束」（〈前言〉，頁 28），內敘述者充當解釋的角色，他們所敘說的故事巧妙地回答了外敘述者的疑惑，關詩姍認為「由一段有關的歷史、文物或相關傳說，作為外敘述層，在內敘述層中的故事，即以圍繞外敘事層的史話故事加以發揮，欲產生一種前後引證，「由此證明」的效果，這亦是作者要達至「聲東擊西」的效果」〔註37〕。這種內外套敘的敘事結構，前後互相關聯又互不衝突，不僅加深故事的真實性，也能讓讀者閱讀起來產生真實感。

再次就敘述行為方面，自然而然的敘述者是指一切彷彿非常自然一般，看不到敘述者的痕跡（他不會跑出來說「我在說故事」），任其所有的人物、事件自行發展，讓讀者產生一種真實感；自我意識的敘述者則反其道而行，敘述者時時刻刻出現在文本中，並且提醒讀者「我正在講這個故事」，這類敘述者時常流露出有意寫作的傾向，同時也把讀者的目光吸引到文本中。在《婦人王氏之死》一書中，屬於「自然而然」的敘述者，作者透過蒐羅的材料，諸如《縣志》、《回憶錄》、《聊齋誌異》等證據表明故事本身的真實性，而開頭「一六六八年七月二十五日，一場地震襲擊郯城縣」（〈觀察者〉，頁34）或是「無疑地，在地震前幾年，政府依照地方的受災程度，十分寬大的減少了基本的（服徭役）員額。」（〈土地〉，頁85）這樣的描述也讓讀者有如一種真實發生的事件，使得讀者忽略掉敘述者的存在，故事的發生是在一個很自然而然的情境下發生的，更加強了作品的真實性。

最後是敘述者對故事的態度，客觀敘述者是一種在敘述故事的過程中不帶入個人主觀因素成分，而是透過人物、情節安排表現主觀意識和感受；干預

〔註37〕關詩姍，〈論施叔青「香港三部曲」的後殖民顛覆策略及身分認同〉，收錄於王宏志、梁元生、羅炳編，《中國文化的傳承與開拓：香港中文大學四十周年校慶國際研討會論文集》，香港：香港中文大學，頁 380。

敘述者具有很強的主觀因素，在敘述過程中會以一段文字描述其看法，也對故事中的事件、人物進行長篇議論。在《婦人王氏之死》一書中，屬於一種客觀敘述者的型態，對外在環境的描述盡量保持客觀角度，對於人物內心的描述也盡力忠實的記錄。「王氏的屍體整夜都躺在雪堆裏，當她被人發現時，看起來就像活人一樣：因為酷寒在她死去的臉頰上，保留住一份鮮活的顏色。」（〈私奔的女人〉，頁 206）在這段對於王氏被丟在雪地的景象，作者不加以長篇大論自己的看法，而是透過譬喻或是象徵技巧，讓讀者體會到作者想表達的情感。總而言之，史景遷在視角與敘事者的觀點上，所採取的並非單一的手法，而是混和多種敘事手段，使其呈現一種客觀真實性的敘述；他採用全知的敘事，避免過多的人物經驗而使文本的主觀色彩過於濃厚，雖然部分人物或王氏的內心敘述是以他們自身的角度來說故事，但這些部分的份量已經過權衡，不僅達到信史的效果，也能營造虛實相生的敘事氛圍從而吸引讀者的目光。

二、敘事時間與情節

時間在敘事故事裡佔有一定的地位，故事的進行都與時間脫不了關係，時間與敘述者同為重要的因素；有了時間的因素推展，接著就要引進情節，讓故事增添豐富性。

（一）敘事時間

時間對於敘事文的重要性是無庸置疑的，劉世劍認為「小說時間可以隨意向正負兩個方向延伸，甚至能把過去、現在和將來重疊起來。」〔註38〕這是時間的魅力所在，在故事中它可以排列組合，讓故事呈現不同風貌，而這也讓我們得以了解故事的時間安排是如何進行的。不過歷史是一條連續的時間軸，這個時間軸無法倒轉，只能一直往前邁進，正如我們無法回到過去改變任何事情，因此只能隨著時間的行進去做該做的事。當史家在追敘過往事件時，某種程度上也是在倒轉這條不可變更的時間軸；時間基本上是連續無法切割的，而史家在敘述過程中，也無法從時間的初點寫到終點（那這個人必須活得夠久才行），也不可能每日每分的敘述每個事件（這份作品會永遠寫不完），因此史家必須揀選一段歷史時間來說故事，所以這裡可以區分出所謂故事時間與敘事時間。劉世劍指出：

〔註38〕劉世劍，《小說敘事藝術》，吉林：吉林大學出版社，1999 年，頁 156。

敘事時間，指的是敘述的時間順序，是敘述者根據一定的意圖安排
的，熱奈特稱之為「偽時間」；故事時間，就是故事或事件本身發展
固有的自然時序。〔註39〕

敘事時間的重要性，在於這種雙重的時間轉換過程中，敘事者是如何選擇，將
原本的自然時序轉進行各種處理，成為敘述的時間順序。正如史景遷的《婦人
王氏之死》從一六六八年郯城大地震寫到一六七二年王氏被害，當中的故事時
間就是指郯城大地震到王氏被殺害的短短四年；而敘事時間則允許有變化，譬
如王氏從出場到生命結束僅短短的交代，而郯城的歷史背景就花很大的篇幅
去描寫，這種讓故事時間與敘述時間造成落差的效果也更加突顯所描述的側
重點。緣此，以下將就時序與時限的部分來分析《婦人王氏之死》中的時間關
係。

首先是時序的部分，時序是一種時間和事件在敘事文當中的順序關係。胡
亞敏將時序分成「逆時序」與「非時序」兩種情形，所謂逆時序是指故事當中
有很多線索，時間次序前後顛倒，但讀者能透過敘述找到完整的時間進行狀
態；非時序是指故事並不存在完整的線索，每個敘述都可以有各自的時間，這
些不同時間發生的事件可以在某一瞬間迸發出來。《婦人王氏之死》正屬於一
種逆時序現象，在逆時序研究中，可以分成「閃回」、「閃前」與「交錯」。閃
回是回頭敘述先前發生的事，它包含了各種追述和回憶，如對人物過去的經歷
追述或是人物自身的回憶。閃回可以表現敘述者對故事的安排，他可以從故事
的任何一段時間開始說起，或者整個故事都在進行人物的追憶。在〈觀察者〉
一章，史景遷提及至一六六八年為止（即故事開端時間——地震發生那年），
郯城已經經歷了五十多年的苦難，之後便開始回顧自一六二二年開始的白蓮
教起事，郯城百姓所遭遇的各種事件。由於白蓮教起義、飢荒、盜賊、李自成
攻陷北京等事件是發生在開端時間（一六六八年）之前，屬於對往事的回顧，
這種手法可以說是一種外部閃回，「外部閃回與劇情沒有直接聯繫，主要用於
提供背景材料或電影製作人對螢幕上所發生事件的評論」〔註40〕，因此此處的
外部閃回手法提供了我們認識郯城的過去，這個過去正是故事開端時間所發
生的故事。

〔註39〕劉世劍，《小說敘事藝術》，頁 156。

〔註40〕任遠、宋菁、朱長江編，《鏡頭前的藝術：影視解讀，拍攝與編輯》，北京：中
國廣播電視，2000 年，頁 196。

閃前是敘述者提前預告以後將要發生的事情。《婦人王氏之死》，書名就是一種閃前，故事的結局在書名中就告訴讀者了。閃前是一種有明確敘述的暗示，是對後面事件的預告，透過時間的預示，讓讀者心裡有種期待。在〈審判〉一章，史景遷開頭寫道：「審判進行了四天」（〈審判〉，頁208），明確預示了故事的後續進行，讀者因而關注接下來的發展細節，這屬於一種閃前。交錯則是閃回與閃前的混和運用，在文中則用來補充蒲松齡的故事，先敘蒲松齡的想法作預示，再以其故事來印證其論點，如蒲松齡對寡婦的貞節是曖昧不明的，隨後敘述者又引蒲松齡的〈績女〉中的主角經歷作為回顧與論證。

其次是時限的部分，在故事當中，敘述者可以用一行寫數十年的生活，也可以用數百頁寫數十秒所發生的不可思議事件。時限實際上就是在探討時間長度和故事長度的關係，也就是故事內經過幾年（或幾秒）和文本經過幾頁（或幾行）的關係。敘事時間和故事時間相當的為等述，比故事時間長的為擴述，反之則為概述；敘事停止，時間仍繼續為省略（某一段時間的敘述被略去）；反之則為靜述（看不到時間的進行，所描述的事物彷彿一幅畫）。

> 初夏有一天，王可習跟幾個人到田裏耕作時，發現李瑗家的一隻豬正在挖地……二十二日下午，王家一夥人暗藏凶器，騎驢越過鄉間……整整三天，李家倖存的成員試著決定該怎麼辦。（〈爭鬥〉，頁149～151）

在這一場景中，李家因為土地糾紛放任牲畜胡亂踐踏王家的地界，王可習殺了闖進自家田地的李家的豬，兩家人因此互相叫囂，王家人最後計畫要除掉李家人。人物之間的動作歷歷在目，彷彿在眼前發生，具有等述的時間連續特性和畫面的逼真等效果。李家最後決定對莊家（即把土地讓渡給王家的鄰居，是整起事件的禍首），提出指控，他們估計莊家人會把王家牽扯進來，沒想到最後王三（王可習的父親）說莊某是良民，並且願意做莊家的擔保，整起事件竟讓這兩家人平安無事。接下來敘述者便不再說明之後是否有幾起對莊家或王家的訴訟，僅以「兩個星期後，李瑗提出另一項告訴，這次是關於『劫殺四命』，省略不提復仇和搶劫，也沒指名控告誰。」（〈爭鬥〉，頁151）這樣的效果是為概述，不再贅述當中的細節，具有加快節奏，讓讀者能更容易掌握訊息。同時概述也具有連接的功能，因為它略掉部分場景，透過對時間的濃縮為剛到任的黃六鴻審案做準備。

　　與概述相對的是擴述，透過緩慢地描述事件發展，對一些重要的時刻或場面，敘述者採用這種方式，以大量詞彙描寫，抒發情感。〈私奔的女人〉一章對王氏臨死時的夢敘事可以視為一種擴述的例子，這裡摘錄開頭的一段敘述：「在世上，現在是冬天，但這裏很溫暖。冬天，綠色的湖水上，蓮花盛開，花香飄向風中的她，有人試著去採，但當船接近時，蓮花就漂走了。」（〈私奔的女人〉，頁 200）敘述者以柔美的文字凸顯出人物內心的感覺，描寫得細膩而舒緩。這樣的敘述為整個敘述帶來一種詩情畫意的效果，同時抒發敘述者的情感。靜述的故事時間沒有流動，但敘事繼續進行，這敘述文中較為常見的部分是敘述者敘述當地社會習俗或地理風情等。如第二章〈土地〉中一段對郯城地形的敘述「主幹是一塊約十五哩見方的塊狀土地，兩邊則各有一塊長二十五到三十英哩的鉗形土地朝北捲起。」（〈土地〉，頁 75）當中我們看不到時間的流動，目光全集中在某一特定的敘述上，這樣的靜述介紹可以讓讀者對所述對象能有更細膩的觀察。

　　與靜述相對的是省略，省略的故事時間繼續流動，但不進行敘述。如第二章〈土地〉中提及十六世紀末開始，中國各地進行了一連串的勞役和徭役改用白銀支付，至一六七○年，郯城已經用銀兩支付各種賦稅，但還保留一些徭役——引導軍馬到駐紮地或護送補給品等。敘述者沒有說明在一六七○郯城的稅賦情況，只有提到中國各地正進行勞役用白銀支付的改革，但相對於整個中國的改革，郯城卻是晚了近百年，這樣的敘述筆法，雖加快敘述節奏，但當中的空白也提供讀者思索的機會，而這消失不明說的細節也對比出郯城的落後。

（二）情節

　　情節是故事結構中的主幹，故事依照情節來發展，徐岱在《小說敘事學》提到「情節總是對故事的一種重新安排，其目的是為了表達講這個故事的人對他所講的那個故事的看法與態度」〔註41〕。換句話說，敘述者安排情節這些情節，是為了讓讀者了解事件背後為什麼會發生，並用邏輯性使這些情節具有前後因果關聯，同時也推動整個故事的發展。

　　在《婦人王氏之死》一書中的情節是為一種環形結構，有主線、副線、作為背景的小故事及非動作因素等。書中的主線是婦人王氏和他的先生任氏；副

〔註41〕徐岱，《小說敘事學》，北京：商務，2010 年，頁 242。

線是貫穿作品的一些次要主角，如知縣黃六鴻、任父、高氏和提供王氏安身處所的道士等角色；小故事則有蒲松齡提供《聊齋誌異》作為郯城的附註；非動作義論則有書中穿插對於當時社會或是道德觀的論述（如書中所述對於《郯城縣志》所載的「節烈婦女」的價值觀，是如何影響當地婦女對丈夫強烈的忠貞，甚至當清軍掠奪她們的城市時，這些烈女為了不讓清軍玷汙自己紛紛選擇自殺），書中所示的所有事件與主角經歷間的關係是密不可分的，紀昭君認為「過去現在與未來的事件環環相扣，時間從來便不僅是直線進行的敘事，而是環狀因果的詮釋。」〔註42〕蔣文娟也指出：

> 這種迴圈狀或者說圓形敘事結構的魅力在於取消了敘事中「絕對」
> 和「停止」兩種概念，它使因果相對，首尾相連，使時空成為心靈
> 周而復始、輪迴運轉的載體，成為生命所有企圖、欲望和命運的代
> 名詞……屬於中國人對自身的對於命運、個體意識、情感等一系列
> 基本命題的獨特的思考和解釋方式。〔註43〕

環狀敘事情節打破了歷史的線性敘事，它呈現的是一個因果相連、環環相扣的結構，史氏鋪排了這麼多的旁枝末節，最後為的就是連結到王氏的生命歷程。不過環形結構缺少一個貫穿始終的主線，比如主角任氏是到中後段才出現，開始描述她的周遭生活。不過整個故事架構卻由看似相對獨立的許多小故事（包括《聊齋誌異》、《回憶錄》或《郯城縣志》等資料）構成，透過這一組組故事，慢慢揭示王氏之死的內幕，也讓作品不落於個人傳記一途。另一方面，史氏的這種問題的探尋和司馬遷的「原始察終」也有異曲之妙，「所謂『原始察終』，是要找出歷史問題的原委和因果聯繫……體現歷史是連續、發展和變化的觀點。」〔註44〕因此歷史發展絕非僅有單一視角的論點，而是許多因素的綜合體，唯有了解這部小說的統一性，才能真正認識這部作品。

　　總而言之，史氏在敘事時限上做了許多的變化，它們起了調節敘事節奏的速度，讓作品有所起伏跌宕，展現敘事時間調度的豐富性；在情節上運用環狀結構，使得事件環環相扣，最後歸結到王氏的生命經驗，這不僅展現了史家對歷史的掌握，將歷史事件的因果順序還原，也加深了連貫的因果關係。

〔註42〕紀昭君，《小說之神就是你：暢銷作家百萬滾錢術，你不可不知的寫作心機》，
　　　　臺北：釀出版，2016年。
〔註43〕蔣文娟，〈論三種時間觀對中國文學敘事的影響〉，《廣東第二師範學院學報》，
　　　　第31卷第4期（2011），頁55～60。
〔註44〕簡後聰、林君成著，《歷史編纂法》，臺北：五南，1993年，頁32。

第三節　王氏夢境中的超現實主義手法

　　超現實主義是第一次世界大戰後新興的流派，影響了文學、繪畫和音樂等領域，它屬於一種離開現實，返回原始和否認理性的精神革命，強調人們的下意識或無意識活動。它以「夢境」、「幻覺」作為創作的素材，認為只有超越真實的無意識或潛意識的世界才能真實的將客觀事實呈現出來。蔡源煌認為：

> 超現實主義從浪漫主義師承了對夢、催眠、瘋狂、妄想——簡而言
> 之，即人的「潛意識」——等等的關心……超現實主義所提倡的「反
> 調」，乃是強調經驗論式的自我無法管窺「世界」之全貌，因此人必
> 須重新去發掘「非具體」世界的重要性。〔註45〕

超現實主義最常透過「暗喻」手法——「夢」來呈現真實，並藉由「夢境」、「幻覺」來表現人物的內心世界，挖掘潛意識藉以浮現比現實更真實的人性探索。他們常將不相干的概念、事物並列呈現，透過喻象引起讀者情感反應。超現實主義受到許多學說的影響，如達達主義、浪漫主義、象徵主義、精神分析學說和直覺主義，其中又以精神分析學家佛洛伊德（Sigmund Freud, 1856～1939）的精神分析學說影響最深遠。他認為「夢的內容在於願望的滿足，其動機在於某種願望。」〔註46〕夢是滿足慾望的手段，夢境並非毫無意義，它是一種精神現象，在每個夢境裡，可以找到做夢者的自我的願望。心理學家榮格（Carl Gustav Jung）在佛洛伊德的基礎上加以論述，提出「夢是無意識為靈自發的和沒有扭曲的產物……夢給我們展示的是未加修飾的自然的真理。」〔註47〕夢是隱藏於心中原始的欲望，它可以成為巨大的能量而促使願望達成。大衛·洛吉（David Lodge）則認為「無意識狀態不受我們清醒生活實的邏輯限制，以生動的形象與驚人的連續敘事，洩漏了隱藏的慾望與恐懼。」〔註48〕人的無意識包含各種想法與欲望，這些平常都被壓抑在無意識中，唯有在夢的世界才會表現出來。張一兵說「超現實主義的意義在於重新發現了精神世界中一個『最為重要的部分』，一個已被眼前的現實物欲生活拋棄了的世界，即超越現實的似夢的想像世界。」〔註49〕夢創造出超越「現實世界」而令人驚嘆，而

〔註45〕蔡源煌，《從浪漫主義到後現代主義：文學術語新詮》，頁167。
〔註46〕佛洛伊德（Freud, Sigmund）著，呂俊等譯：《夢的解析》，頁99。
〔註47〕格瑞心靈工作坊，《Dream夢：解夢及夢中清醒》，頁123。
〔註48〕大衛·洛吉（David Lodge）著，李維拉譯，《小說的十五堂課》，頁230。
〔註49〕張一兵，《不可能的存在之真：拉岡哲學映射》，頁115。

夢敘述豐富了人的精神世界，同時也能深入探索人們內心最真實想法。

　　夢經過潛意識組織生活經驗轉化為夢境，向做夢者放映故事（敘述）。夢作為一種敘述，張穎認為該敘述包含兩種形式——演示敘述與語言敘述，同時夢敘述展現敘述層次的主敘述與次敘述劃分（敘述框架的跳接）。〔註50〕演示敘述是夢境的體驗過程，做夢者在這裡只是一個接受者，所有的敘述是一種無意識的敘述行為，其表示夢的正在進行；語言敘述是回顧自身做夢的過程，是一種再敘夢境的行為，此時除了做夢者外還多了一位敘述者（兩者同時存在），其表示一種夢的事後敘述。夢帶有諭示作用，不過也因為夢的內容撲朔迷離，因此古來多有「占夢」的行為，即向巫師或解夢者詢問夢境所要傳達的意涵，王立認為「歷代史書、野史筆記將夢作為潛藏某種決定力量……亦大多預測死生大事為內容及其旨歸。」〔註51〕夢在古代常被看做是上天向人的暗示，且先秦史官也常為帝王占夢以求得喻意，並藉以預防災禍或預知吉兆（如夢見黑雲壓地代表會發生瘟疫；夢見天光照在身上表示疾病可以痊癒）。夢和現實相互呼應，夢往往應驗了現實，不僅滿足了現實中無法滿足的願望，更加深了夢境的虛幻與真實。

　　在《婦人王氏之死》中，史景遷製造了一個王氏死前的美好夢境，他雜揉蒲松齡的《聊齋誌異》的元素，以一個理所當然的敘事方式來陳述一個神奇的夢境，在王氏的夢裡我們看到了王氏的欲望與恐懼，透過史景遷的敘事，我們得以進入王世的精神世界。史景遷在書中創造了關於王氏的夢，有別傳統史家的實事求是的敘事筆法。以下就夢中的意象與象徵，了解史氏如何透過超現實的敘事手法與其豐富的想像力，讓讀者更深入了解王氏，發掘更多被隱藏的真實。

一、「夢」的象徵與意象

　　超現實主義理論受到精神分析學家西格蒙德·佛洛伊德（Sigmund Freud）的影響非常深刻。佛洛伊德在《夢的解析》中提出關於夢的一套理論，他提出夢是滿足慾望的手段，夢境並非毫無意義，它是一種精神現象，在每個夢境裡，可以找到做夢者的自我的願望，這些願望受到各種心理的壓抑，使得夢境產生

〔註50〕張穎，〈談《遊園驚夢》戲劇演出中的夢敘述〉，收入於鄭穎玲主編，《敘事學研究：理論、闡釋、跨媒介》，頁245。
〔註51〕王立，《中國古代文學十大主題：原型與流變》，頁308。

了變化，只能以隱晦、象徵的手法來表現，「夢是一種心理活動，是意識的某一個層面活動的結果。」〔註52〕佛洛伊德認為人的無意識包含各種觀念、想法與欲望，這些觀念平常都被壓抑在無意識中，因為人們在現實生活中會受到各種社會倫理規範與道德影響，所以平常並不會表現出來。我們常說意識是冰山一角，而所謂無意識便是那冰山底下未被發掘出來的部分。雖然我們感受不到無意識的表現，卻可以透過夢的形式表現出來。

戴維・方坦納（David Fontana）在《象徵的名詞》一書中將夢的象徵分成三種層次：「沒有任何象徵意義」、「用象徵意義傳遞某種訊息」、「寓意深刻的象徵意義」〔註53〕。沒有任何象徵意義的夢，當中所發生的是多和自己個人生活經驗或特注的事有關，只能提供表面的探討，這是第一層次的夢；用象徵意義傳遞某種訊息的夢，這類的夢多半與個人的身體感官或狀況有關，這些感覺透過夢的象徵傳遞出來，這是屬於第二層次的夢；寓意深刻的象徵意義則是屬於精神方面的，這屬於第三層次的夢。此類夢境是透過各種象徵意象不斷進行產生，包含各種難以言語的心理狀態。處理「情節」的方式很奇特，各種意象不斷跳躍，比方說一個男孩撿起石頭往水裡丟，結果發現丟出去的不是石頭而是一個空瓶子，意象一下從這裡跳到那裡，這樣的轉換造成了一種特殊的感覺，即是一種特殊的寓意。

在《婦人王氏之死》的〈私奔的女人〉一文中，史景遷用很長的篇幅來描寫王氏的夢境：

> 在世上，現在是冬天，但這裏很溫暖。冬天，綠色的湖水上，蓮花
> 盛開，花香飄向風中的她，有人試著去採，但當船接近時，蓮花就
> 漂走了。（〈私奔的女人〉，頁 200）

在這個夢境中，不但意旨隱晦，意境朦朧，對於細節的處理也相當細緻。佛洛依德認為，夢是潛意識的渲洩手段，人們心中真正的夢想與面目是隱藏在淺意識和夢裡面的。夢會受到「超我」（外在社會規範）的抑制以及本能欲望相互影響。潛意識是文學創作的動力，而夢境和幻覺就是潛意識的表現形式和象徵手法。深受佛洛伊德心理分析學說影響的超現實主義，大量以夢境或幻覺為表

〔註52〕小魔女，《解夢宅急便：一本你專屬的解夢書》，新北：讀品文化，2014 年，頁 12。

〔註53〕詳見戴維・方坦納（David Fontana）著，何盼盼譯，《象徵的名詞》，臺北：米娜貝爾，2003 年，頁 61。

現形式，這樣的表現手法也讓夢境具有一種真實感的魅力。超現實主義者認為只有將人類的潛意識形象化，才能真正進入藝術的層次。史景遷在這裡對於王氏夢境的描摹，運用了許多文學性的藝術表現手法，重視對人物內心的挖掘，關注了人物的心靈世界。

　　首先在意象方面，注重意象的選擇，各種意象之間具有跳躍性。「意象」是主觀之「意」與客觀之「象」的結合，高友工認為「意象實是心中、身中的感覺想像之間的一種心理活動。似乎是尚未成形，而其時現是要通過其他的媒體（包括語言）。」〔註54〕換句話說，意象的產生乃是心物交融之結果，但有時同樣的象也會造成不同的意，進而形成意象的多意性。以柳這個外在客觀的「象」來說，它常常被用來指離別、女子體態或是時光流逝之感。人們看到柳樹千絲萬縷、隨風搖曳，心中便有所聯想，進而將心中所感（如離情依依、女子婀娜或時間流逝）和柳的實象作結合，借景以移情，達到主客合一的境界，因此意象可以說是一種情感的投射，覃彥玲指出「意象的多義性提供了豐富的想象空間……可以充分發揮自己的想象力和創造力對意象進行選擇、組合和創造。」〔註55〕正因為意象具有不確定性（意即每個人對同一物會有不同的感受），因此透過不同意象之間的組合來渲染氣氛，形成獨特的藝術意境。不過意象的組合也非雜亂無章，必須合乎主題，例如想營造秋天蕭瑟愁苦的感覺，就會有老樹、秋雁、衰草等意象，反而不會出現像蛙鳴（夏天才會聽見青蛙鳴叫）等不符主題的意象組合。也就是說，即使意象可以隨意拼湊重組，卻仍須注重立意與情感，竺家寧認為「選擇了意象加以組織安排成一個完整的有機體，也需靠情感來加以統攝。」〔註56〕也就是說，意象經過組織編排後再次造境，展現了創造者的審美表現的藝術力，而這一切的可能端賴創作者的情感來統攝，並再現於文本中。史景遷以蒲松齡的《聊齋誌異》為材料，選擇當中的一些意象，營造朦朧的意境，完成對夢境的描寫。

> 樹枝伸向桌子上，葉子稀疏零落，花苞卻綿密的擠在一起。花還沒
> 有開，像蝴蝶的翅膀，一隻淋濕蝴蝶的翅膀，沾滿水氣而垂下來，
> 支撐花苞的根莖細如髮絲。（〈私奔的女人〉，頁 200）

在這段文字中，主要的意象是「葉子稀疏零落」、「花苞綿密的擠在一起」、「蝴

〔註54〕高友工，《中國美典與文學研究論集》，臺北：國立臺灣大學，2011 年，頁 177。
〔註55〕覃彥玲，《廣告學》，臺北：元華文創，2015 年，頁 118。
〔註56〕竺家寧，《聲韻學：聲韻之旅》，臺北：五南，2015 年，頁 43。

蝶的翅膀」，這三個意象之間透過一定的組合，形成內在的凝聚力，辨清意象所包含的旨趣。從葉子到花苞，最後到淋濕的蝴蝶，雖然存在著意象的變換和跳躍，但仍有著連貫性，彷彿一幅畫，讓人產生無限的聯想。

> 眾人正吃著從玉碗取出的水果，並用杯寬一呎的高腳杯飲酒。牡丹有十呎高，山茶又高一倍。一位白指頭的女孩彈著一種她未見過的樂器，另一位用象牙撥子撥著琵琶，詠唱著哭泣的女性。隨著樂聲響起，一陣清風吹過，鳥兒擁進院子，靜靜地停在樹上。（〈私奔的女人〉，頁 203）

在這段文字中，主要的意象是「水果」、「酒」、「牡丹」、「山茶」、「樂器」、「詠唱著哭泣的女性」、「清風」、「鳥」，作者進行蒙太奇式的意象組合，看似無邏輯，卻是有著內在的關聯性。前面的描寫的是一幅眾人飲酒作樂的歡樂情景，但隨著樂聲響起，一陣清風吹過，一群鳥兒湧進院子，靜靜地停在樹上，畫面頓時趨於寂靜，引發讀者產生聯想。超現實主義常把許多看似不相干、意義無法聯結的意象串在一起，陳萍認為「通過拼貼，重組，顛倒，轉換，膨脹……把毫不相干的事物全部組合在一起，使畫面中充滿戲劇效果，帶給人視覺與新心靈的震撼。」〔註57〕就是要呈現一種透過曲折隱晦的語言，連結表面上無意義的意象，使底層的意義不斷的轉化，使讀者看到意象之間和內在感情的聯繫，王萬象認為「運用這種高度濃縮的詩歌意象，意象並置所產生的疊象之美，頗能夠掌握其體的細節，有效地提高意象的視覺性……將外在的、客觀的現象自身轉化成內在的、主觀的現象，」〔註58〕這種巧妙的意象疊加，不啻也產生了一種視覺的衝擊性。史景遷透過拼貼《聊齋誌異》的意象，組合出王氏的精神世界，讀者彷彿也跟著王氏經歷了一段心靈之旅。

其次是在隱喻象徵方面，透過隱喻的方式表現人們內心和社會狀態，黃慶萱認為「隱喻是不直說，以一物暗指另一物，所比擬的兩物必須呈現出來。象徵則是以一物代表更抽象、普遍、闊大的事件、觀念或意義，不需指出象徵所指涉的意涵，只要象徵物本身的呈現，就可引起人直接的聯想和反應。」〔註59〕換句話說，隱喻有明顯的對比物，因此其中的連結關係是可以明確的找尋，

〔註57〕陳萍，〈淺談超現實主義記憶夢境〉，《青春歲月》，第 8 期（2013），頁 70。
〔註58〕王萬象，〈新詩意象寫作〉，收入於周慶華等著，《新詩寫作》，臺北：秀威，2009 年，頁 63。
〔註59〕轉引自許靜文，《臺灣青少年成長小說中的反成長》，臺北：秀威，2009 年，頁 135。

而象徵是一種抽象的事物，透過某種意象的媒介，而加以鏈結表達，如我們常以國旗來表達「國家」這個抽象的概念。史景遷除了以意象來營造朦朧的意境，也有許多象徵隱喻的成分存在。

> 她可以看到自己多麼的漂亮，臉上的皺紋消失了，手像女孩一樣潤澤，不因勞作而粗糙。眉毛黑黑的，像輪新月。（〈私奔的女人〉，頁200）

在這段敘述中，以女孩、新月來隱喻王氏的手和眉毛，藉以象徵王氏內心渴望擁有像少女一般的容貌，能夠沒有皺紋和粗糙的面容。在書中的相關敘述中並沒有明確提及王氏的面貌為何，但是透過史景遷對郯城社會的描寫或許可以窺知一二。史氏提到郯城的社會並沒有提供她們太多工作，她們能做的像是接生婆、媒婆、看護、洗衣婦，或者在妓院工作，有經濟能力的婦女可以買織布機做裁縫，並賣掉產品。不過王氏沒有選擇這些工作，換句話說，王氏的生活應該是比上述的婦女過得更辛苦一些（史景遷沒有述及王氏有沒有一份工作，只說明她和別人私奔後沒有去工作，而是選擇返回歸昌的老家），王氏似乎是一個孤兒，以童養媳的身分進入任家，做些家務雜事，所以王氏內心才會有像女孩一樣的盼望。現實中無法達成的願望，只好訴諸內心世界。

> 睡覺的地方，鋪著像棕櫚葉一樣厚的毛皮，又長又軟，棉被塞滿了碎碎的棉花和香粉，室內充滿了香味。（〈私奔的女人〉，頁201）

此處「像棕櫚葉一樣厚的毛皮」以及房間充滿了香味，所要隱喻的是渴望生活環境的美好。根據史景遷書中所述，任氏夫婦很貧窮，家裡只有飯鍋、一盞燈、一幢編織的草蓆和稻草做的床墊，那時正值一月天寒，他們利用燒飯的熱煙傳導到地下的磚炕，最後將草蓆是鋪在炕上以便睡覺時能夠取暖。在王氏的夢中所出現的厚皮毛、棉花和香粉無不是象徵溫暖與富足，這樣的現實生活和夢境裡充滿美好的想像有著很大的反差，史景遷透過這樣的反差來隱喻王氏對於現實生活的渴求。

> 她把鼻屎放進嘴哩，試著吞下去，他大笑道：「俏佳人是愛我的」，他叫道。她想要回話，但滿嘴塞滿泥巴。她被釘住了，被纏在身上的蛇釘得動彈不得⋯⋯（〈私奔的女人〉，頁204）

這段是在王氏快要「出夢」時的敘述，當中王氏的身體像是被蛇釘住一樣動彈不得，和現實中任氏用力掐住她的脖子、雙腿跪在王氏的肚子上的情節不謀而合。在這裡，夢境的隱喻象徵和現實達到契合，更增添真實感，同時也顯示王

氏內心無法掙扎的恐懼，嚴紀華指出「就弗洛伊德『遂願說』的觀點看來，主角多不滿於自己現狀……於是或藉變形、或入夢中，身歷其境，而構成主幹的情節。而遂願之後，必當回到現實，」〔註60〕王氏內在的掙扎與壓抑潛伏在潛意識中，經由夢的象徵，得到願望的抒解。如果我們將夢境敘述刪除，單純看任氏如何壓制王氏的反抗，我們只能看到王氏肢體上的抵抗，卻看不到王氏內心的掙扎，這正是文學藝術在描寫人物的內心情感時可能給予的協助。另一方面，上引這段文字，還有一個特點，就是任氏拿了一團「鼻屎」要王氏吃下去，並問王氏是否愛他。這段的文字其實是隱晦的隱喻手法，鼻屎在一般的認知上，是一種排泄物，是骯髒、汙穢的象徵。史景遷在這裡安排讓王氏吞下排泄物，並以任氏的話詢問王氏，讓讀者的視覺產生衝擊，並在內心產生了一種對王氏的憐憫之情：即使丈夫要我吞下排泄物表達我對他的情意，我還是願意吞下去。王氏雖然將它吞下去，夢境告訴我們王氏沒有因此得到美好的結果，反而被蛇釘住身體，被淹死在河中而沒有任何人願意伸出援手。夢境是有意義的，「它指出了我們正感受著一種刺激」〔註61〕，比方說我們在夢中口渴時會夢到水、飢餓的時候會夢到食物，而王氏被任氏掐著脖子夢到被蛇纏住身體無法動彈。在整個夢境當中，從入夢、夢中和出夢的敘述串成一個完整的情節，雖然王氏透過夢的驅動完成了願望的滿足，但夢醒之後卻遭遇不幸，這種由美好到衰亡的差距，在入夢和出夢的敘述前後對照下，深刻的表現出王氏內心世界的變化與無奈，反映出人生的虛幻與無常。

王氏對任氏的愛情究竟為何，我們不得而知，至少在史景遷的敘述中我們看到王氏和一個不知名的男子私奔，最後王氏被任氏尋了回來，他沒有被休掉或是提出訴訟，而在某天夜裡兩人爭吵，王氏被任氏掐死，同時打算嫁禍給鄰居高氏。

二、夢境書寫的虛構與真實

蔡源煌認為「夢可能是潛意識意願的投影，也能是噩耗的前兆。夢可充作文學作品的一個片斷，一個插曲，也可以是主宰作品通篇結構的大原則。」〔註62〕夢境總是似虛似幻、荒誕不羈，夢也是人們心理的曲折、隱晦的反映，因

〔註60〕嚴紀華，《當古典遇到現代》，臺北：秀威，2007年，頁30。
〔註61〕格瑞心靈工作坊，《夢：解夢及夢中清醒》，臺北：丹陽，2014年，頁15。
〔註62〕蔡源煌，《從浪漫主義到後現代主義：文學術語新詮》，頁86。

此文學家常使用夢的形式來表現人物的心理活動。超現實主義認為夢境和幻覺才是內心最真實的反映，該主義擅長構建幻想、夢境以及記憶中的意象和幻想。史景遷想追尋王氏死前的想法，於是為王氏記錄下的夢幻和記憶，透過文學性的筆法書寫夢境。這種現象應當視為將歷史骨幹與文學外衣相互結合，亦即前文所引汪榮祖所述「史蘊詩心」之展現。

史氏認為文學是一種藝術，並且讓歷史寫作能有更深的效果。事實上，就如氏所說，《郯城縣志》關於王氏的資料僅有十幾行字，卻是深深吸引著他。然而史氏為何要極力描寫這個夢境呢？畢竟夢境敘述的主觀性過於強烈，削弱了史家所謂的客觀歷史建構，但真的是這樣嗎？首先，正如史氏在前言所指出是王氏引領他看見郯城的歷史悲痛，而實際上郯城也是一個多災多難的城市，從一六二二年白蓮教起義開始，參與了一場場的動盪與不安而造成大量城民的傷亡，除了連年的戰爭，飢荒加上沉重徭役稅賦以及郯城人民頑悍鬥狠的性格，都直接或間接地導致該城民眾對生命的價值產生不確定感，導致各式各樣的社會悲劇（父子相殺、鄰里為了一點小事也可以鬧不和），最後更導致許多人選擇走上自殺一途（史氏也寫黃六鴻針對這種自殺的現象祭出嚴厲的公告，痛斥這種不珍惜父母所生之身體的人，可見這種現象是多麼的嚴重），因此生命的無常幻滅一直是這裡揮之不去的夢魘，也因此郯城人民超乎尋常的迷信，它們非常尊崇鬼魂與術士，因為術士能召喚出鬼神，也能協助居民祝禱和祛病。因此，史氏將王氏現實生活受挫融凝一處，透過虛幻且神祕的夢境，將美好與破滅對列委婉曲折的表達，以現其心中的想望，抒發縈結於心的願景，不啻也呈現出人世滄桑無常之感。

其次是夢境所表現的是人們心中的難言之情，甚至連做夢者也無法得知的迷離幽渺、深隱晦澀的特質，也因此超現實主義特別著重這個特點，找到一個進入人們心中那深不可及的心靈途徑。夢境是一種內心之言，而這種話語也使得史氏能夠細膩婉曲的表達王氏的心靈感受；另一方面也透過夢的敘事完成一趟想像之旅，利用夢境的虛無飄渺，廣闊無拘的特性盡情馳騁自己的想像力，將各種意象元素濃縮組合，突破現實的束縛以造境逞情，陶文鵬與趙雪沛認為「以超常的想像力和精妙的藝術手段創造出完整渾成的純夢境或虛實交錯、真幻映襯的半夢境……使讀者為之心醉神迷，甚至感覺出某種神祕的魅力。」〔註63〕史氏探究王氏的心靈世界，透過夢境的敘述，補足了史料的不

〔註63〕陶文鵬、趙雪沛，〈論唐宋夢幻詞〉，《文學遺產》，第 6 期（2008），頁 47～58。

足，為的就是要讓王氏的形象烙印在每個讀者的心中，並在心中留下難以磨滅的鮮明形象，從而讓王氏的身影能夠更真實的存在眼前。

王氏的夢境所呈現的正是一種預言式的夢，楊周翰認為「正是因為他們對現實抱有的幻滅感。這種幻滅感是對生活的懷疑……使他們能預感到歷史未來的發展。」〔註64〕飢荒、兵亂與死亡籠罩著十七世紀的郯城，居民對生活的產生了幻滅感，史氏透過夢驗的書寫，表達了王氏的渴望，然而她卻逃不過歷史的束縛，終究死於任氏之手。從歷史事實必須有言之有據來說，王氏之夢是虛構且不真實的；但在文學馳騁想像力以達到藝術境界來說，王氏之夢提供了我們對細節的想像，這些想像，正是在生活經驗堆積中對歷史的感懷。史氏書寫了王氏的夢，展示其內心難言之情，將王氏從那個時空超脫出來，復活了她最真實的身影。

〔註64〕楊周翰，《攻玉集：鏡子和七巧板》，上海：上海人民，2016年，頁246。

第四章　史料與非史料：文本間的相互對話

　　歷史學家柯林伍德（Robin G. Collingwood, 1889～1943）說過：「今天由昨天而來，今天裡面就包括有昨天，而昨天裡面復有前天，由此上溯以至於遠古，過去的歷史今天仍存在著，它並沒有死去，」[註1]過去的歷史今天依然存在，例如臺灣南部的地名常帶有「營」或「鎮」等軍隊編制的地名。西元一六六二年，荷蘭守軍與鄭氏軍隊雙方激戰已經長達九個月，鄭成功最後攻下了熱蘭遮城，荷蘭總督揆一投降後，將荷蘭人逐出臺灣，正式建立臺灣第一個漢人政權。鄭成功奪取臺灣是要作為反清復明的基地，因此必須做長期抗戰之準備，不過這些跟隨鄭成功來臺的軍民總是有糧食需求的問題，為確保糧食不會罄乏，於是採取「寓兵於農」之政策，意指將軍隊派遣至各地駐紮、墾拓。平時就地開墾從事農耕，農暇時仍不忘進行軍事訓練，而作戰時則可隨時調動出兵（到了鄭經時，也曾大量招徠中國移民來臺墾殖）。這種軍屯政策的推行不僅解決了軍隊大部分的糧食問題，也可以保護漢人移民村落之安全（鄭成功曾規定漢人與原住民不得混圈田地，以免造成不必要的衝突）。當時屯墾的據點多以「鎮」或「營」來命名，這些名字也沿用至今成為地名，例如現今臺南的林鳳營，過去是鄭成功部將林鳳將軍率兵至此屯駐，建立聚落，稱為「林鳳營莊」；又如現今高雄的前鎮，過去是鄭成功的水師中軍中提督前鎮在此駐紮屯營，後來便以他們的營號為地名，這些地名都承載了過去的歷史而流傳至今，李天鐸認為「歷史事件是具有持久性的事件，從

〔註1〕轉引自何兆武、陳啟能著，《當代西方史學理論》，2002年，頁171。

過去持續到現在，而且終將延續到將來，」〔註2〕也就是說過去雖經歷風霜歲月的洗禮，致使它的面貌有所不同，但它終將轉換形式而持續存在（正如上述的地名故事，先人開拓的歷史早已過去，但它卻已轉換成地名的形式持續存在於那個地方），因此無論是過去、現在與未來是一體的，而且它們彼此緊密聯繫。當史家講述這些歷史的當下，其所要傳達的就是經驗的傳遞，這也正是一種歷史記憶的再現，我們讀歷史不外乎就是想知道過去，就像人們常說的「前車之鑑，後世之師」。歷史本身即保留了過去的紀錄與記憶，過去其實就包括現在，而所謂的未來必定是因為現在的選擇而產生相應的結果。

但另一方面，對於這些從過去遺留到現在的事物，卻有些人避之唯恐不及，甚至千方百計想讓它成為史冊中的一頁空白，並以此竊竊自喜，自認是為歷史重新定位，進而將其掃出歷史的大門。李遜認為「我們每個人都對過去負有責任，而不能把過去的災難僅僅作為噩夢一筆勾銷，或者把它歸結為少數人的陰謀權術，」〔註3〕例如近期吵得沸沸揚揚的「去威權化」與「去蔣化」議題，每逢特定時日不免出來熱鬧一下，藉由拆銅像、焚燒國旗，或是對中正紀念堂下手（如禁止撥放蔣公紀念歌，販售蔣公公仔）來表達對威權的指斥；當初廣設蔣公銅像正是為了崇敬其對臺灣的貢獻，如國共內戰末尾，兩百多萬的軍民移往臺灣，是時物價節節攀升，所幸黃金運抵臺灣，重新制定了貨幣，並保證這些貨幣與黃金的兌換是足夠的，這才將物價穩定了下來。但多數人似乎看不見這些歷史，卻只看見他威權的一面，像是做了造成許多人喪生的決定或是箝制人民思想，因此視他為威權獨裁者。但歷史總是這樣，正如上引李遜的話，我們總是極力將噩夢歸結在少數人身上，且試圖抹去他存在一切，也因此我們漸漸無法看清事件的全貌，從而造成歷史的重演，如夏桀之後有商紂王，隨後還有秦始皇、二世胡亥、後趙太祖石虎、前秦厲王符生、隋煬帝楊廣等史上有名的暴君，這些君王的殘暴事蹟大同小異，可是人們無法從歷史當中反思，總是選擇遺忘，總看見他不好的一面，而忽略其發生背景，從而繼續製造更多的暴君相繼登場。因此歷史敘事在再現歷史的過程中，也讓撰史者與讀者思考歷史的所以然。這也是史景遷在《前朝夢憶——張岱的浮華與蒼涼》一書所指注，張岱在明朝滅亡後歸隱龍山，面對往日的繁華生活與明朝的點滴回

〔註2〕李天鐸、何慧雯著，〈日本偶像劇在台灣的挪移想像〉，收入於李天鐸主編，《日本流行文化在台灣與亞洲（I）》，臺北：遠流，2002年，頁25。
〔註3〕李遜，《大崩潰：上海工人造反派興亡史》，臺北：時報，1996年，頁2。

憶，他沒有選擇遺忘，而是想為它留下點什麼，期以書寫對抗遺忘，我們不僅
是回憶張岱的過去，也是回憶整個明朝末年的最後一絲餘暉。

　　文際互典（intertextuality，或稱「互文性」）是一種讓不同文本之間能夠相
互映照、滋養，形成一廣大的圖像。無論是引用前人詩句或是不同文本之間的
互相指涉，這種能在不同語境之間的文本對話模式，張隆溪認為「『互文性』
不僅指明顯借用前人辭句和典故，而且指構成本文的每個語言符號都與本文
之外的其他符號相關聯，在形成差異時顯出自己的價值。」〔註4〕也就是說，
文本意義不僅依靠自身的內部結構（語言符號），還與外部（歷史文化）或其
他文本有著繁複的聯繫，是一種無限延伸的開放性特徵。

　　文際互典的概念最早是由符號學家朱麗婭‧克利斯蒂瓦（Julia Kristeva）
在雜誌《如是》（Tel Quel）中所提出的概念。1967年她在《封閉的文本》（texte
clos）中，有了明確的定義：「一篇文本中交叉出現的其他文本的表述，已有和
現有表述的易位。」〔註5〕這是說一個文本擁有自身的意義和規範，當它出現
在另一文本中，不但會保留原本的意義和用法，同時還會在文本中跟其他的詞
連結，形成一種新的語義和用法。互文性的概念後來又經過菲力普‧索萊爾斯
（Philippe Sollers）從新界定：「每一篇文本都聯繫著若干篇文本，並且對這些
文本起著複讀、強調、濃縮、轉移和深化的作用，」〔註6〕他指出世界本來就
是一本書，且這本書未完成也未曾中斷，任何文本都是這本書上的一個節點。
互文性的概念如同一張大網，每個文本是網上的交點，彼此互相聯繫。趙毅衡
認為互文性包含兩種含義：

　　第一，「一個確定的文本與它所引用、改寫、吸收、擴展、或在總體
　　上加以改造的其他文本之間的關係。」；第二，「任何文本都是一種
　　互文，在一個文本之中，不同程度地以各種多少能辨認的形式存在
　　著其他的文本，任何文本都是對過去的引文的重新組織。」〔註7〕

文際互典的理論受到許多流派影響。克利斯蒂瓦認為巴赫金（Ъахтинг, Михаил
Михайлович）提出的對話概念和狂歡化理論影響深遠。巴赫金認為文本是由
許多聲音交互摻雜（複調）並透過「戲擬」和「顛覆」來對菁英文化的破除與

〔註4〕張隆溪，《張隆溪文集第四卷》，臺北：秀威，2014年，頁236。
〔註5〕薩莫瓦約著，邵煒譯，《互文性研究》，天津：天津人民，2002年，頁3。
〔註6〕王先霈，《文學理論批評術語匯釋》，北京：高等教育，2006年，頁431。
〔註7〕趙毅衡、胡易容編，《符號學：傳媒學辭典》，臺北：新銳文創，2014年，頁
　　　141。

戲謔。這種讓高雅文化（如文學）和大眾文化（如民俗文化）間的相互消弭，正是互文性多元開放的特性。周慶華認為「互文性理論在文化層面的深入，使文學話語在呈現出不同的意識形態、並在生存空間上具有了更多的可能。」〔註8〕另一方面，後現代主義對互文理論的影響也極為重要。後現代主義是對現代主義的批判，高玉認為一些後現代主義共通的特點有「不確定性、零亂性、非原則化、無我性、無深度性、卑瑣性、反諷、種類混雜、狂歡、行動、參與、構成主義、內在性，」〔註9〕王岳川也認為「後現代主義消解認識的明晰性、意義的清晰性、價值本體的終極性、真理的永恆性這一反文化、反美學、反文學的『遊戲』態度，」〔註10〕後現代主義在形式上展現了混雜、蒙太奇以及拼貼等特色，呈現一種動盪的否定和懷疑。此外，後現代主義反對二元並置，重視「互文關係」，即文學文本與非文學文本可以互相闡發與影響，孫藝風說「在後現代主義者看來，文本具有互文性，沒有真正的獨創的文本，所有的文本都是「互為文本」，都是相關於、參照於其他文本。」〔註11〕而在後現代主義之下產生的新歷史主義和解構主義也對互文性作出論述。新歷史主義認為文本的產生會受限於歷史與環境的影響，同時也存於特定的歷史與社會當中，讓文本成為歷史的一部份；另一方面，我們想瞭解過去的事件，還是需要透過各種文本才能瞭解歷史，因為我們無法親身經歷過去所發生的一切。歷史透過語言文字的記錄得以保存下來，也因此歷史的形成往往充滿了各種的文本的向度，這說明瞭文本和歷史之間相互依存的概念。解構主義反對結構主義推崇的結構系統，所有的文本沒有固定的內在結構，文本自身並非有機統一體，而是與其他文本相關聯，因此文本的意義是多元的。陳永國認為「互文性關係到一個文本與其他文本的對話，同時，它也是一種吸收、戲仿和批評活動。」〔註12〕文際互典讓我們看到了不同作品互動的可能性。據此，本文選擇文際互典為研究方法之一。王厚森在《隔夜有雨：王厚森詩集》一書提到「互文可以複數、追憶或重寫人類生命中共同的感知及感受，將共同的情思用相異的意象、相似

〔註 8〕周慶華，《跨領域語文教育的探索》，臺北：秀威，2011 年，頁 33。
〔註 9〕高玉，《從「話語」視角論中國文學》臺北：秀威，2012 年，頁 321。
〔註10〕王岳川，《後現代主義文化研究》，臺北：淑馨，1992 年，頁 12。
〔註11〕孫藝風，《視角，闡釋，文化：文學翻譯與翻譯理論》，北京：清華大學，2012 年，頁 48。
〔註12〕陳永國，《理論的逃逸：解構主義與人文精神》，臺北：秀威，2014 年，頁 44～46。

的象徵或截然不同的詩結構重新隱喻、指涉，」〔註13〕而中國現代小說家沈從文也認為文學藝術的可貴在於文字能保存、凝固住那一點一滴流逝的生命，並且讓後世的人得以透過文字相互理解。史景遷透過互文的手法，再現「王氏與郯城」和「張岱與晚明」的點滴，透過《聊齋誌異》和《陶庵夢憶》的文字將蘊藏的生命流洩出來，這種被歷史遺忘的記憶，正是史家所追尋的真實。歷史是人類過去生活的經驗的總結，歷史學家作為一個探索者和解釋者，他們將零碎的歷史資料，透過故事傳承人們對過往生活經驗的記憶。透過史料與非史料的對話，起到相互補證的效果，更貼近所述人物的生命感受。

第一節　《婦人王氏之死》與《聊齋誌異》

一、《聊齋誌異》其書與史學特色

　　文學大師魯迅在《中國文學史略》曾說「《聊齋誌異》獨於詳盡之外，示以平常，使花妖狐魅，多具人情，和易可親，忘為異類。」〔註14〕清代秀才蒲松齡官場失意，卻寫出了自魏晉南北朝以來，志怪小說的顛峰之作《聊齋誌異》。蒲松齡一生窮困潦倒，雖有滿腹才華，每次科舉考試都無法中舉。他把浪漫豐富的感情寄寓在《聊齋誌異》當中。書中所揭露的社會現實，也是其一大特色。當時的社會貪官惡霸橫行，百姓生活困苦，這些社會現狀都在他的筆下有了深刻的映照。《聊齋誌異》中的愛情故事，女主角或鬼或狐，都非人類。她們比現實中的女性都更勇敢地追求愛情。蒲松齡的故事大部分都是從民間蒐集來的，他在旅行途中會請那裡人的為他講述故事，並將它紀錄下來。他在山東時，當地有很多仙狐鬼魅的傳說，也讓蒲松齡筆下的人物形象多是這些仙狐鬼魅的女子。蒲松齡對愛情的想像與對現實社會的不滿，成就了《聊齋誌異》的地位。

　　《聊齋誌異》是中國一部傳奇體小說，其中對於政治、經濟以及社會生活等方面有真實的紀錄。它無論在思想或是藝術成就上堪稱是中國文言短篇小說的巔峰。趙金維認為《聊齋誌異》的史學特色有「在形式上有意仿史」、「內容中亦不乏史筆」〔註15〕兩點。《聊齋誌異》篇末常出現「異史氏曰」，和《史

〔註13〕王厚森，《隔夜有雨：王厚森詩集》，臺北：釀出版，2014 年，頁 163。
〔註14〕魯迅，《中國文學史略》，臺北：穀風，1990 年，頁 211。
〔註15〕趙金維，〈論《聊齋誌異》的史學色彩〉，《求是學刊》，第 1 期（1996），頁 92。

記》的「太史公曰」有異曲同工之妙。司馬遷在《史記》中以史家的身分發表議論，置於篇末，形成「太史公曰」的論贊體形式。後代史書也多仿《史記》的筆法稍作修改，如《漢書》的「贊曰」、《三國志》的「評曰」、《後漢書》的「論曰」，往前追溯，最早可到先秦《左傳》的「君子曰」，這些都是對人物和事件所提出的想法和論斷，也形成史書的一種特殊體例。這種體例受到後世史家推崇，但小說家卻鮮有這種在篇中立論的特色，從漢代到六朝，唐傳奇到宋元話本幾乎找不到這樣的例子。而《聊齋誌異》有意仿史，在形式上仿作「太史公曰」形成「異史氏曰」。內容上語言鮮活、立論精闢，有針貶社會或寫人情冷暖、讚頌美德、揭發貪官的惡行等等。這些內容無不言近旨遠，發人深省。

> 異史氏曰：「廣武君在當年，亦老謀壯事者流也。即司雹於東，或亦其不磨之氣，受職於天。然業已神矣，何必翹然自異哉！唐太史道義文章，天人之欽矚已久，此鬼神之所以必求信於君子也。」〔註16〕

> 異史氏曰：「幻由人生，此言類有道者。人有淫心，是生褻境；人有褻心，是生怖境。菩薩點化愚蒙，千幻並作，皆人心所自動耳。老婆心切，惜不聞其言下大悟，披髮入山也。」〔註17〕

> 異史氏曰：「陰司之刑，慘於陽世；責亦苛於陽世。然關說不行，則受殘酷者不怨也。誰謂夜臺無天日哉？第恨無火燒臨民之堂廨耳！」〔註18〕

第一則〈雹神〉的異史氏曰是在說廣武君（雹神）因為堅韌的氣節而受封成為山東地區的神明，唐濟武（唐太史）無論在天上或人間都受到尊崇，顯示出鬼神藉著這些人顯示出祂的靈驗之處。第二則〈畫壁〉的異史氏曰是在論說有一位朱舉人在寺院裡看見一幅畫，畫上少女婀娜動人，朱舉人頓時恍惚銷魂，飛入畫中，與少女雲雨。這是在說幻由心生，因為朱舉人心有淫意，所以畫像才會發生變化，說明了一切幻象皆由人心所生。第三則〈李伯言〉是在論說審案不可有私心。李伯言為人剛正不阿，有天生了重病，向家人說地府閻王職位有

〔註16〕〔清〕蒲松齡著，張友鶴註，〈雹神〉《聊齋誌異會校會註會評本》卷12，臺北：里仁，2003，頁1607。

〔註17〕〔清〕蒲松齡著，張友鶴註，〈畫壁〉《聊齋誌異會校會註會評本》卷1，頁15。

〔註18〕〔清〕蒲松齡著，張友鶴註，〈李伯言〉《聊齋誌異會校會註會評本》卷3，頁315。

空缺，要他過去代理，三天後他就會回來。後來他的魂魄真的到了地府當代理閻王，他審了幾件案子，後來有一件是關於他親家王某的案子。王某的奴婢的父親告王某強奪他的女兒，李伯言因為心生私念，導致大殿上竄出火苗，旁邊的小吏告訴他：陰司和人間不同，審理案子容不下一點私念，後來李伯言打消念頭，火苗也消失了。蒲松齡的這則故事就是對於當時官吏審案的狀況作出嚴厲的批判。李少雍認為「指稱自己『異史』的蒲松齡，是中國小說家為區隔自己作品與正史的地位，以及自己小說也具有寫史功能，才以『異史氏』自居。」〔註19〕論贊體本來是史官在史書中的論述空間，而該論贊形式在古典小說中僅蒲松齡一人使用，同時蒲松齡將評論至於結尾處，仍不影響整個故事的情節，如此不僅增加提出個人見解的空間，也增添小說的真實感，更表現出實錄一般的勸誡諷諭。

　　中國的二十四史是紀傳體史書，同時也是傳記文學。《史記》之後的史書，不再敘寫大跨距的時間（通史），而是由國家責成編纂小組負責編修前朝的史書（斷代史），而這些由官方力量修輯的史書屬於正史，有別於私人修定的私史或野史。司馬遷在《史記》中描繪了許多的歷史角色，表現了作者對史料的高度史才和卓越的史識，也生動地展現當時社會生活面貌。《聊齋誌異》雖然歸類於小說，但仍是以紀傳為主；在敘寫人物方面，為許多人物專門立篇，如：《王六郎》、《庚娘》、《聶小倩》、《公孫九娘》、《蔣太史》等等，具備了史傳文學特色。蒲松齡筆下的人物多是鬼狐所幻化的異類，「鬼狐花妖不僅具有人情味，而且其情之真摯較之人類有過之無不及，」〔註20〕事實上這些是蒲松齡想借由異域來表現現實的世界，敘寫鬼魅妖狐以反映人情，書中多數的鬼怪們懂得知恩圖報，雖然人鬼殊途，但透過人與鬼之間的互動，更反襯了人的無情。蒲松齡的一生坎坷，遭遇種種的社會現實與困境，讓他的作品能夠深刻的反應當時社會現實面，無情地揭露了整個社會風氣。在現實中無法獲得美好願望的滿足，蒲松齡只好轉求想像，透過這些鬼狐妖媚來表現自己的人生理想，在某種程度上補充了現實，更豐富了現實。所以「蒲松齡不再借助記述歷史的客觀形式，而是讓作品緊密聯結對現實的批判。」〔註21〕

〔註19〕轉引自薛建蓉，《重寫的「詭」跡：日治時期台灣報章雜誌的漢文歷史小說》，臺北：秀威，2015年，頁191。
〔註20〕于天池，《蒲松齡與《聊齋誌異》脞說》，臺北：秀威，2008年，頁229。
〔註21〕張慧禾，〈《聊齋誌異》對《史記》的繼承與發展〉，《語文學刊》，第5期（2004），頁15。

一般來說，寫史講求實事求是，不可以無憑無據；寫小說可以不必符合史實也不妨全篇都虛構。不過史書並非全是實錄，而小說並非全都是幻想出來的，小說從多方面記錄了當時社會的真實情況，可以彌補正史的不足。如《聊齋誌異・張氏婦》提到「甲寅歲，三藩作反，南征之士，養馬兗郡，雞犬廬舍一空，婦女皆被淫污。時遭霪雨，田中瀦水為湖，民無所匿，遂乘垣入高粱叢中。兵知之，裸體乘馬，入水搜淫，鮮有遺脫。」〔註22〕這是在說明當時三藩之亂所造成的災禍，也描寫了清軍的淫虐暴行令人不寒而慄，康熙十三年（一六七四年），以吳三桂為首，以及尚可喜和耿仲明等三位藩王，因朝廷有意撤藩而發動叛亂，南征的清軍駐紮在兗州，不僅雞犬房舍搜刮一空，連婦女都被姦淫。當時陰雨綿綿，田地積水，百姓無處躲藏只好划著竹筏躲在高粱叢，但清兵卻光著身子到水裏去姦淫（因為她們集中一處，省去尋找的功夫）；然而張氏婦面對清兵的惡行卻不害怕，反而做了一些陷阱保全自己的名節。這段敘述不僅描寫了清軍令人髮指的行為，也對當時社會的婦女的遭遇做了一個演示。《聊齋誌異》在很多方面紀錄了社會的真實面貌，同時也提供了很多可以參考的社會史史料。

二、《聊齋誌異》的運用分析

史景遷在史料的運用上，除了郯城縣志、福惠全書之外，最特別的就是使用《聊齋誌異》了。據史景遷的考證，蒲松齡曾在一六七〇年代在山東地區從事寫作，並於一六七〇年和一六七一年經過郯城，用《聊齋誌異》來反映當時社會的面貌，補官方史料的不足。

史景遷在訪談錄曾說：

> 我們知道它們是小說。但同時我們知道蒲松齡正是生活在本書所涉的時代。儘管是小說，它代表了一種見解……儘管這些不是確切的社會史，但我們卻能說這些著作代表著當時的思想概念，還是可以加以利用……他的故事中有一個就確切地發生在郯城之南，在一個坐落於從郯城通往江北沛地大路邊的小鎮上。所以我想蒲松齡是他那個時代一個中國人的聲音，而《王氏之死》正是為了表達當時中國人的聲音……我們知道這裡有一樁謀殺案，我們知道蒲松齡很關

〔註22〕〔清〕蒲松齡著，張友鶴註，〈張氏婦〉《聊齋誌異會校會註會評本》卷11，頁 1527。

　　注這類暴力，所以也許可以將《福惠全書》中的真實記錄和蒲松齡
　　的小說綜合使用。〔註23〕

史景遷認為小說雖然不是社會史，但其中背後所呈現的社會背景和思想概念，
卻能提供一種不同於史料的見解。在《婦人王氏之死》第一章〈觀察者〉中，
他將蒲松齡當成是一個觀察者，透過他的童年和成長經歷，彷彿看到了那個時
代的社會的無助和痛苦。史景遷在書中的前言提到：

　　雖然馮和黃意外地帶領我們深入當地的一個重要部分──一個關於
　　個人憤怒和不幸的領域──他們卻無意探究郯城的另一些領域：寂
　　寞、淫蕩、夢想；而正是這些領域迷住了蒲松齡。我因而在他的許
　　多面向中引據了三項：山東回憶的紀錄者，說故事的人，以及形象
　　的塑造者，在這一方面，他有時有令人想不到的優雅或力量。唯有
　　透過蒙太奇的形式，對這些形象做結合，才能超越那個已逝的世界
　　中的其他資料，更趨近於王氏，表達她在臨死之前的睡夢中可能有
　　的一些想法。〔註24〕

史景遷認為蒲松齡雖然是中國傑出的作家之一，但卻不為西方讀者所熟知，他
在 17 世紀 70 年代在山東地區寫下了《聊齋誌異》，而且在一六七〇年到一六
七一年間確實到過郯城。這樣的經歷引發了史景遷的好奇，在他看來，蒲松齡
因為仕途不順，迫使他只能遊走於社會底層，正因為這樣他才能夠接近底層百
姓，能夠關注他們的生活，理解他們的所思所感。史氏希望和蒲松齡一起觀察
郯城的社會現實，這也是史景遷在作品中常常關注人物的情感世界以及他們
的命運的特色之一。

　　《聊齋誌異》可以說是蒲松齡對社會寫實的觀照，在某種程度上也算是具
有價值的史料之一，這是除了《郯城縣志》和《福惠全書》兩部官方史料之外
對於這個地區所可以深入窺探的最好材料了。在《婦人王氏之死》中對於《聊
齋誌異》的使用分成三種類型──「整篇錄用」、「取其片斷」、「概述大意」。
〔註25〕可見史景遷在故事的使用上並非無意的擷取，而是有系統地根據故事
情節所需而予以採用。李寶祥認為史景遷運用《聊齋誌異》所展現的意義可分

〔註23〕盧漢超，〈史景遷訪談錄：史學的藝術〉收入於「共識網」，http://www.21ccom.
　　　　net/articles/thought/zhongxi/20150330122867_all.html（2015/06/11 點閱）。
〔註24〕史景遷著，李孝愷譯，《婦人王氏之死》，臺北：麥田，2009，頁 28。
〔註25〕李寶祥，〈史景遷和蒲松齡的「緣識」──以《王氏之死》為中心〉，《常熟理
　　　　工學院學報》，第 21 卷第 9 期（2007），頁 97〜98。

成「以《聊齋誌異》來解讀蒲松齡的生活經歷」、「借助《聊齋誌異》來分析蒲松齡對社會階層的看法」、「以《聊齋誌異》來觀察郯城的社會現實」、「整合《聊齋誌異》的材料來剖析王氏的精神世界」等三點。〔註26〕

首先，史景遷刻意使用一些篇目解讀蒲松齡的生活經歷。

> 順治間，滕、嶧之區，十人而七盜，官不敢捕。後受撫，邑宰別之為「盜戶」。凡值與良民爭，則曲意左袒之，蓋恐其復叛也。後訟者輒冒稱盜戶，而怨家則力攻其偽；每兩造具陳，曲直且置不辨，而先以盜之真偽，反復相苦，煩有司稽籍焉。適官署多狐，宰有女為所惑，聘術士來，符捉入瓶，將熾以火。狐在瓶內大呼曰：「我盜戶也！」聞者無不匿笑。〔註27〕

史景遷以蒲松齡的〈盜戶〉描述當時「盜戶」的猖狂。清初時期，盜賊橫行，淄川和郯城間的山區都是土匪的根據地，他們會找尋防禦較為薄弱的村莊進行襲擊，郯城附近的滕、嶧兩縣都有惡名昭彰的盜匪出沒。官府不敢抓他們，後來他們歸順後，知縣把他們歸為「盜戶」，在他們與百姓起衝突時又偏袒他們，原來是害怕他們會反抗官府。後來有許多加害者假稱自己是「盜戶」，想獲得知縣的偏袒，被害者這一邊就必須證實對方不是「盜戶」，導致不是先審理案子，而是先辨別對方的真偽。蒲松齡在最後以「狐仙」為例，狐狸迷惑知縣的女兒，知縣請來了術士，術士用咒語收服狐狸，並用火燒，狐狸最後還大喊「我是盜戶」。這樣的愚蠢行為，是諷刺官吏的無所作為，反映出整個社會的荒誕不經，同時也說明了蒲松齡所處的社會風氣作出註解。

蒲松齡富於幻想，在面對那無法表達的世界時，他會將幻想和現實融合，並且寫進故事中。他對許多地方信仰或傳說感興趣，並且深信不疑，不過有時又認為這是迷信。他對於山東口技感到興趣，認為這是一種山東的特產。

> 村中來一女子，年二十有四五。攜一藥囊，售其醫。有問病者，女不能自為方，俟暮夜問諸神……至夜許，忽聞簾聲。女在內曰：「九姑來耶？」一女子答云：「來矣。」又曰：「臘梅從九姑來耶？」似一婢答云：「來矣。」三人絮語間雜，刺刺不休……旋聞女子殷勤

〔註26〕李寶祥，〈《王氏之死》中的《聊齋誌異》〉，《聊齋誌異研究》，第2008卷第2期（2008），頁58～61。

〔註27〕〔清〕蒲松齡著，張友鶴註，〈盜戶〉《聊齋誌異會校會註會評本》卷11，頁1086。

聲，九姑問訊聲，六姑寒暄聲，二婢慰勞聲，小兒喜笑聲，一齊嘈
雜……即聞女子問病。九姑以為宜得參，六姑以為宜得芪，四姑以
為宜得朮。參酌移時，即聞九姑喚筆硯。無何，折紙戰戰然，拔筆
擲帽丁丁然，磨墨隆隆然；既而投筆觸几，震震作響，便聞撮藥包
裹蘇蘇然。頃之，女子推簾，呼病者授藥並方……群訝以為真神。
而試其方，亦不甚效。此即所謂口技，特借之以售其術耳。然亦奇
矣！〔註28〕

在這則〈口技〉中，蒲松齡對於口技甚感好奇。口技是盛行於明清兩代，是一
種模仿各種聲音的表演。故事描述一位女子來到山東賣藥，但她不會幫病人開
藥方，而是等到晚上請神仙來幫忙。後來女子在房間故佈疑陣，一人分飾多角，
表現出房間內吵雜的情況。女子向仙姑問藥方，又再以口技表現出問藥方和開
藥方的音效，最後女子和仙姑道別。雖然沒有絕對的藥效，但大家卻信以為真。
史景遷引用這篇時只有部分引用，著重在九姑形象的塑造，他在文末寫道：
「蒲氏補充說，圍觀的群眾真正相信精靈曾經現身，雖然藥方對病人並不十分
有效。」〔註29〕這則故事主要想傳達的是缺乏求證精神，女子以小小的戲法，
將大家玩弄於股掌之間，而大家也都不加以求證。史景遷在這裡則描寫出蒲松
齡對於當時百姓患病求神的特殊地方迷信，也顯示出山東地區的風土民情。

史景遷在第一章的最後引用了〈絳妃〉一文：

癸亥歲，余館於畢刺史公之綽然堂。公家花木最盛，暇輒從公杖履，
得恣游賞。一日，眺覽既歸，倦極思寢，解屨登床。夢二女郎，被
服豔麗，近請曰：「有所奉託，敢屈移玉。」余愕然起，問：「誰相
見召？」曰：「絳妃耳。」恍惚不解所謂，遽從之去。俄睹殿閣，高
接雲漢。下有石階，層層而上，約盡百餘級，始至顛頭。見朱門洞
敞。又有二三麗者，趨入通客。無何，詣一殿外，金鉤碧箔，光明
射眼。內一女人降階出，環佩鏘然，狀若貴嬪。方思展拜，妃便先
言：「敬屈先生，理須首謝。」呼左右以毯貼地，若將行禮。余惶悚
無以為地，因啟曰：「草莽微賤，得辱寵召，已有餘榮。況敢分庭
抗禮，益臣之罪，折臣之福！」妃命撤毯設宴，對筵相向。酒數行，

〔註28〕〔清〕蒲松齡著，張友鶴註，〈口技〉《聊齋誌異會校會註會評本》卷2，頁267
～268。

〔註29〕史景遷著，李孝愷譯，《婦人王氏之死》，臺北：麥田，2009，頁59。

余辭曰：「臣飲少輒醉，懼有愆儀。教命云何？幸釋疑慮。」妃不
言，但以巨杯促飲。余屢請命。乃言：「妾，花神也。合家細弱，依
棲於此，屢被封家婢子，橫見摧殘。今欲背城借一，煩君屬檄草耳。」
余皇然起奏：「臣學陋不文，恐負重託；但承寵命，敢不竭肝鬲之
愚。」妃喜，即殿上賜筆札。諸麗者拭案拂座，磨墨濡毫。又一垂
髫人，折紙為範，置腕下。略寫一兩句，便二三輩疊背相窺。余素
遲鈍，此時覺文思若湧。少間，稿脫，爭持去，啟呈絳妃。妃展閱
一過，頗謂不疵，遂復送余歸。醒而憶之，情事宛然。但檄詞強半
遺忘……〔註30〕

蒲松齡擅於作夢，並且能精準地捕捉夢中的情節。故事是說蒲松齡於畢刺史家
任教，閒暇時會和刺史在花園漫步，有天因為身體疲倦，就回房間休息。他做
了一個夢，夢中有兩個女子，服飾鮮豔華麗，說是絳妃請他過去一趟，就跟著
她們走。到了絳妃身處的宮殿，只見有一位女子出來，身上所佩戴的環珮叮噹
作響，樣子很像宮中的嬪妃。蒲松齡和妃子在酒席上相向而坐。妃子表明自己
的身分，原來她是花神，因為受到封家的婢女摧殘，想要與她決戰，所以請蒲
松齡為她做一篇檄文。下筆時覺得腦裡文思泉湧，一下子就寫完了。絳妃的侍
女爭搶著拿走，絳妃看過之後頗為稱讚，最後就把蒲松齡送回來。這篇是蒲松
齡在畢家任教時經歷夢境而寫成的，是一篇帶有自傳色彩的故事。史景遷在文
末寫了一段話：「這是一個關於幻想、淫蕩和不安的故事，並且也是對當時時
空的適當評註。」在黃六鴻的回憶裡提到他認為山東總是充滿了鬼魂和夢魘，
他們非常迷信，而這就是當地居民所處的世界。他用夢境來分析蒲松齡的精神
世界，雖然是蒲松齡個人的幻想，但卻是整個郯城的社會投影。

《婦人王氏之死》也展現出清初的許多社會階層，史景遷用了一些篇目來
分析蒲松齡對社會階層的看法，同時也讓我們對當時的社會階層有所認識：

紹興有寡媼夜績，忽一少女推扉入，笑曰：「老姥無乃勞手？」視
之，年十八九，儀容秀美，袍服炫麗。媼驚問：「何來？」女曰：
「憐媼獨居，故來相伴。」媼疑為侯門亡人，苦相詰。女曰：「媼勿
懼，妾之狐，亦猶媼也。我愛媼潔，故相就，兩免岑寂，固不佳耶？」
媼又疑為狐，默然猶豫。女竟升床代績。曰：「媼無憂，此等生活，

〔註30〕 〔清〕蒲松齡著，張友鶴註，〈絳妃〉《聊齋誌異會校會註會評本》卷6，頁739
～740。

妾優為之，定不以口腹相累。」媼見其溫婉可愛，遂安之。夜深，
謂媼曰：「攜來衾枕，尚在門外，出溲時，煩捉之。」媼出，果得衣
一裹。女解陳榻上，不知是何等錦繡，香滑無比。媼亦設布被，與
女同榻。羅衫甫解，異香滿室。既寢，媼私念：遇此佳人，可惜身
非男子。女子枕邊笑曰：「姥七旬，猶妄想耶？」媼曰：「無之。」
女曰：「既不妄想，奈何欲作男子？」媼愈知為狐，大懼。女又笑
曰：「願作男子，何心而又懼我耶？」〔註31〕

這篇〈續女〉主要是在說一位孤獨的老婦人在家織布，突然有一位少女走了進
來，還說她想要在這裡住下，而且會幫她織布。夜裡，老婦人和這位少女睡在
一起，看著少女脫下衣裳，散發出迷人的香味，老婦人心想：「可惜我不是男
人」。這時少女在枕邊笑說：「你都已經七十好幾了，還會想入非非。」老婦人
雖然懷疑這位少女是不是妖怪，但卻迷戀上她的美貌。蒲松齡在故事裡面嘲笑
那些寡婦的忠貞，表現出蒲松齡對於寡婦這一族群的看法。史景遷發現，在《縣
志》中，主要都呈現一個女人如何可以靠著決心和嚴格的道德目的守寡，並且
獨自扶養小孩。在郯城中，許多女子很年輕就守寡，他們獨自扶養小孩，這些
小孩也多是功成名就（中鄉試、舉人）。也有許多婦人除了扶養自己的小孩，
也過繼別人的小孩，或是扶養丈夫前妻的小孩，這都是為了一個目的——延續
香火，似乎也是她們的責任。

　　史景遷也發現，蒲松齡也嘲笑士紳的價值觀。在馮可參的《縣志》裡，關
於「貞烈」、「鄉賢」的資料是由這些士紳們所編纂，蒲松齡認為他們這些人非
常挑剔以及好色，他們在編纂資料時毫不避諱，他們會把自己的女性親人編進
這些所謂「烈女傳」之類的篇目中。

　　為了再更了解「寡婦」這一族群，史景遷引用了〈金生色〉一文：

金生色，晉寧人也。娶同村木姓女。生一子，方周歲。金忽病，自
分必死。謂妻曰：「我死，子必嫁，勿守也！」妻聞之，甘詞厚誓，
期以必死。金搖手呼母曰：「我死，勞看阿保，勿令守也。」母哭應
之。既而金果死……（木媼）夜伴女寢，私謂曰：「人盡夫也。以兒
好手足，何患無良匹？小兒女不早作人家，眈眈守此襁褓物，寧非
癡子？倘必令守，不宜以面目好相向。」金母過，頗聞餘語，益志……

─────────────

〔註31〕〔清〕蒲松齡著，張友鶴註，〈續女〉《聊齋誌異會校會註會評本》卷9，頁1221
　　　～1222。

> 村中有無賴子董貴者，見而好之，以金啗金鄰嫗，求通殷勤於婦……
> 一夕，兩情方洽，聞棺木震響，聲如爆竹。婢在外榻，見亡者自慚
> 後出，帶劍入寢室去。俄聞二人駭詫聲。少頃，董裸奔出……女合
> 眸，面色灰敗，口氣細於屬絲。使人拔腦矢，不可出；足踏頂項而
> 後出之。女嚶然一呻，血暴注，氣亦遂絕。〔註32〕

這篇故事是在說金生色生病垂死之時，交代妻子一定要改嫁，不要守節。但妻子在喪禮還未完成的時候就破壞了禮俗，和董氏私通，金氏對他和他的家人給予報復，後來宅院發生大火，妻子的父親叫人拿著弓箭四處查看，拿著弓箭的人看到圍牆邊有一個黑影就拉起弓箭射了過去，最後妻子赤裸著身體，受到利箭刺穿頭部。史景遷認同蒲松齡對寡婦的道德要求，認為寡婦需要道德和確切的目標，而這也是當時流行的觀點。

在《婦人王氏之死》的第五章〈私奔的女人〉，史景遷再一次表現出對婦女這一階層的重視，展現出他們面臨困境時所表現的勇氣。

> 二蒙古兵強與淫。婦曰：「此等事，豈可對人行者？」其一微笑，
> 啁嘐而出。婦與入室，指席使先登。薄折，兵陷。婦又另取蓆及薄
> 覆其上，故立坎邊，以誘來者……一日，一兵至，甚無恥，就烈日
> 中欲淫婦。婦含笑不甚拒。隱以針刺其馬，馬輒噴嘶，兵遂縶馬股
> 際，然後擁婦。婦出巨錐猛刺馬項，馬負痛奔駭。韁繫股不得脫，
> 曳馳數十里，同伍始代捉之。首軀不知處……〔註33〕

面對兇悍的士兵想要對她非禮，張氏仍然保持鎮定，先是挖了坑讓士兵跌進去，又將薪火投入坑中將他們燒死；後來又有一士兵想對她非禮，她先欲拒還迎，後以針刺士兵的馬讓他大聲嘶吼，而士兵卻將馬韁綁在腿上（致命錯誤），於是張氏又拿錐子刺馬，這次馬痛得飛奔，而那個士兵因為把繩子綁在腿上而被拖行數十里，身首異處。張氏連連運用機智來保全自己的貞節，表現了面對困境時所展現的勇氣。

史景遷除了關注寡婦這一族群，也分析了郯城的地方官員。在書中的第四章〈鬥爭〉中，他以《崔猛》的全文引出蒲松齡對地方官員毫無作為的看法。

〔註32〕〔清〕蒲松齡著，張友鶴註，〈金生色〉《聊齋誌異會校會註會評本》卷5，頁699～702。

〔註33〕〔清〕蒲松齡著，張友鶴註，〈張氏婦〉《聊齋誌異會校會註會評本》卷5，頁1527～1528。

崔猛，字勿猛，建昌世家子。性剛毅，幼在塾中，諸童稍有所犯，
輒奮拳毆擊，師屢戒不悛……惟事母孝，母至則解。母譴責備至，
崔唯唯聽命，出門輒忘……是夜，有人殺某甲於床上，剖腹流腸；
申妻亦裸尸床下。官疑申，捕治之。橫被殘梏，踝骨皆見，卒無詞。
積年餘，不堪刑，誣服，論辟。會崔母死，既殯，告妻曰：「殺甲
者，實我也，徒以有老母故，不敢泄。今大事已了，奈何以一身之
罪殃他人？我將赴有司死耳！」妻驚挽之，絕裾而去，自首於庭。
官愕然，械送獄，釋申。申不可，堅以自承。官不能決，兩收之……
久之，衙門皆知其故，強出之，以崔抵罪，瀕就決矣。會卹刑官趙
部郎，案臨閱囚，至崔名，屏人而喚之……尋以自首減等，充雲南
軍，申為服役而去；未期年，援赦而歸：皆趙力也……有王監生者，
家豪富，四方無賴不仁之輩，出入其門。邑中殷實者，多被劫掠；
或迕之，輒遣盜殺諸途。子亦淫暴。王有寡嬸，父子俱烝之。妻仇
氏，屢沮王，王縊殺之。仇兄弟質諸官，王賕囑，以告者坐誣。兄
弟冤憤莫伸，詣崔求訴……

史景遷以蒲松齡的這則故事來說明，在山東這個地方充滿了無法處理的突發
事件和不理性的暴力。他看到蒲松齡對地方官員對於這類暴力事件的處理毫
無作為，並以這則故事的結尾說明如果能好好善用這份能力，或許能為這裡的
百姓帶來安定的力量。史景遷在書中也提到，他在縣志中找到了這些人物的原
型——王三與李振東。並以黃六鴻《福惠全書》中，黃六鴻在擔任郯城知縣時，
所解決的一樁殺人案件，呈現了虛實交錯對比的效果。

　　史景遷還透過《聊齋誌異》剖析了郯城社會樣貌。在第二章〈土地〉中，
史景遷分析出郯城這個地方每年上繳北京的稅分成土地稅、丁口稅，然而郯城
所課的稅除了上述稅目之外，還有各式各樣的「隱藏稅」——以貢品形式所課
徵的稅、漁民稅、小販稅、交易稅、典當稅、火耗稅。史景遷以蒲松齡的〈促
織〉的第一段來說明這樣的情形：

宣德間，宮中尚促織之戲，歲征民間。此物故非西產；有華陰令欲
媚上官，以一頭進，試使鬥而才，因責常供。令以責之里正。市中
游俠兒，得佳者籠養之，昂其直，居為奇貨。里胥猾黠，假此科斂
丁口，每責一頭，輒傾數家之產。邑有成名者，操童子業，久不售。
為人迂訥，遂為猾胥報充里正役，百計營謀不能脫。不終歲，薄產

累盡。會征促織，成不敢斂戶口，而又無所賠償，憂悶欲死。〔註34〕
郯城縣劃分為四個鄉，往下分成八個里社，每個社都有一位社長，由知縣指派。他們的主要工作就是督促村民準時繳稅，這樣的情況似乎符合蒲松齡在〈促織〉中的敘述。史景遷也以這則故事諷刺了當時郯城的這種不合理的稅制情形。不過特別的是，他刻意改動「宣德間」三個字，因為本書的背景是明末清初，或許因為這樣才改動了這明確的時間，強調出這是個普遍的現象，並不是在宣德期間才存在的情形。

史景遷引用〈雲翠仙〉在《婦人王氏之死》的第五章〈私奔的女人〉中，暗示王氏所處的困境：

> 梁有才，故晉人，流寓於濟，作小負販。無妻子田產。……才視眾中有女郎，年十七八而美，悅之。詐為香客，近女郎跪；又偽為膝困無力狀，故以手據女郎足……途中見女郎從媼，似為女也母者，才趨之。媼女行且語。媼云：「汝能參禮娘娘，大好事！汝又無弟妹，但獲娘娘冥加護，護汝得快婿，但能相孝順，都不必貴公子、富王孫也。」才竊喜，漸漬詰媼。媼自言為雲氏，女名翠仙，其出也……女怨曰：「我固道渠不義，今果然！」……乃指才罵曰：「豺鼠子！曩日負肩擔，面沾塵如鬼。初近我，熏熏作汗腥，膚垢欲傾塌，足手皴一寸厚，使人終夜惡。自我歸汝家，安坐餐飯，鬼皮始脫。母在前，我豈誣耶？」……女又曰：「自顧無傾城姿，不堪奉貴人；似若輩男子，我自謂猶相匹。有何虧負，遂無一念香火情？我豈不能起樓宇、買良沃，念汝儇薄骨、乞丐相，終不是白頭侶！」……〔註35〕

這篇描寫的是梁有才為了錢想把雲翠仙賣掉，最後落得什麼都沒有的下場。蒲松齡提供那些婚姻不美滿的人一個可以脫離的想像，但卻是無法逃離的現實。史景遷用這篇點出王氏的命運，補充說明那些生活在郯城裡的婦女，沒有像雲翠仙那樣的魔法的婦女，該如何面對這樣的困境？

本書主角王氏和任某結婚，但王氏不堪生活困苦與一名男子私奔，後來這名男子拋棄了她，王氏又回到任氏身邊，最後任氏把王氏掐死，嫁禍給那名男

〔註34〕〔清〕蒲松齡著，張友鶴註，〈促織〉《聊齋誌異會校會註會評本》卷4，頁484。
〔註35〕〔清〕蒲松齡著，張友鶴註，〈雲翠仙〉《聊齋誌異會校會註會評本》卷6，頁748～752。

子。〈雲翠仙〉的故是提供了我們美好的想像，但現實是王氏終究逃不出命運
的捉弄。最後，史景遷透過《聊齋誌異》分析了王氏的精神世界。在第五章的
〈私奔的女人〉中，他在婦人王氏死前的夢境中廣泛運用《聊齋誌異》的詞句，
建構出王氏死前的夢，極力探尋王氏死前所可能想到的事物。

> 在世上，現在是冬天，但這裡很溫暖。冬天，綠色的湖水上，蓮花
> 盛開，花香飄向風中的她，有人試著去採，但當船接近時，蓮花就
> 漂走了。〔註36〕

> 她可以看到自己是多麼的漂亮，兩上的皺紋消失了，手像女孩一樣
> 的滑潤，不因勞作而粗糙。眉毛黑黑的，像輪新月。牙齒潔白，整
> 齊無暇。她試著微笑，皓齒剛好露出，她檢視唇角和眼角。〔註37〕

在這裡，史景遷以文學的筆法，加上《聊齋誌異》中的意象（依據史景遷在書
中所附的註腳，我們可以找到比如「冬天，綠色的湖水上，蓮花盛開」是來自
〈寒月芙蕖〉的「亭故背湖水，每六月時，荷花數十頃，一望無際。宴時方凌
冬，窗外茫茫，惟有煙綠⋯⋯轉瞬間，萬枝千朵，一齊都開，朔風吹來，荷香
沁腦。」〔註38〕；「她試著微笑，皓齒剛好露出」是來自〈小謝〉的「一日晨
興，有少女搴簾入，明眸皓齒，光豔照人。微笑曰：『跋履終夜，憊極矣！被
汝糾纏不了，奔馳百里外，始得一好廬舍，道人載與俱來矣。待見其人，便相
交付耳。』」〔註39〕）其他生動的意象還有像是冬天的山、睡覺的地方、雲鬢
與星星、院子與鞦韆、鼻涕與佳人等等。

　　這種意象的拼貼與組合就像是「蒙太奇」一般，史景遷說過，只有透過這
樣拼貼重組的手法，才能深入的追尋王氏的精神世界，以及他死前的夢境。在
這個夢境當中，他超越了任何史料的紀錄，運用《聊齋誌異》所有可能的元素，
馳騁自己的想像，讓王氏的形象更為生動。從美好的夢境逐漸轉換，直到最後
在水中的奮力掙扎，都逐漸引導讀者看到對死亡的暗示（王氏的死亡時間是在
冬天，任氏掐著王氏的脖子，王氏從床上掉了下來）。雖然史料上並不在意王
氏死前是在想些什麼，但我們透過整個夢境的發展卻可以清楚了解她的哀愁，
同時也是當時社會裡，和王氏一樣命運的婦女的縮影。

〔註36〕史景遷著，李孝愷譯，《婦人王氏之死》，臺北：麥田，2009，頁200。

〔註37〕史景遷著，《婦人王氏之死》，頁200～201。

〔註38〕〔清〕蒲松齡著，張友鶴註，〈寒月芙蕖〉《聊齋誌異會校會註會評本》卷4，
頁580。

〔註39〕〔清〕蒲松齡著，張友鶴註，〈小謝〉《聊齋誌異會校會註會評本》卷6，頁778。

三、虛實互證的手法在《婦人王氏之死》中的作用

在《婦人王氏之死》裡，對於《聊齋誌異》的引用相當多處，雖然在前面章節已列舉許多例子，但仍稍嫌不足，茲於下表逐一整理：

表2 《婦人王氏之死》引用《聊齋誌異》的情形

本書套用章節	《聊齋誌異》篇目	引用方式	手　法
〈觀察者〉	〈地震〉	取其片斷	印證前面對於山東大地震的說法。
	〈劉姓〉	取其片斷	表現出這裡因為飢荒所發生的慘況，給人真實的感覺。
	〈盜戶〉	取其片斷	官府無法將盜賊逮捕，表現郯城當地最真實的情況。
	〈口技〉	取其片斷	印證黃六鴻所說郯城居民生病時多尋求地方術士。
	〈上仙〉	取其片斷	補充說明郯城百姓生病求術士的情形，增強自己的論述。
	〈偷桃〉	整篇錄用	說明蒲松齡對於過往的回憶能夠生動地捕捉。
	〈絳妃〉	取其片斷	蒲松齡除了能捕捉童年回憶，也能捕捉夢境，並以此當作山東地區的評註。
〈土地〉	〈促織〉	取其片斷	印證馮可參所說郯城的稅收繁重，當地居民多無法負擔。
	〈小二〉	整篇錄用	說明主角小二或許比當地官員更能管理多災多難的郯城。
〈寡婦〉	〈績女〉	取其片斷	郯城的寡婦心中有嚴格的道德目的，但蒲松齡不以為然。透過馮可參的敘述可以印證，這些寡婦的認定都是透過士紳的價值觀去認定的。
	〈金生色〉	概述大意	透過寡婦違反禮俗，最後的下場是被死去的丈夫施以天譴。
	〈細柳〉	整篇錄用	說明了當時寡婦在面對輿論壓力和紀律之下可能的選擇。
〈爭鬥〉	〈崔猛〉	整篇錄用	用這則故事點出後面對於王三和李東振兩家的鬥爭，最後李東震遭到王可習的殺害。
〈私奔的女人〉	〈張氏婦〉	取其片斷	社會所強加在烈婦身上的價值觀就是貞潔、勇敢，必要時以死相從。縣志也提到有許多婦女在部隊入侵時，選擇自殺。這則故事提供我們當烈婦面臨這種情況時有更多選擇。

〈荷花三娘子〉	取其片斷	補充說明在蒲松齡的其他故事裡，女性所面對的其他社會問題。
〈夜叉國〉	取其片斷	蒲松齡在書中描寫了各種婦女的形象，史景遷透過這些敘述重建當時的婦女形象。
〈俠女〉	取其片斷	提供我們對於男女之間的情愛有種不一樣的看法。
〈顏氏〉	取其片斷	史景遷以這則故事說明有些女性形象似乎比男生更強悍。
〈竇氏〉	取其片斷	這則故事是說竇女受到南三地始亂終棄。史景遷藉此說明「性」如何殘害當時的婦女。
〈雲翠仙〉	整篇錄用	透過女主角的遭遇反襯出王氏的無奈。

研究者自行整理。

　　在表二的整理當中，研究者進一步分析發現，取其片斷是使用最多的引用方式。取其片斷多是作為《郯城縣志》和《福惠全書》的補充印證；整篇錄用則是用來當作反例（如〈私奔的女人〉一章，先引用〈竇氏〉一文指出「性」如何殘害當時的婦女，最後再引〈雲翠仙〉提供當地婦女的其他選擇——出走，呈現出不同於前者的風貌，引發更多的省思）；最後概述大意不呈現任何的原文，只概述旨意，這樣的效果在《婦人王氏之死》中是最少用的方式，他用來說明蒲松齡對於當時社會的觀點（如〈寡婦〉一章，用〈金生色〉表現出蒲松齡對於寡婦是需要遵守道德的觀點的說明，並在後文指出蒲松齡的觀點和當時的人不同，史景遷在此不引用全文，反而造成了一種特例。）

　　《婦人王氏之死》和《聊齋誌異》的關係變得如此密切，這在一定程度上完成了「文際互典」的特性，在文際互典的分類當中，存在「戲擬／仿作」或是「合併／黏貼」的方式，前者不特意呈現原文，因為他要模擬文本及其筆調使其一致；後者以各種形式合併和黏貼使用原文，並將其納入文本內。史景遷透過合併，撐起整個郯城（作為官方史料的補充），另一方面運用黏貼，突破《聊齋誌異》的篇章限制，將原文打散進而使文本的文際互典處於更多元和分散的地步，這種拼湊、組合素材的黏貼方式，這在文際互典當中是最關鍵的，並從中衡量這種開拓性的方式所產生的效果，這也是史景遷極力描寫王氏夢境所展現的效應。史景遷在最後一章〈私奔的女人〉運用了《聊齋誌異》的所有可能的元素，透過他獨特的筆法與文字，就像蒲松齡運用自己的想像寫出《聊齋誌異》的故事，史景遷也運用想像完成了王氏死前的夢境（「在世上，

現在是冬天，但這裏很溫暖。冬天，綠色的湖水上，蓮花盛開，花香飄向風中的她，有人試著去採，但當船接近時，蓮花就漂走了。」〔註40〕）。透過夢境，我們看到夢境是由美好轉向悲劇，直到王氏在掙扎中醒來，完成了入夢（「她入睡時，任在一旁等待。」〔註41〕）──出夢（「當任的雙手緊緊掐著王氏的脖子時，她從床上彈了起來，但掙不掉任的手。」〔註42〕）的文學化敘事手法，生動的表現了王氏的精神世界。

　　史景遷擅長使用文學的筆法進行史學創作，他認為文學化的語言是讓史學更接近藝術，他不以史料的真實性為最終手段，而是以史料為基礎，透過文學化的語言，獲得某種道德性的意義與批判，同時發現歷史本來的面目。薩莫瓦約指出文際互典其實就是一種文學的記憶，在各種文本的交互影響中彰顯出來，而沈從文也認為文學藝術的可貴在於文字能保存、凝固住那一點一滴流逝的生命，並且讓後世的人得以透過文字相互理解。《聊齋誌異》是蒲松齡紀錄了他的所感所想，同時也是當時世界的投射，史景遷透過互文的手法，也再現了當時的時空，讓文字所蘊藏的生命流洩出來，這種被歷史遺忘的記憶，是王氏的也是郯城的，更是千百年後的我們所流失的記憶，這或許可以成為書前所引美國詩人詹梅士·梅瑞爾所說的話的最佳寫照：「逝去的，埋葬了嗎？又一個失落的物件？」〔註43〕透過文際互典，虛實空間的參照文本得以互相對話、互相承繼。

　　史景遷在引用《聊齋誌異》時，會盡可能的收集與王氏相關的細節資料，這也體現了他史學考證的功夫。他引用這些資料基本上都起了一種「虛實互證」的方法，即在行文當中，穿插《聊齋誌異》的原文。因為蒲松齡曾在山東郯城生活過，而且蒲松齡本人擁有豐富的想像力，對於記憶裡的細節都能確實的捕捉。但史氏仍以史料的考據為底限，他堅持即便是想像仍需要有史料的根據。所以史景遷認為這本書雖然不是史書，但對於郯城社會的觀照上可以補足另外兩份資料的不足（對於人性的觀照）。也因為有了《聊齋誌異》的幫助，我們可以更接近王氏所生存的時空以及他本人的想法是如何影響他的命運，這也是史景遷在「以小見大」的歷史敘事中，對於小人物命運的特別關照。當我們真正的走進他們的世界當中，才能體會到那塊土地上曾發生的不幸與紛

〔註40〕史景遷著，李孝愷譯，《婦人王氏之死》，臺北：麥田，2009，頁200。
〔註41〕史景遷著，李孝愷譯，《婦人王氏之死》，頁200。
〔註42〕史景遷著，李孝愷譯，《婦人王氏之死》，頁205。
〔註43〕史景遷著，李孝愷譯，《婦人王氏之死》，代譯序前引文。

擾。不同於《郯城縣志》與《福惠全書》那種官方性的史料，史景遷將《聊齋誌異》當作是在這些僵化史料所給人的印象之外，重新塑造那些逝去的時空與生命。王氏之死不僅僅是一個單純的謀殺案，在那些史料中對於王氏的敘述僅有短短數語，透過《聊齋誌異》，我們可以看出王氏與整個郯城，甚至是整個中國婦女的命運縮影，並且真實地進入當時的時空。《聊齋誌異》雖然充滿大量想像的虛構特質，但又竭盡描寫細節，遊走在虛實之間，況且書中多是對郯城的書寫，或許是這樣吸引了史景遷，引用這份「非史料」的素材進行創作。

第二節　《前朝夢憶：張岱的浮華與蒼涼》與《陶庵夢憶》

一、《陶庵夢憶》其書與史學價值

　　《陶庵夢憶》是晚明散文大家張岱的作品，作品當中表現出鮮明的時代特色，同時也是晚明文人特有的生活情調和審美趣味的展現。張岱的生活前半生是經歷繁華生活的紈褲子弟，然而李艷認為「《陶庵夢憶》在冷靜敘述的表象之下，將亡國之哀、故園之思、人生之悲寄予夢憶之中。這是張岱做為明代遺民的內心表白和懷舊情節，更是張岱對時代靈魂的呼喚和對亡明的招魂。」〔註44〕《陶庵夢憶》記錄著張岱對於半生浮華的追憶，為晚明社會留下一些真實生動的書寫。晚明的社會追求個性的奔放，出現了率性而行、不拘格套的「性靈」論點，也因此這時期的士大夫往往縱目於山水亭臺，冶情於古玩飲茶等高雅的鑑賞活動中，尋求審美的閒情逸致為旨趣。但明朝覆亡之後，張岱的生活產生了很大的變化，作為一個士大夫，他對這樣的巨大變化陷入了惆悵之感，因而在〈陶庵夢憶序〉當中看到了他對於今昔之變中，對於「果報」的深刻反省。例如他說道以前戴的是華麗的冠帽，如今卻是簡單的斗笠；以前睡的是溫暖的被褥和柔軟的枕頭，如今卻是草蓆與石塊，等等諸如此類的敘述在序文中都可以窺見一斑。張岱經歷了王朝的覆滅後，喪失了往日多采多姿的生活，取而代之的是歸隱山林，隱逸於紹興龍山，將餘生之力投注在史書《石匱書》的編修上。也因此在反覆省思之後，每每憶及往事便書寫下來拿到佛前懺悔，而藉由懺悔的動作，讓張岱在追憶過去的生活時能夠意識到自己的所思所感，也

<hr>

〔註44〕李艷，〈試論張岱《陶庵夢憶》的文化情韻與蘊涵〉《青島職業技術學院學報》第21卷第1期，2008年，頁68。

讓回憶書寫有著更加深層的意義存在——意即不僅讓過去的往事能夠重現，同時也將故事流傳後世。張岱將過去的繁華當成是揮之不去的夢，透過不停的追憶過往，使得過去得以保留，身為士人與史家，他認為有責任將殞落的王朝記錄下來，這也是士人對於一個王朝覆亡的失落與檢討。

　　《陶庵夢憶》對生活軼事的詳實記錄可歸類為「史料筆記」的一環。史料筆記整體言之就是以史為重的隨筆雜記，在過去的分類上並非正史的一門，而是屬於雜史或是雜錄的體裁，然而它超出正史的範圍外，不為正史所輯錄，卻也讓它保存了另一種歷史的視角；另一方面也因其筆記的特性，保存許多原始文獻，讓它起了一種考訂與補缺歷史的作用。丁海燕認為史料筆記有三點史學價值「擴大了歷史撰述的範圍」、「對社會特點的反映」、「豐富了史家采撰的內容」﹝註45﹞，雖然該文是從宋人筆記為出發點論述，但在《陶庵夢憶》的討論上仍可引以借鑒比較。首先在擴大撰述範圍方面，張岱在《陶庵夢憶》所記錄的無不是他親身經歷、親眼目睹的事件，如述及他小時候在紹興所看到的燈景，家家戶戶無不張燈生輝，觸目所見皆是繁華富庶愜意。另一方面，張岱所述的事件無不展現了明末的各種生活面貌，無論是山川草木、庭臺樓閣、民情風俗、戲曲雜藝、書畫工藝、飲膳茶道，甚至鬥雞、蹴鞠等休閒娛樂內容的撰述，都栩栩如生的將世俗生活予以展現；除了單純描繪之外，張岱也會對所撰的內容留下見解，如張岱到斑竹庵取水，發現泉水有著獨特的味道，並以此泉調配出「蘭雪茶」，然而蘭雪茶聲名越來越大，導致不肖商人以蘭雪之名哄售劣質茶，也有人以此泉來釀酒或是開茶館吸引人潮，甚至有貪官佔據此地想獨佔泉水，後來僧人為了恢復往日寧靜，決定投入穢物廢泉。雖然張岱極力修復，僧人也極力毀之，張岱最後寫道一般人不知斑竹庵的泉已毀，不僅以泉水沏茶，還讚盛泉水的甘甜。這些內容都為晚明的社會的社會留下寶貴的史料。

　　其次是對社會特點的反應，巫仁恕表示「明中葉以後，不但生產力逐漸復甦，更重要的是商品經濟的發展，這可以從市場的擴張看出端倪……豐富與多樣的舶來品輸入中國，也帶起晚明社會新的消費品味與風尚。」﹝註46﹞晚明社會隨著經濟發展，藉由消費所帶動的社會城市化的發展，奢侈化的消費傾向由上層社會逐漸往下層社會推進，原本貴族才買得起的奢侈品因為商品價格的

﹝註45﹞丁海燕，〈宋人筆記的史學價值〉，收入於中國人民大學書報資料社，《歷史學月刊第一期》，北京：中國人民大學書報資料中心，2003年，頁66～68。
﹝註46﹞巫仁恕，《品味奢華——晚明的消費社會與士大夫》，臺北：聯經，2007年，頁56。

下跌，使得中下階層的百姓得以接觸，如紗縠重裘等貴重衣物也成為日常用品。也因為消費力的提升，大家負擔得起，遂引發群起效仿，如過去只有達官顯貴才能乘轎，後連伶人也得以乘轎趕赴表演的地方。過去只有有錢人才可以享有的東西，轉眼間成了一般人也可以消費的物品，透過消費的普及力，更使得晚明的流行品味變化速度加快。正如張岱在〈士美堂燈〉中所描述的，在他三歲的時候，老僕帶他到王新家的屋外去賞燈，這些燈籠晶瑩剔透，綵花珠燈，羊角燈外罩瓔珞，描金細畫，穗花懸掛，張燈百盞，無不令人目眩神迷。除了展示社會的繁華之外，《陶庵夢憶》也揭露了自己親族的腐敗官場文化，如他寫三叔張炳芳和崇禎權臣周延儒站在同一陣線，他認為周延儒是貪官中的腐敗者，而他的三叔竟然還成為他的左右手，同時也擔任各級官員和周延儒之間的中介人，周旋於宮廷政治之間，但他最終玩火自焚，斷送政治前途。這些敘述也讓我們能看見崇禎時期官場文化的面目。

　　最後是豐富了史家采傳的內容。張岱寫《陶庵夢憶》，在序文便提及「正如邯鄲夢斷，漏盡鐘鳴，盧生遺表，猶思摹搨二王，以流傳後世。則其名根一點，堅固如佛家舍利，劫火猛烈，猶燒之不失也。」〔註47〕此即自覺的史學意識，為後世提供資料的意圖明顯，加上所撰內容的豐富性，成為史家蒐羅史料的重要來源。正如張岱寫道天啟年間他迷上了「鬥雞」活動，還與一些同好共組「鬥雞社」，張岱每次鬥雞攻無不克，而二叔張聯芳也和他一樣愛好鬥雞，叔姪鬥雞屢屢下重金賭注，但二叔常常輸給姪子張岱。最後二叔更是無所不用其極（尋訪鬥雞始祖樊噲的後代，或是把鐵刺綁在雞爪下、翅膀灑芥末粉）想贏張岱，但張岱認為自己和唐玄宗命盤相同，而唐玄宗又好鬥雞且為亡國之君，故決定收起鬥雞社。此處的描述可以看出鬥雞在當時應當是一種普遍流行的休閒活動，但張岱並不因為愛好鬥雞而沉迷其中，反而能夠約束自己的行為，這是很難能可貴的情操。在龍山歸隱的時日中，他反覆追憶與懺悔，想將過去的種種書寫下來，留給後世的人們可以參證，同時這些東西就如同佛家舍利一般，雖歷經各種劫火焠煉皆不能將其磨滅，這便是一種歷史意識的呈現。

　　《陶庵夢憶》更是晚明小品散文的一抹餘暉。晚明小品文是由公安三袁（袁宗道、袁中道和袁宏道三兄弟）所提倡的反復古主義文學改良運動，因明中葉時，有前後七子所倡議的「文必秦漢，詩必盛唐」的擬古風潮（原本擬古

是為了反抗八股文的迂腐），但到後期卻缺乏獨創的精神，淪為抄襲與剽竊，因此又有公安派提出「性靈說」，要求「獨抒性靈，不拘格套」的創作風格，追求個人的自我創造以及感情率真流露為其獨特價值。職是之故，公安派為文清新淺易又富獨創性，凡心之所想便隨筆直書，因而這類小品散文通常是短小精煉，為的是能夠抓住個人霎那間的情感與生活中瑣碎的小事。公安派的主張也深深影響著張岱的創作風格，蔡登山認為「張岱善於用整飭凝煉的詩化語言抓住人物的本質特徵進行勾勒，顯現出簡潔乾淨，詩意濃郁的氛圍。」〔註48〕正如〈湖心亭看雪〉中以簡練的文字描繪了幽遠靜謐、雪白浩闊的雪世界，透過湖心亭賞雪的片刻感受與人生哲理的領悟鎔鑄一爐，也因此陳菽指出「張岱文筆豐神綽約，富有詩意，有『晚明小品集大成者』之譽。」〔註49〕史景遷也指出「張岱逐步體認到，這類文體特別適合追憶夙昔，把已淪喪的世界一點一滴從滅絕中搶救回來。」〔註50〕，正因為小品散文能夠捕捉飄忽不定的思緒，特能使其在回憶書寫中將累積的記憶釋放出來。

二、《陶庵夢憶》的運用分析

　　史景遷在史料的運用上，除了各種有關張岱的史料之外，最特別的就是使用《陶庵夢憶》了。據史景遷的考證，晚明是中國歷史上最繁華的時代，也因此他們的生活必定有許多值得玩味的是，但這樣一副繁榮的景色為何引發了朝代的更迭，因此史景遷認為《陶庵夢憶》裡必定有它想追尋的答案。

　　史景遷在書中曾指出：

> 他既嗜癖歷史，也是史家，在旁觀的同時也付諸行動，既是流亡者
> 也是鬥士，是兒子也是人父。他就像我們一般，鍾情於形形色色的
> 人事物，不過他更是個挖掘者，試圖探索深邃幽暗之境。他理解到
> 只要有人追憶，往事就不必如煙，於是他決心盡其所能一點一滴挽
> 回對明朝的回憶。〔註51〕

透過《陶庵夢憶》的資料，我們更得以了解張岱所處的時代，及其當時士人的獨特審美風格，這些士代夫對於人生有獨特的體會，在明朝滅亡後更增添一股

〔註48〕蔡登山主編，《張岱的明末生活記憶：《陶庵夢憶》與《西湖夢尋》合刊》，臺北：釀出版，2015年，頁6。
〔註49〕陳菽，《陳校長幫你找好書》，香港：中華，2016年，頁129。
〔註50〕史景遷，《前朝夢憶：張岱的浮華與蒼涼》，頁19。
〔註51〕史景遷，《前朝夢憶：張岱的浮華與蒼涼》，頁20。

濃厚的淒涼憂傷。關於書中對《陶庵夢憶》的引用，吳喬同指出「書的前半部大量引用《陶庵夢憶》的資料，不只重建張岱對過去的意象，也藉由張岱之文，回溯明末士人的生活。關於張岱後半生的敘述，則是以《石匱書》的著述過程及《張岱文集》內對日常生活的抒情文拼貼而成。」〔註52〕事實上，史景遷所用的手法仍舊是文際互典的一種，但不同於前文提及《聊齋誌異》的有三種取材類型，史氏援用《陶庵夢憶》僅採取「取其片斷」，以作為對所述資料的補充，正如開篇第一章所提到張岱住所前的廣場那一片繁華世界：

> 張岱的居處前有廣場，入夜月出之後，燈籠也亮起，令他深覺住在此處真「無虛日」，「便寓、便交際、便淫冶。」身處如是繁華世界，實在不值得把花費掛在心上。（〈人生之樂樂無窮〉，頁23）

這段敘述是以〈秦淮河房〉為補充佐證，張岱寓居秦淮河岸，端午節的時候，河面上有著裝飾華美的船，而且船上還有蕭鼓之音悠揚；京城聚集了許多人來看「燈船」，這些燈船上的羊角燈遠看就像連串的珍珠，許多的燈船聚集起來連蜷於蜿蜒的河道上，還會放出煙火。這樣的景色讓張岱眼花撩亂，頓時沉迷在如此聲光凌亂的意象中。不過這裡的房價很高，但張岱似乎不怎麼放在心上，因為有這些景色相伴，自然覺得是值得的。

　　或許因為《陶庵夢憶》屬於回憶性質的小品散文，史景遷便將其運用在回憶張岱四十九歲前的生活往事，儘管當中多是對前朝舊事的回憶，但這些往事也並非毫無意義，在史氏今昔對比的行文中增加了傷逝之情，而我們也透過其回憶捕捉了一個早已失去的夢。

第三節　捕捉逝去的歷史記憶

　　歷史，是已逝世界的再現，過去的人事物經由歷史書寫得以超脫時間帶來的有限與朽滅，從而達到不朽的境地。在自然時間中，萬物由生機勃勃的狀態慢慢走向衰亡，終而化為塵土，這是時間帶來的流逝感，就如同孔子看到河水的流動，感慨的說時間就向河水一樣一去不復返，也意喻人世變化的無常，這即是一種時間流移變化的現象，更說明了時間不可逆的特殊性質。因此，樹木茁壯後就無法返回樹苗的狀態；王朝走向衰亡後也難以在回復過去的繁榮（像

〔註52〕吳喬同，〈史景遷，《前朝夢憶：張岱的浮華與蒼涼》〉《史原》第22期，2010，頁374。

是經歷安史之亂後的唐朝再也無法回到盛唐的氣象），這不啻說明了萬物之「朽」正是因為時間之「逝」。但在歷史的時間中卻允許史家向前（回溯）或向後（延續）的追尋與傳承，而這是透過寫作所達到的對抗「朽」的任務，這就可以印證為何張岱想挽回對明朝的回憶。在回憶過去的時空中，史家體認到該歷史事件是否有可以帶給後人的啟示，這種啟示也正是一種超越時間的延續，也就是說歷史書寫本質上是一種抗朽的意識，使過去的人事物的生命與經驗能在時間的有限性中超脫出來。

面對古之遺跡、往事，藉由過去與現在的對照中產生懷古傷感，正如同南唐後主李煜的遭遇，檀作文與萬希指出「追憶往事，發現它們已成一場浮夢……過去的一切已成虛幻，往事如夢，任憑你如何輕聲呼喚、深切嚮往，它們都再也不會重來了。」〔註53〕李煜被俘之前的生活是極度驕奢的，同時其詞作也透漏著富麗奢華的宮廷生活，亦或是風花雪月的男女情愛；而後南唐遭滅，李煜也成了階下囚，面對故國的殘破與繁華的轉眼成空，形成強烈對比，也因此其後期的作品也反映家國之痛與深切的傷逝感。雖然往事如夢，無法重來，但在今昔對比中將物朽人非的之情釋放出來，使其留存在於今天的時空中，從而完成了不朽的意義。換句話說，不朽的產生，最重要的仍是追憶／回憶，唯有回憶的動作產生，才有傷逝感，而經由釋放於史傳詩文中使其流傳不朽。於是，人事物的必朽，藉由寄託在某事物的身上，使後世的人們得以窺探過往所發生的一切。

李紀祥表示「歷史作為『存在』的形式出現，『人之生』遂思超克『人之身』，而以『有限生命』來從事『寫作』，即使『自己』、也使『他人』皆寄寓於『作品』中，在那個使自己會朽的時間中利用時間，利用作品，趨於不朽。」〔註54〕，事實上，寫史的人本身也如同上述的人事物一樣，都會走向朽的階段，但史家在書寫的過程中，不僅將他人的經驗保留下來，同時也在書寫完成後使自己的話語透過作品轉換為不朽的形式存在。也就是說，如前文所述文際互典其實就是一種記憶的再現，在各種文本的交互影響中彰顯出來，因而獲得比時間更為長遠的記憶的不朽與永恆。

〔註53〕檀作文、萬希，《李煜》，北京：中信，2006年，頁95。
〔註54〕李紀祥，《時間、歷史、敘事：史學傳統與歷史理論再思》，臺北：麥田，2001年，頁327。

誠如漢學家宇文所安（Stephen Owen, 1946～）所說的，「記憶力使他們意識到自己失去了某種東西，由於這種失落，過去視為理所當然的東西，現在有了新的價值。」〔註55〕張岱身為知識份子，藉由回憶的方式，一點一滴捕捉逝去的時空，透過捕捉回憶，找到自身的立足點，便能坦然面對，或者抵抗世事的無常變化。如同史景遷盡力捕捉逝去的時空，藉由周詳的考證功夫重塑完整的歷史，張岱也透過散文書寫，在繁華之夢與追憶前朝之間逐漸找回他心中的那個明朝。又如王氏雖然只是郯城的一起謀殺案件，但史景遷同樣透過回憶的方式，在各種資料當中捕捉那個飄忽不定的情感，找到在大時代下的小人物的不幸與失落，透過捕捉逝去的記憶，更顯其中的珍貴。

史景遷不愧是一個擅長說故事的史學家，在既有的史料基礎上，有限度地描述他想要為觀眾捕捉的虛幻情節，增添歷史故事的豐富性。史景遷在引用《聊齋誌異》時，會盡可能的收集與王氏相關的細節資料，這也體現了他史學考證的功夫。他引用這些資料基本上都起了一種「虛實互證」的方法，即在行文當中，穿插《聊齋誌異》的原文。因為蒲松齡曾在山東郯城生活過，而且蒲松齡本人擁有豐富的想像力，對於記憶裡的細節都能確實的捕捉。所以史景遷認為這本書雖然不是史書，但對於郯城社會的觀照上可以補足另外兩份資料的不足（對於人性的觀照）。也因為有了《聊齋誌異》的幫助，我們可以更接近王氏所生存的時空以及他本人的想法是如何影響他的命運，這也是史景遷在「以小見大」的歷史敘事中，對於小人物命運的特別關照。同樣的，透過《陶庵夢憶》的幫助，我們更能進入張岱所處的時代，以及時代易變的蒼涼感。史景遷透過文際互典的手法，不僅重現了當時的時空，也讓文字所蘊藏的生命流洩出來，這種被歷史遺忘的記憶，但是王氏和張岱的，也是郯城與晚明社會人的共同記憶，更是千百年後的我們的記憶。當我們真正的走進他們的世界當中，才能體會到那塊土地上曾發生的不幸與紛擾。在史料與非史料的相互輝映下，我們看到了史氏對歷史再現的獨特手法如何使回憶成為一件有意義的事。

因此，想要了解過去，就不得不對歷史的延續性有所反思。就如同本章一開始所引柯林伍德的話，過去的一切至今仍存在，只是它轉換成不同於以往的形式罷了。歷史研究總以「人」的因素為主要對象，因此歷史敘事其實也是透過說故事傳達人類過去生活的經驗，藉以引發讀史者的感同身受。此外，歷史

〔註55〕宇文所安著，鄭學勤譯，《追憶：中國古典文學中的往事再現》，臺北：聯經，2006年，頁6。

所展現的不外乎是事件的時間演變及其影響，其所表現的仍舊是時間流中的
經驗傳遞，唯有如此，過去事件的行動才會具有可以傳承的價值和意義。

第五章　理解與同情：史學家的任務

第一節　遙體人情，漫遊中西

　　史家的目的在於重新建立過去時空中的所發生的一切事件，並從這些事件中找出能與後世人們產生的連結，進而成為橫跨過去與未來的重要溝通橋梁，然而史家在歷史的重現上有著超越客觀形式的主導權力，意即史家雖然遵守客觀撰錄的原則，但他們對於所描述的事件，難免會有自己的喜好選擇，因而作出不同觀點的敘述，於是史家對歷史的解釋有著深遠的影響力。不過更重要的是，史家在分析過去的事件中所採取的態度，是否有著「遙體人情」的理念，而這正牽涉到史家如何展現對歷史的理解與解釋能力。錢鍾書（1910～1998）曾說「史家追敘真人實事，每須遙體人情，懸想事勢，設身局中，潛心腔內，忖之度之，以揣以摩，庶幾入情合理，」[註1]史家在解釋歷史時，難免會有同情與想像，但這種想像絕非空想，而是體驗歷史人物的心境，進而與之合而為一，如此才有可能深入研究對象的想法、歷史事件的態勢之中。

　　張榮翼認為「『以文運事』是指『事』是實際存在的，不能虛構，只能對事進行剪裁、組織，以此構成文字；『因文生事』是指『事』本不存在，要靠作家的自由虛構去創作，以此產生文字。」[註2]換句話說，「以文運事」是在原本的事實上加以組織剪裁，對於既有的事實透過文字加工處理，這種類型可以《史記》為例證；「因文生事」則以為不必拘泥於事件的真實，只需順著情

〔註1〕錢鍾書，《管錐篇》，北京：中華，1984年，頁165。
〔註2〕張榮翼、李松，《文學理論新視野》，臺北：新銳文創，2012年，頁73。

節的發展需要而對細節加以虛構，這種類型可以《水滸傳》為例證。然而無論是「以文運事」或是「因文生事」，其共通的特點即是「虛構性」，只不過一個是根基於事實，一個則是加大想像的空間而不受真實事件的約束。以人物的建立來說，在司馬遷筆下的魏公子、荊軻、劉邦、項羽、韓信等等人物，都是歷史上確實存在的，司馬遷除了對人物形象的描寫外，最重要的就是以對話來襯托人物。不過在古代沒有錄音機，司馬遷卻能設計出秘密之言式的對白，正是在既有的事實上遙想人物的想法，並以文字加工而成。而在施耐庵筆下的水滸人物，除了宋江一人在歷史上確有其名外，其餘一百零七人皆是他依據小說發展而加以創造而成的，水滸故事雖以《大宋宣和遺事》為雛形，卻又大幅度的筆補增衍，完成了替天行道的梁山好漢的故事，當中的人物個個鮮明，如豹子頭林沖、行者武松、花和尚魯智深或是玉麒麟盧俊毅等等，他們行俠仗義的故事仍深深烙印在讀者的心中。

「以文運事」不單單是以文字來記事，而是史筆與文筆的互相融滲。正如孔子所編修的《春秋》，該書記載從魯隱公元年（西元前 722 年）到魯哀公十四年（西元前 481 年）間魯國和其周遭國家的重要事件，是紀錄魯國歷史的一部重要史書。但該書內容過於簡略，寫到僖公八年狄國討伐晉國僅短短四個字，而到了《左傳》解經的時候，就將這段的來龍去脈解釋清楚，原來當初晉國大夫里克帶軍攻打狄國，在采桑大敗狄國軍隊，此時駕馭戰車的梁由靡說：「現在狄國的殘軍潰逃，只要乘勝追擊一定可以大獲全勝。」但里克說：「稍稍恫嚇他們就可以了，不要因為追擊他們而引來更多的援軍」。車右虢射又說道：「只要一年，狄人一定會再回來；現在不追擊就是向他們示弱。」後來不出虢射所料，隔年夏天狄人率軍攻打晉國，這是狄國為了報復當年的采桑之役，虢射的預言果真應讖了。《春秋》全書的紀載簡明扼要，猶如今日之新聞標題，僅用三言兩語就把大事件的梗概陳述，不重視細節的描述，因此宋代的王安石就戲稱它是「斷爛朝報」（《春秋》只有簡述要旨而未書明事件原委），如同宮廷奏章的粗陳梗概，缺乏文采鋪敘，如同歷史檔案一般。不過《春秋》中都包含時間、地點、人物和事件，將二百多年的歷史以精煉的語言記錄下來，而有所謂「一字寓褒貶」的稱譽。而在《左傳》的紀載中，將綱要式的梗概擴展成有詳細情節的描述，如同上述狄國攻打晉國一事，變成一段完整的故事，事情有了來龍去脈，人物之間的關係和性格也逐漸複雜起來，將歷史大事處理得有條而不紊，顯示出文約而事豐的文學化敘事特色。清代的章學誠認為「史

之賴於文也，猶衣之需乎采，食之需乎味也。采之不能無華樸，味之不能無濃淡，勢也。」〔註3〕歷史記載的事件，必須借助文學的藝術才能永遠流傳，透過文學對事件細節淋漓盡致的描寫與氣氛的烘托，達到引人入勝的境地，遊走於虛實之間。

也就是說，透過對某些歷史細節的合理想像推情入理，加上文學藝術的渲染，於史料未深及之處加以補充，或表現史家的歷史體悟，達到史筆與文筆的鎔鑄。然而在大多數的史學家眼中這違反了「實錄」的本質，造成史學研究落入小說一途，這也是史景遷的作品遭受議論的主要原因。但這樣的說法並不全然的正確，因為歷史研究終究脫離不了人的因素，它仍是在「考信」的基礎下，經由辨偽蒐集而來的史材真實性，揣想史實完成對歷史事實或人物的撰述，並在綜攝資料的過程中完成對人物和歷史間的補充與還原，這些都端賴史家對歷史的「遙體」才有可能的。因此史家的想像肇基於史料的基礎，而達到對人物、人情的合理忖度，離開這層範圍就是虛構的小說（或稱歷史小說）了。

然而歷史想像究竟如何實踐，杜維運認為「歷史想像並不是一觸即發的，它要靠很多的條件。專注（involvement）、同情（sympathy）、物證的刺激以及學術的基礎，都是引發歷史想像的媒介。」〔註4〕當我們用文字來再現歷史時，是以現在看過去，歷史現場已是過去，我們無法親臨現場看見事實發生，史學家敘寫過去發生的歷史事件時就必須做到「歷史想像」，從相關資料的分析中進入思考情境，從時代背景與人物事件的關聯中找到一個合理的敘事脈絡。換句話說就是將自己投射於該時空下的歷史人物或是該時代的社會背景，自然能與歷史人物合而為一但這些感悟並不是幻覺，而是史家對歷史最真實的直覺。首先在專注上，專注於某一時代的歷史或是人物，自然能與該人物合而為一，或是聽到那個時代的聲音。以「三良殉葬」這一歷史事件來說，最早紀載這件事的是〈詩經・黃鳥〉，敘述秦穆公死後陪葬者多達一百七十七人，其中就包括子車氏的三個兒子──奄息、仲行和針虎，百姓也對此感到悲傷，惋惜國家痛失英才。後來魏晉時期的王粲、阮瑀、曹植和陶淵明對於三良陪葬秦穆公這一歷史事件，寫下了〈詠史詩〉和〈詠三良〉抒發感懷。齊益壽認為「他們都同樣是以『讀者』的身分，先與古人進行多重『對話』，然後由『讀者』而轉成作者的。『讀者』的反應勢必注入詩篇的情境之中；而詩篇的情境也勢

〔註3〕〔清〕章學誠，《文史通義》，臺北：國史研究室，1972年，頁146。
〔註4〕杜維運，《史學方法論》，頁200。

必折射入『讀者』的反應。」〔註5〕他們都各自回到當時的時空，各自為該事件寫下不同的見解。所謂與古人進行多重對話的意義，就是一種專注在歷史人物的時空背景，從而與歷史人物合而為一。阮瑀和王粲是以指責秦穆公的角度來敘寫，說明三良面對往昔所受不可訾量的君恩，勢必要展現焉得不相隨的意志。也就是說三良對過去君恩厚澤的依戀，加上為人臣必以盡忠義為職守，故能產生至死不悔的信念，這也更凸顯秦穆公該行為的失當（使三良一同陪葬）。曹植和陶淵明則抱持不同意見，曹植認為三良的死是一種自發性的行為，是出於相知相惜的信念（不同於之前的君死臣也要死的制約），於是曹植寫下了「登君墓」、和「仰天歎」的動作，想像他們先是登上穆公的陵墓垂淚祭拜，而後走向墓地展現他們為知己者死的曠達；陶淵明則又回到王粲他們的君命不可違觀點，但他卻不指責秦穆公（不同於王、阮），他將君王的種種厚恩以具體事件羅列出來，故能和君命不可違的信條有了更深刻的連結，也讓三良的殉葬行動有更加確定的動機。他們四位在這起事件中透過專注的想像，身歷其境，於是歷史上的是非成敗頓時了然於胸臆之中，就能得到最合適的答案（三良為何要殉葬？以及他們的心態為何？）。

其次是對於歷史上的人物，也應做到同情，唯有同情，才能洞察到人物的思想以及人物與其所處時代之關係。然而不同世代對於同一歷史事件也會產生不同想法，某一時代認為理所當然的事到了另一時代卻又有所推翻，因此史學家必須能夠理解這些事件所有的不同觀點，而不是刻意偏頗某一項符合多數人期待的觀點。如果無法達到對歷史的同情，便無法進入到該情境之中，而歷史的想像也無用武之地。因此史家在撰述歷史時，對任何事物的可能發展都必須考慮，即使面對一個歷史上十惡不赦的壞人，仍然要投以一個關懷的心態，如果抱持痛恨的心態，這個研究終究只是他的罪惡集錄，同時也無法全面了解他的想法以及還原真實的面貌。正如明武宗朱厚照，史家對其評價多是荒廢國政、享逸淫樂的印象，且武宗的身體也因為淫逸而搞壞，更特別的是他在建豹房、寵八虎的行徑上造成後世對他的極大批評。豹房宮是武宗的別館，豹房宮中有豢養珍奇異獸，權臣江彬為使皇帝能盡情淫樂，也極力為皇帝物色招徠民間美女（甚至連大臣的女兒懷有身孕也不放過）進豹房宮；也因為皇帝不愛上朝議事，導致大權逐漸由司禮監掌印太監劉瑾（深受武宗寵愛）為首的八

〔註 5〕齊益壽，《黃菊東籬耀古今：陶淵明其人其詩散論》，臺北：國立臺灣大學，2016 年，頁 106。

位宦官所掌握，整個正德年間也因為這八位宦官而搞得天翻地覆。但在應州之役上，他展現潛藏在血液中那份祖父輩們對付蒙古兵的驍勇，這是一場以明武宗為首的軍隊和蒙古韃靼小王子互相廝殺的戰鬥，雙方兵力合計十萬餘人，最後的結果是雙方折騰了一整天，明軍死傷五十二人，蒙古軍死傷十六人，更有趣的是朱厚照自己親手殺了一個人（這件事也被拿來開玩笑，認為他在吹噓功績）。雖然應州之戰本身似有荒唐，甚至連朱厚照自己也自封威武大將軍親自上陣，但這是他潛伏在潛意識裡戰鬥意識（緣於太祖、成祖等先輩們對蒙古的輝煌戰績），使武宗想跟他們拚搏一番。此外，武宗在這場戰鬥中也並非毫無作為，畢竟從雙方兵力上來看，廝殺一天不只如此的傷亡，除了是蒙古軍善戰外，武宗的指揮也是起了一定的功效：先是派少量軍隊吸引敵軍攻擊，後又以大軍包圍敵軍，而武宗的親自上陣也鼓舞士氣，讓大軍能夠勝利。於是這場不起眼的應州之役裡的武宗被埋沒、被嘲笑，只看到他荒淫無度的一面。當年明月曾為此寫下一句話：「誰曾憶，萬軍從中，縱橫馳奔，所向披靡！只記下，豹房後宮，昏庸無道，荒淫無恥！」〔註6〕這種能置身於所敘述事件的態勢，不啻是一種歷史的同情，感其所感，為朱厚照在歷史上做了平反。

再次是物證的刺激。史學家走訪天下的名勝古蹟，覽古畫、登古墓，都能引起其思幽訪古之情，而這些遺跡遺物也正是史家素材的來源。司馬遷在撰述《史記》的過程中，也是實地考察與探訪了當地的名勝風俗，如到魯國拜訪了孔子的宗廟廳堂，也看到了當時祭祀的禮器與馬車服飾等器物，更看到了儒生按照當時的規矩來學習禮儀；到楚地看到春申君的故城，讚盛其建築十分的宏偉；到了長沙，經過屈原自沉的地方，不禁淚由心生。又如李白的〈登金陵鳳凰臺〉一詩的懷古興嘆，這首詩是他南遊金陵所作，以登臨鳳凰臺的所見所感而引發感嘆，先敘鳳去臺空的人事已非，後敘其遭受排斥面對朝廷黑暗勢力的譴責。金陵曾是吳、東晉、宋、齊、梁、陳六個朝代的都城，詩人登上金陵古蹟後，他遙想吳宮深院已覆滿花草，而晉代的權貴更成為了荒涼的古丘。周慶華認為「無論是詩人舊地重遊，重回歷史現場，或是挪用古人事蹟，抒發己見，懷古議題，多半是詩人運用前人的歷史記憶，移情地傳述自己的情愫襟懷。」〔註7〕這些都在在反映出史家在實地查訪時，心裡有所感觸，而能刺激歷史想像的可能性。

〔註6〕當年明月，《明朝那些事兒‧參》，臺北：大地，2008 年，頁 244。
〔註7〕周慶華等著，《新詩寫作》，臺東：秀威，2009 年，頁 111。

　　最後是學術的基礎，如果沒有一定的學術基礎為基底，便會流為小說家或戲劇家的想像。如史家想了解一個歷史人物的生平，就必須為他找到所有的資料，並且能夠通透其關聯性，從而找到一條清晰的脈絡。正如文天祥、陸秀夫和張世傑等南宋愛國之士之事蹟，文天祥為挽回南宋覆亡的命運，堅持戰到最後一兵一卒，即使戰敗被俘到大都，忽必烈提出許多優渥的條件勸降，他仍誓死不屈，表現出強烈的愛國主義精神；陸秀夫在厓山海戰中不願作元軍俘虜，先迫使妻兒投海自盡，且為保護宋朝幼帝趙昺不受元軍凌虐，便背著小皇帝跳海；而張世傑原想在另立趙氏宗族以圖宋朝的延續，但聽聞太后亦投海自盡後，自覺已無任何原因留下來，後因船難而亡。所以史家如果想了解這些南宋愛國之士，就必須將他們的生平與相關資料研讀通徹，才能對他們的行為有深刻的體認。

　　因此林柏維認為「歷史家將自己投射到歷史本體上去，設身處地的進入歷史空間與模擬歷史人物，這樣的作為就是歷史想像，以此將碎裂斷離、散逸不全的史料融合起來，連貫起來，使歷史書寫合於邏輯。」〔註8〕史學家在歷史未臻完備的範圍上，加入許多的同情與想像，但這些想像也必須合情合理，才能從中找到事實的真相。史景遷身為海外漢學家，自然是接受所謂的西方文化的涵養。但在其研究中國近現代史的研究上，卻能將其置身於研究對象的環境中，體認源遠流長的中國歷史為何會有如此鉅大的演變，並從中找出一些讓西方人能夠理解這個既陌生又熟悉的古老國度，此種意識可說是進入到研究對象的場域中，同時也能與人物合而為一，對歷史人物抱持著同情與想像。

　　西方人對於古老的中國總是充滿想像，而且帶著一種新奇、好奇的眼光看待中國，例如歌德曾經讚頌如詩如畫的中國，他認為中國人無論在思想、情感各方面都和他們西方人一樣，但他們在想像與追摹的過程中，看到不同於他們的禮貌、信義和道德表現。因此，李婭菲指出「西方最初構想『中國形象』的時候，正處在文化悸動和生長的初期，需要另一種文化來激勵自身的成長與豐富，需要一個『他』的形象來意識、反思『我』的存在」〔註9〕。作為一個「異」文化的族群，透過各種管道來認識當時強盛與富饒的東方國度，如馬可波羅跟隨父親來到元朝的上都時，看到由大理石雕砌的宮殿，宮殿裡面又塗上一層黃

〔註8〕林柏維，《密碼與光譜：台灣為中心的歷史知識論》，臺北：秀威，2008年，頁54。

〔註9〕李婭菲，〈「中國形象」的歷史與變更探析〉，頁151。

金（忽必烈建上都城時是國家富庶的時代）；又如馬可波羅來到大都，看到外國商來往來頻繁，許多貨物在此互通有無，儼然是一個國際化的大都市。因而許多冒險家經由《馬可波羅遊記》中各種天方夜譚的故事，讓探險者前仆後繼的尋訪東方，進而掀起一股東方熱，也為歐洲的社會帶來一股變革，從中學習有利自身文化的元素，強化自身文化的質量。然而中國人卻一直沉浸在這種夢境式的美好文化氛圍而久久未能走出，西方人卻是在不斷的學習過程中變革，經歷中世紀的科學革命後，西方人看待中國的眼光從憧憬逐漸有所變化，特別是馬嘎爾尼來到中國向乾隆皇帝「祝壽」後，所見盡是民間的貧困和軍隊素質的低落（不像西方軍隊那麼的有組織性），同時他也發現中國人似乎存在著優越感且自視甚高。雖然他們慢慢接受西方傳來的各式現代化設備，但他們仍帶著鄙夷的眼光看待這些東西（如慈禧太后在李鴻章的建議下在宮裡興建鐵路，他認為只要慈禧太后願意搭乘，就可以在中國各地興建，果然慈禧太后對於火車這個玩意兒感到很新奇，但她覺得蒸氣機車頭的聲音很吵，而且冒出的黑煙會驚擾皇陵龍脈。而司機老是坐在他前面，更讓她覺得大不敬；於是她改變了火車的運作模式──改成馬車或人力拉動機車頭，同時前後還必須有太監跟隨），於是西方國家對於這個停滯不前的古老國度開始抱持著一些負面形象並加以抨擊，對中國數百年來的幻夢破滅，從此以自身文化為傲。

　　直至中英鴉片戰爭開打，西方世界的強權以崇高的角度看待這個迂腐的中國，並一反過去所崇尚的中國的觀念，如富庶／貧窮、夢幻／荒誕、莊重／愚昧，這種強烈的對比也反映出所謂「中國形象」並非客觀存在的，而是西方在西方文化的視域下展現出來的。西方文化和中國文化有著如此巨大的差異，究其實乃在於對自我的認同：當西方文化將中國文化視為一個模範，並以此改造自身文化，這時就是在增加認同感；而當西方文化的質地逐漸升高之時，這個被當作標準的典範勢必要予以超越，因此他們以強勢的武力打開故步自封中國文化，藉以顯現出自身文化的強勢。總的來說，西方把中國視為一種「他者」，並從這個他者身上學習並反思自身文化的不足，進而加以變革，正如辛金順所言「主體透過鏡像認識自己時，因為所依據的是外在的「他者」（other），以致鏡中意象成立的同時，主體也處在「分裂」之中，因此，主體要依靠鏡像他者，才能建構「自我」的形象。」〔註10〕因此中國是西方文化重要的鏡像，

〔註10〕辛金順，《中國現代小說的國族書寫：以身體隱喻為觀察核心》，臺北：秀威，2015 年，頁 72。

藉以形成西方人的自我認同。然而史景遷在中國歷史的研究上,能全心的投入在研究對象當中,如書寫康熙皇帝時,以第一人稱的口吻來表現康熙皇帝的性格特點以及內心世界;書寫張岱時,能看到張岱所處的繁華世界與內心對於明朝滅亡的感傷;書寫王氏時,能看到郯城瀰漫的低沉氣氛,以及王氏內心渴望逃離的心境,這便是做到了前文所提出的歷史專注與歷史同情。不帶有任何立場,完全專注於歷史人物所處的時代,理解他的行為而能感其所感。

　　研究者認為,史景遷在中國歷史的觀察中,實屬一種「漫遊者」(flaneur)。漫遊者的概念源自於班雅明(Walter Benjamin, 1892～1940),在十九世紀的現代化巴黎街道上,出現了類似今日百貨公司的商業場所,這種百貨公司為了讓消費者在街道漫遊時能夠看到完整的商品,將店面外推到街道旁,打造一整面的櫥窗來陳列貨品,這樣的陳設方式不僅凸顯貨物的視覺樣貌,也能讓消費者在逛櫥窗時變得有趣,更使得消費成為一種時尚的休閒。這是漫遊者最原始的概念──隨意瀏覽櫥窗商品的消費者,後來班雅明將這樣的現象延伸至城市生活的所有面向,指出漫遊者「一邊在城市漫步、觀看,一邊思考,具有悠閒的步調,甚至把城市當作是居家,在其中生活著,他們用別樣的眼光觀察城市,既沉醉在虛幻與想像,但「漫遊者」是孤獨的,他顯現一種抵抗世俗的態度。」〔註11〕這些在城市漫遊的人,藉著觀察城市的一舉一動,記錄下城市裡出現的各種樣態,然而漫遊並非像觀光客那樣四處走走看看,漫遊者的意義是更深層的,雖然他一樣放慢腳步四處觀察,但他帶有一種反思,也因為如此他才能和被觀察的對象保持既近且遠的距離。李歐梵認為「他有一種文化的目的,他想瞭解這個城市,但他不是單看表面,而是可以感受到一些內裡的東西。」〔註12〕漫遊者的敏感度很高,實為一種文化的觀察家,它並不看事物的表面,他感興趣的是被觀察對象中最內在的東西。換句話說,漫遊者在四處觀察之餘,能夠敏銳的觀察這個地方,同時被這裡的事物所吸引,而找到自己獨特的見解。也因為漫遊者與被觀察對象保持著既近且遠的距離,我們可以透過他們觀察後反思的目光去窺見身處那裏的我們從來都沒有發現的事物。張光達認為「班雅明將史家或詩人(文人)的工作或責任比喻為一個在歷史廢墟的城市裡

〔註11〕轉引自洪淑苓,《孤獨與美:台灣現代詩九家論》,臺北:釀出版,2016 年,頁 52。

〔註12〕點傑克,〈專訪李歐梵:漫遊與旅遊之間〉收入於「豆瓣小組」,https://www.douban.com/group/topic/1685843/(2017/05/02 點閱)。

撿拾破爛垃圾的人（rag-picker），賦予拾垃圾的革命性意義，指出詩人或史家要像漫遊者學習，從歷史的垃圾廢墟中將斷裂碎片重新縫補，有如在解構中找出新的建構原則。」〔註13〕史景遷在中國的歷史中漫遊，他眼中所看到的不是帝王將相的歷史，也不在意那個千百年來被當地居民引以為傲的偉大建築，如萬里長城或是始皇陵等遺跡。在《婦人王氏之死》中，他把目光轉向位在山東的一隅——郯城，看到了三百多年前的窮困小鎮，看到了郯城幾經戰亂與貧困交迫下的民眾，以及當中的一位婦人王氏內心的渴望，試圖藉一幅城市地景與散逸的歷史碎片進行敘事，來激發對郯城的文化認識與歷史意識的反省，從中重構與召喚對於城市歷史記憶的縫補與關注。

中國歷史上下五千多年，即便是史景遷所研究的明清～現代的這一段歷史也是有好幾百年的光陰，這段期間不論是人物、事件錯綜複雜，甚至還有政治、經濟、軍事、社會環境等面向雜揉在歷史發展的軸線上，如果未經爬梳整理這些典籍史料，那麼即便是沉浸在中華文化的人也都難以有個清楚的方向，更遑論身處不同文化的讀者。除了正史典籍之外，尚有各式文物遺跡，或是文學作品（如史景遷所引用《聊齋誌異》與《陶庵夢憶》等書），這些都在在反映出歷史的另一個面貌，史家將這些材料予以組織排列，理出一個敘事脈絡供讀者清楚明白的認識歷史，感受歷史的真實，這是史學家不可或缺的功夫。史氏希冀以一個處在邊界之外的觀察者的認同與思考，見證歷史變遷的面貌，重新喚起結合主體經驗（歷史記憶）與歷史敘事的複合式辯證。在史景遷的跨國跨域、跨文化的邊界中，帶領讀者進入他漫遊之後所觀察到的中國文化與歷史視野。

第二節　文化交流下產生過濾與誤讀

事實上誠如前文所述，目前仍有許多西方國家對中國的文化與歷史仍存在著定型的刻板印象，這是因為兩方的文化觀念系統有所差異之緣故。如周慶華指出，西方文化是以「創造觀」為主，因為西方人相信宇宙萬物有一個主宰的神（或上帝）來創造世間，作為造物主創造出來獨一無二的個體，每個人都

〔註13〕張光達，〈馬華七字輩詩人的後現代——消費美學：都市、商品、認同、主體性〉，收入於馬來西亞留台校友會聯合總會主編，《馬華文學與現代性》，臺北：新銳文創，2012年，頁115。

想將上帝賦予的能力發揚光大，這是他們藉機榮耀上帝的一種表現，以尋求自己能夠和造物主媲美的可能性，因此他們特別重視與鼓勵個人意志的展現。而後科學主義的出現，使他們有機會挑戰造物主的地位（用科技來仿造物主創造宇宙萬物），藉以擺脫造物主的管轄，而追求自我的存在價值；而在中國文化的方面，則是以「氣化觀」為主，因為在中國傳統觀念上認為宇宙萬物的根源是道，道是精神與道德的崇高境界，道的具體形象即是氣，萬物的形成與衰亡便是氣的聚散。因此氣化觀之下的人們會走向強調家族血緣的力量（人多氣就多），將這種觀念擴及至社會上，就像是俗諺所說「在家靠父母，出外靠朋友」的那樣貼切，這也是西方以追求個人表現和中國以重視家族、族群力量的根本差異。

圖 4-5-2　中西方文化觀念差異對照圖

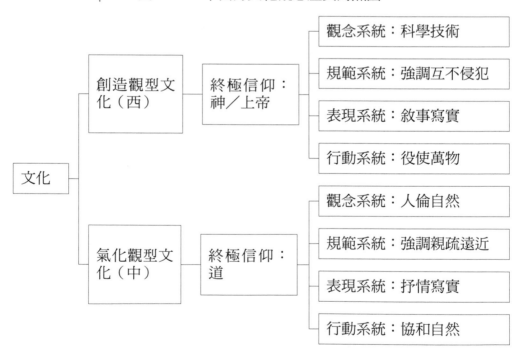

改寫自周慶華，《反全球化的新語境》，臺北：秀威，2010 年，頁 70。

因此西方文化常將中國文化視為異己的他方，這樣並不利於中西文化的交流與傳播，這也是史景遷想將中國文化展現在英語世界讀者的眼前的主要原因。

　　所謂的文化交流，即是透過分析不同國家、文化的發展之共同點與差異

性，達到交流雙方的相互作用或是相互補足，進而形成一種雙向影響與轉換的一種關係，交流雙方雖然文化背景不同，卻能互相認識與理解，但這僅僅是文化交流中的理想狀態。張利群、董洪川認為在文化交流的過程中常會出現「文化過濾」與「文學誤讀」的兩種現象，[註14]唯有經過這兩種現象文化交流才得以順利進行。交流必定存在主體與客體，如古羅馬文化借鑒古希臘文化為例，從公元前753年開始，羅馬逐漸成為地中海地區的一個強權帝國，在羅馬攻陷希臘後，羅馬人大量吸收希臘文化，以希臘字母為基礎來創造拉丁字母，而這套字母系統也隨著羅馬帝國東征西討下迅速傳播至當時的歐洲，也成為現今世界上通行的語言文字系統之一。這便是一種主體（提供者，希臘）與客體（接受者，羅馬）的互為轉換關係。但是對於交流的接受者而言，還是會經過一層揀選，不可能全盤照搬對方的文化為己用，這就是「文化過濾」，也是文化交流必經的一個過程與條件。

張利群、董洪川認為「文化過濾是文學交流中接受者的不同文化背景和文化傳統對交流訊息的選擇、改造、移植、滲透的作用。」[註15]這是文化接受必須經歷的過程，任何接受都無法全盤接受，而是會經過選擇與改造的過濾現象。將這個模式放入歷史書寫當中，可以發現交流主體是歷史本身，透過史料這一媒介傳入史家的視野中（史家在接受主體發出的訊息時加以整理，這裡就有一種過濾的可能）；另一方面史家同時也扮演著交流主體，透過歷史讀物傳到讀者的閱讀視野內（讀者在接受主體發出的訊息時，也會針對自身的理解來接受史家發出的訊息，因此才會有那麼多的不同認知）。換句話說，史家在這裡可以是接受客體與交流主體，因為他是歷史的編寫者，不同的人會有不同的書寫重點；讀者可以是接受客體，但每個讀者讀到的也會存在著差異性，這也是交流中無法避免的選擇問題。

正如司馬遷的《史記》在書寫〈陳涉世家〉時，寫道二世胡亥徵調九百多人防守漁陽，而陳涉與吳廣正好擔任這批民兵的屯長。但後來遇到一場大雨，導致道路無法通行，阻礙了前往漁陽的路途，他們認為這樣必定會延誤到達的日期，按照大秦的法律可是要處斬的，於是陳涉和吳廣就這樣決定要去發起起義活動（到達目的地會被斬，不如轟轟烈烈的幹一場）。但也有學者認為這是

〔註14〕詳見張利群、董洪川，〈文化過濾與文學誤讀〉，收入於曹順慶等著，《比較文學論》，臺北：揚智文化，2003年，頁180～181。

〔註15〕張利群、董洪川，〈文化過濾與文學誤讀〉，收入於曹順慶等著，《比較文學論》，頁181。

司馬遷刻意誤寫，因為按當時的法律，如果誤期三五天，是會受到責備；六到十天則是罰一面盾牌的錢；超過十天罰一具鎧甲的錢；如果途中生病或碰到大雨、洪水，可以免罰。我們的兩位主角陳涉和吳廣剛好就是碰到大雨，其實他們是可以免罰的，司馬遷做這樣的改造，是為了達到書寫秦國律令嚴峻的形象，同時也給陳涉起義有了一個正當性的說法：造反有理。這便是一種過濾，針對接受的訊息予以調整，而非全盤性的接收，這種寫法並非司馬遷的誤解，而是為了對比出陳涉和吳廣不得不反的處境。所以發送文化的主體對接收文化的客體常帶著強迫性或緩慢性的影響滲透，而在接受文化的客體這個面向，是依照自身需要來向發送者擷取所需要的材料，並接受發送者的文化訊息。然而過度的文化過濾也會造成限制他者文化的傳播和學習，因此接受者雖然必須依據自身發展的需要去接受異文化，甚至對外來文化進行辨別與篩選，但重要的是能將主體與客體的文化進行結合，使發送者的文化能融入接受者的文化當中。

文化過濾的根本原因究其實是因為跨國家、跨文化之語言轉換而產生的。在過去，中西方文化無法交流的因素除了地理上產生的交通不便，還有一項就是語言阻礙，文化是抽象的，而語言是具體的，文化唯有透過語言的形式才能向外傳播，因此文化交流必須打破語言的壁壘，讓語言成為交流雙方一種共同的溝通工具，這就是翻譯的作用。然而翻譯本身也離不開過濾的形式，因為在一種語言轉換成另一種語言的時候，它不但離不開交流雙方彼此的文化和語境，翻譯者本身也必須對所譯對象進行通盤性的認識和了解，同時在翻譯的當下也會帶有翻譯者本身的語言文化特徵，更進一步產生文化過濾的現象，才使得譯者的文化和所譯對象的文化互相融滲。例如清末有志之士如梁啟超等人，在鴉片戰爭之後國力每況愈下，這批有志之士發起救圖存亡的行動，採取「師夷長技以制夷」的方式，透過學習西方文化來改造目前的現況。他們大量翻譯西方書籍，促進中西文化交流，其目的也是在於透過翻譯的行為，將譯者自身文化和精神滲透這些外來的書籍當中，透過這些書籍的傳播，達到譯者的目的，亦即完成變法改革。

而對接受者來說，他們所看到的是翻譯過後的譯書，事實上也已經不是原本的面目。但這也並非說經由翻譯過後的書籍可以完全棄之敝屣。因為譯文經由譯者的文化過濾後，已經和接受者（或讀者）的文化可以相互理解，

可以從中找到熟悉的文化因素。也就是說，譯者本身在接觸異文化的當下就產生了一次文化過濾而使自己接受異文化，而後再經由翻譯的過程將異文化轉換成接受者本身可以接受的語言文化之形式，進而使異文化全面的進入接受者的視野當中，更將異文化和接受者本身的文化予以串聯，達到文化交流與互補的目的。中西文化不論是在人生觀或是道德觀上皆有明顯之差異，而這些差異之產生正是因為中西方有著不同的生活模式與價值觀。在面對中西文化交流的當下，這些不同當然會造成一些交流的障礙，因此必須透過文化過濾來予以調和，這種過濾模式可以視為史景遷將中國文化傳播至英語世界讀者的一種形式，例如在《張岱的浮華與蒼涼》一書當中，寫道張岱的仲叔張聯芳很喜歡收藏古董，而且他的鑑賞眼光也相當精準，在古董的買賣當中因而獲利不少。「仲叔」是中國傳統的一種稱謂，意思是二叔，古代家族排行有所謂「伯、仲、叔、季」之說，是用來指稱兄弟姊妹的排行次序，也是傳統倫理中講求長幼有序、重視輩分的表徵。而在史景遷的原文著作中，他將仲叔寫成「名為仲叔的叔叔」（Uncle Zhongshu），這裡確實是誤寫而產生語意不通的語句。我們可以看到在西方讀者的觀念裡，他們其實沒有所謂「長幼有序」的觀念（並不特別區分），比方說自己的親哥哥或是在同輩當中年紀較長的，他們一律稱呼為「哥哥」（Brother），如果真的需要區分兄弟的話，則可以寫成「Younger Brother」。這種不同的稱呼方式可以回推到中西方不同的倫理觀念；中國古代是農業社會，故社會秩序以家族為核心，講究家庭倫理，所以講究人倫關係，重視父子有親，兄弟有別的尊卑概念；而在西方人的觀念中，講究人的平等，所以他們這種親屬稱謂的觀念相較之下是薄弱的，因此在西方國家的稱謂語上很難看出這種長有次序，另一方面，西方國家講求個人主義的追求，因此他們不會像中國人重視親族的觀念而將父母、兄弟姊妹等用一個統一形式的稱呼。所以仲叔並不是「Uncle Zhongshu」，而是「Second Uncle」，但史氏考慮到英語讀者並不習慣這樣的稱呼（他們通常會稱呼山姆叔叔或麥克叔叔來作區分），才將仲叔的意思過濾成接受者的閱讀習慣，因而產生這樣的寫法（「Uncle Sam」→「Uncle Zhongshu」）。但他把仲叔的譯音標示出來，或許史氏把仲叔當成一個名字或是想標明這個詞的原音，這也是在文化過濾中會產生的夾雜譯者自身文化的語言特徵（因史氏將其融入中國文化，因而在譯向西方讀者時尚帶有這種異文化語言特徵），這種過濾使得西方

世界讀者可以廣泛接受，更將中國文化透過其暢銷的影響力迅速推展。

文化交流和傳播因為文化過濾而得以進行，但實際上想要將交流主體的文化完完全全的融入接受者的閱讀視野中還是會產生些許落差，這就會產生所謂誤讀的現象。張利群、董洪川認為誤讀是「偏離閱讀對象本身意思和內容的誤差性閱讀，」〔註16〕誤讀的產生主要還是因為文化過濾而可能的，因接受者對交流主體的文化採取選擇和加工，而後接受了發送者的文化，但這麼一來接受者本身也會造成有某種程度上的誤讀行為發生。這些誤讀可能是有意或無意的行為；也有可能是積極與消極的作用，但在文化交流的過程中都會產生不同程度的「誤讀」現象，而當我們把譯文交到讀者的手上時，讀者很難和譯者有一樣的感受，因此讀者不同的閱讀經驗也會有所差異，這便是姚斯（Hans Robert Jauss, 1921～1990）所謂讀者的「期待視野」，蔡振念認為期待視野「是指閱讀作品時讀者的文學閱讀經驗構成的思維定向或先在結構，即已經具備的審美的經驗和能力。」〔註17〕換句話說，作者在創作的過程中會考慮讀者的閱讀接受情形，如果超出讀者的期待與接受範圍外，那麼讀者便會無法完全接受該文本。不過竺家寧也指出「讀者的閱讀感受若與其期待視野一致，讀者便會感到作品缺乏新意與刺激而索然無味。相反地，作品意味若出乎意料之外，超出期待視野，讀者便會感到興奮，」〔註18〕例如中西方對月亮的理解是不一樣的，在中國月亮的陰晴圓缺正代表著人的聚散離合，是離鄉背井的人對於再次團聚的一種寄託與想望。月亮至缺至盈，周而復始，對於他們來說正對照了從分離到團聚的可能性，從而就構一個似乎可以企及的目標：期待月亮圓滿之時便是離散雙方再次團聚之時，月亮的盈缺正符合了創作者的渴望團聚的心理。而西方人對於月亮並沒有這種對團圓的期待，但在中西方都會將月亮視為是美人的象徵，這是因為中西方都共同有月亮女神——嫦娥和黛安娜，因此她們會將月亮比喻是體態優美的女子。也就是說，作者必須拿捏讀者的期待視野，面臨不同文化理解上的差異時，如果全部將其翻譯成接受者可以閱讀的形式也會讓讀者乏味，所以必須予以適當調整而使得讀者有新鮮感。

〔註16〕張利群、董洪川，〈文化過濾與文學誤讀〉，收入於曹順慶等著，《比較文學論》，頁 203。

〔註17〕蔡振念，《杜詩唐宋接受史》，臺北：五南，2002 年，頁 22。

〔註18〕竺家寧，《聲韻學：聲韻之旅》，頁 300。

表3 《陶庵夢憶》與史氏誤譯之對照

《陶庵夢憶》原文	史氏原文	註　解
便淫冶。（頁23）	Many chances of sexual adventure. (p.13)	將淫當作性來解釋。
士女凭欄轟笑……星星自散。（頁23）	The stats disperse. (p.14)	星星應為形容詞，像星星一樣散去，而不是名詞。
鮮妍飄灑。（頁24）	Stirring and shivering in the wind. (p.15)	和原文意思不同。
莫說相公癡，更有癡似相公者。（頁33）	One can't accuse young master of being a total fool, for here are two others even more foolish than him. (p.27)	史氏原文的順序有誤，不是那兩個喝酒的人比張岱更癡，而是張岱和他們一樣癡。
以余長聲價之人而後長聲價者多有之。（頁42）	Later, by way of these actors whom I had made famous I myself become famous too. (p.41)	並不是張岱自己覺得變得有名，而是自己培養出來的伶人讓他變得有名。
漆漆作蠅頭小楷，蓋亦樂此不疲。（頁62）	Father altogether lost the ability to read texts written or printed in small characters. (p.57)	張岱父親眼睛看不太清楚，但還是在寫蠅頭小楷，並非無法閱讀。
余量最下，效東坡老盡十五瑑，為鼠飲而已矣。（頁71）	My capacity for drink is small……. I am a mere mouse at this drinking business! (p.73)	把鼠飲當成是飲酒界的小老鼠。

參考汪榮祖〈夢憶裡的夢囈〉〔註19〕一文加以整理。

以上的例子是史氏在《張岱的浮華與蒼涼中》誤譯《陶庵夢憶》的情形，經由整理後可以發現經過翻譯後產生了不一樣的解讀，有些甚至與原著相去甚遠。

　　史景遷身為一個異文化的接受者，但他同時又將異文化翻譯給西方讀者閱讀，如果史氏翻譯出許多專有名詞或是讀者無法了解的句子，那麼這個翻譯就不是成功的作品。同時史氏也必須站在讀者的角度來思考讀者會怎樣閱讀作品，而使得譯文和讀者能互相交融。然而在文化交流中誤譯或誤讀時有所見，究其實是因為翻譯者在展現原作之外的型態之時，必須尋求適當或相近的語彙，甚至適當的語句。但中國無論詩詞曲賦或是戲曲小說都有固定的行文格式，有些還是為了聲調起伏而調整字句位置，因此要完整的移植到另外一種語言幾乎是不可能的。天振認為誤譯可以是有意或無意的。所謂有意的誤讀指的是譯者本身就有刻意誤讀的準備，讓譯文呈現一種有如故意的翻譯錯誤，這

〔註19〕汪榮祖，〈夢憶裡的夢囈〉，《近代史研究所集刊》，第65期（2009），頁139～149。

種例子可以看到像是龐德英譯李白的古典詩中，將其詩「荒城空大漠」變成「荒城」、「天空」和「沙漠」三個意象並置的畫面，進而促進美國意象詩的誕生。而無意的誤讀可以視為是不自覺的誤讀，連譯者本身有時也無法察覺，可能在寫作當下就有了直覺性的想法，而這種無意的誤讀有時因為一種突如其來的靈感或是奇想，因而造成一種出乎意料的閱讀結果。

　　無意的誤譯又可分成「翻譯者的疏忽」、「翻譯者的外語能力」和「原語國與譯語國的文化」三種。〔註20〕首先翻譯者的疏忽部分，多為字誤，即翻譯的時候看錯原文的字彙，而將其譯作另一個字，或是誤解了語句的斷句。例如《婦人王氏之死》中，寫到黃六鴻來到郯城，發現這裡輕生的案件非常的多，「而郯城為最益」。李孝愷之譯本多了「益」字。此處引用的是《福惠全書》的文字，然在卷十五的原文為「……而郯為最，蓋地方凋瘠……」，而在史氏的書寫中，則是將益和貧瘠寫在一起（The area was so wasted and barren），顯見史氏可能是將「異」和「蓋」兩者之文字搞混而導致原書語句不通順。再來是譯者的外語能力部分，在《張岱的浮華與蒼涼中》，可以看見史氏將「士女」理解為年輕男女（Young men and women），又如將「杖履追陪」中的「杖履」理解成拐杖和鞋子等等的例子皆可視為對中文的理解方式有誤。最後是文化差異的部分，在《張岱的浮華與蒼涼》中，提到在利瑪竇的家鄉有很多女性不結婚，這也導致很多男生沒了結婚對象。而在他的家鄉想成為學者也一樣要寒窗苦讀，但考試這件事也是很不容易，張岱認為利瑪竇的遭遇和中國的讀書人很相近，但這裡有些翻譯的問題存在，如張岱說在中國，很多讀書學道者不婚娶，在史氏的筆下卻成了全部的讀書人都不結婚（All those engaged in academic pursuits never marry），這很可能是史是誤解了張岱的話，以為在中國的讀書人都不論及婚嫁，而像利瑪竇這一群傳教士本身是因為宗教因素而必須終身不娶或不婚，於是史氏將利瑪竇的遭遇轉接到張岱所說的中國知識分子的遭遇上（同樣都是追求學術真理之人），但張岱實際的意思是並不是全部的人都不娶，這就體現了中西文化在闡釋與理解的當下而產生的誤譯。另外在中國文化當中，語言常常會有言外之意，例如「紅人」並非紅色的人，是表示官運亨通之人，如果照表面意思翻譯也會讓西方人啼笑皆非，也就是說翻譯除了要理解交流主體的文化特色，在翻譯的過程中也要能夠找到相對應接受者的文化的

〔註20〕詳見天振，〈誤譯：不同文化的誤解與誤釋〉，《中國比較文學》，第 1 期（1994），頁 123～125。

詞彙，才能減少這種誤譯的情形。

　　中西文化巨大的處世觀與價值觀，使得譯者必須考量接受者的接受能力（如前文提到的「期待視野」），常會有這種曲解或誤讀的現象發生，這是在文化交流中無法避免的問題，但過多的誤讀也會導致文化交流的失敗，因為接受者已經難以辨識交流主體所發出的訊息，於此翻譯還是要盡可能的忠實原作所傳達的理念。但這也不是說誤讀完全是沒有意義的一個行為，張利群、董洪川認為誤讀在推廣文化交流的過程中還是有幾項特點值得注意：「使外國文學作品很容易在本國傳播」、「產發出原作中未被發掘的新意」以及「促進本民族文學（文化）的發展」三點。〔註21〕首先文化交流就是為了將發送者的文化傳送至接受者的文化視域內，因此像史景遷這樣的作家，透過將中國歷史傳播至西方英語世界，和他們進行溝通與對話。而史氏所使用的這些文學性材料也透過傳播讓西方讀者能夠拓展閱讀視野，促進交流。其次在發掘原作中的新意上，正如史景遷在敘寫王氏的時候，用了蒲松齡的〈雲翠仙〉來解讀王氏及其同時代婦女的遭遇，雲翠仙受到父母之命嫁給了梁有才，但其實是梁有才故意吸引雲翠仙的母親注意，而且處處表現得彬彬有禮，像是囑咐抬轎的轎夫要注意顛簸，不可以讓她們受傷等等。不過梁有才終究是個負心漢，喝酒賭博樣樣都來，甚至還想賣掉雲翠仙來賺錢，讓雲翠仙感到非常痛心而決定要報復這個負心漢，她跑回家向母親說明事情的真相，接著女方娘家個個拿出利剪扎得梁有才滿頭包，接著趁他昏迷時還把他丟在深不見底的懸崖邊任其自生自滅，最後才被路過的樵夫救起。這則故事的原義是說大部份的女性無法像雲翠仙那樣勇敢，可以拋開惡夫的糾纏，因為古代的婦女即便遇到不良丈夫也是要咬著牙關忍耐，絕對不可以逃跑，要是逃跑丈夫是可以告這個婦女的。我們知道史景遷選了這篇故事來印證王氏的處境，設想她面臨任氏這樣的丈夫時，是否也會有想逃離的心情，藉此呼應黃六鴻審理王氏和高氏私通的情形。這是史氏挖掘這篇故事的新意，並將其用來塑造王氏的處境與可能的想法，我們無法確定這是否是一種誤讀，但史氏的確從材料中找到一種新的可能性。最後是誤讀本身是為了呼應接受者的文化而產生的，故也能對接受者的文化產生一種新的發展。

　　文化過濾與誤讀都是在文化交流雙方達成溝通的一種行為，文化過濾和

〔註21〕張利群、董洪川，〈文化過濾與文學誤讀〉，收入於曹順慶等著，《比較文學論》，頁217。

誤讀都是溝通交流主體和接受客體雙方的一道橋樑，然而過多的過濾或誤讀卻也可能產生不好的交流行動，因此在文化交流中，應該充分發揮兩者的積極作用，而避免向自我封閉或是誤解文化的極端前進，才能更好的促進文化或中西歷史的交流與溝通。職是之故，在理解史景遷的跨文化傳播行為中，我們可以從文化過濾和誤讀的方向著手，於是我們看到他在譯向西方讀者時所面臨的各種困境，無論是對中國文化的了解程度或是在熟讀這些中國史料中都未臻完善，這是史氏在書寫中國歷史的過程中還可以再加強的地方，但我們看到他蒐羅整理這些卷帙浩繁的史料，其中的敘事邏輯能力還是不容忽視的。

第三節　史氏作品的轉譯現象

　　史景遷的這些著作順利的將中國歷史傳播到西方讀者的視野中，然而有趣的是這些作品不論在臺灣或是中國地區，均出現大量的中文譯本（幾乎每一本著作均有繁體字或簡體字），可見其著作不僅在海外熱銷，連作為交流主體的臺海兩岸地區也非常的受歡迎。史景遷如何讓海外讀者對中國歷史提起興趣？史氏敘寫中國歷史總是鉅細靡遺的處理史料，鋪陳所有有關其寫作對象的細節，讓讀者感受到他敘事中的每一道紋路與肌理。他書寫歷史不從單一處下筆，而是儘可能的讓讀者了解事物的來龍去脈而引人入勝。例如在書寫王氏之時，她僅僅只是縣志裡的短短十幾個字，但他卻可以蒐集所有的材料，並且鉅細靡遺的將王氏的生活和形象描繪出來。他寫作並不特意寫出什麼新的觀點，或者展現出這個人物是否有著不為人知的軼事，而蹦出令人眼睛為之一亮的新論點。但從他將所有材料組合成一個豐富且易讀的歷史著作，他的目的就是要使西方讀者從陌生化為熟悉，透過組織材料和編織文字，使得事件的前因後果清楚明瞭，這就是史景遷最重要的目標。

　　所以史景遷的著作在海外或是海峽兩岸均受到廣大的迴響，然而我們從翻譯的流程來看，是透過中文→英文→中文的傳播途徑來進行的，這就牽涉到一種「轉譯」的問題。長易認為「轉譯也叫重譯，是指將一種文字通過媒介語翻譯為另一種文字。轉譯通常有 3 種情況：A→B→C，A→BC→D，A→BC→A'。」〔註 22〕首先「A→B→C」的形式指的是通過一種語言來翻譯另一種文字，

〔註 22〕長易，〈轉譯——一種被忽視了的翻譯現象〉，《重慶工學院學報》，第 17 卷第 6 期（2003），頁 109。

例如日本明治維新時期所譯介的法國文學作品主要是透過英譯本來完成；其次「A→BC→D」的形式指的是從另一種文字到另一種文字經過兩次的翻譯才能成功，例如二十世紀中國出版的許多托爾泰作品的中譯本，如《戰爭與和平》是透過英譯本來翻譯的；最後是「A→BC→A'」的形式是說一種語言翻譯至他國後，又因為某些原因而被翻譯成其他語言或是翻譯成原語言輸出國的文字，這個例子可以史景遷的翻譯流傳形式來說明，史景遷介紹中國歷史時所採用的史料多是中文著作，如《郯城縣志》、《福惠全書》和《聊齋誌異》三個以中文書寫而成的史料，但也有例外，如《陶庵夢憶》這本書史氏根據的則是 Brigitte Teboul-Wang 的法譯本，這又經過一層的翻譯，以上這些材料經過史氏的書轉成英語，最後又經過翻回中文而進入兩岸地區讀者的視野，完成了「A→BC→A'」這一種轉譯形式。

　　轉譯是一種有別於普通翻譯的一種寫作形式，轉譯的譯者根據的通常不是原文，而導致難以將原文和譯文逐一對比，而且轉譯還是會像前文所述的文化交流時所遭遇的翻譯問題，會形成誤譯或誤讀的現象。不過史景遷在引用諸如《聊齋誌異》或是《陶庵夢憶》等文學性較強的材料時，所採取的策略並非原文照翻，而是將其改造成白話文英譯之形式（猶如我們常見的文言文語譯），王萬象認為「譯者總得按照著作者的意思去詮釋原文，卻不能把自己的詮釋也加進去，因為那樣做便是改寫，只譯出了內容，已改變了原文的形式。」〔註23〕因為《聊齋誌異》本身是文言短篇小說，而《陶庵夢憶》則是文言散體小品，在進行翻譯之時難以避免的會遇到句式的形式（文言文可以將語句濃縮凝鍊）、意象修辭（中國文學作品常帶有意象修辭而臻至藝術鑑賞之美），但假如逐字逐句翻譯可能會獲致誤譯的窘境，因為在文言文當中一個字可能當好幾個字使用，如果不能了解其意義，那麼就有可能歪解了原文的意思。於是史景遷採取了這樣的形式，雖然沒有全文照翻，但他能顧及原文整體之意義，得到翻譯的最佳效果，並將原文所要傳達的意義彰顯出來，正如勒弗維爾所說的「能夠度量原作的傳意價值和含意，再在譯文裏儘可能表達出來。」〔註24〕

　　關於轉譯的產生原因，長易認為大致有四個方面：「原文是用古老或使

〔註23〕 王萬象，《中西詩學的對話：北美華裔學者中國古典詩研究》，臺北：里仁，2009 年，頁 58。

〔註24〕 勒弗維爾著，周兆祥節譯，〈譯詩的真諦〉，轉引自王萬象，《中西詩學的對話：北美華裔學者中國古典詩研究》，頁 57。

用人數很少的語言寫成」、「原文不是該國通用外語」、「一時難以得到原文」、
「譯者的獨特追求」〔註25〕。首先轉譯的產生不外乎就是原語言在接受者文
化當中無法使用，而必須經過翻譯才能傳入另一文化當中。如中國佛經的翻
譯，在東漢時期就有了翻譯的活動，而到了前秦則出現較有組織性的翻譯，到
了唐代則是佛經翻譯的高峰。中國的佛經翻譯大部分都是從天竺的梵文經典
翻譯而來，而梵文相對於當時中國通行的文字是相對陌生的（也可以說無人能
懂），而在這段期間有兩大著名的翻譯者，分別為鳩摩羅什和玄奘，鳩摩羅什
翻譯的數量雖然沒有玄奘多，但其翻譯的品質卻是勝過玄奘的（或許和他的父
親是天竺國宰相之子的背景有關，能夠瞭解這些梵文所代表的意義，並轉換成
中國人可以讀懂的文字），而在他所翻譯的經書中，又以《金剛經》備受推崇，
因此後來的翻譯者皆以他的翻譯為本。其次是非通用外語的部分，這是因為原
文並非本國文化所熟悉的語言所寫成，故須透過其他本國熟悉之外語再度轉
譯，如西方讀者不了解什麼是《陶庵夢憶》，所以在史氏的作品引用中必須先
透過法譯本的作品來參照，才能轉換成西方讀者通用的英語語言形式。再次是
難以得到原文，只好通過其他語言來轉譯，如當年西夏在西元一二二七年被蒙
古攻滅，所有的史料消失在歷史的荒漠之中，連西夏文的書寫與閱讀也出現斷
裂，成了一個死去的文字，因此想翻譯西夏文的著作就必須透過和西夏語相關
的羌語來進行轉譯與還原。最後是譯者的獨特追求，換句話說就是譯者本身雖
然懂得原作語言，但他還是會透過其他語言來轉譯，例如透過英語來轉譯俄羅
斯文學作品的現象。而史景遷的作品在海外廣受歡迎，自然吸引了兩岸地區出
版社的注意，因而有許多史氏的中譯本問世。

　　然而中譯本所採取的策略卻和史景遷的方法有異曲同工之妙，將史氏著
作中涉及文獻史料的部分嘗試恢復成史籍原文，如《郯城縣志》、《福惠全書》
或是《陶庵夢憶》的原文內容，而特別的是只有《聊齋誌異》本身沒有恢復成
原始的文言文，反而是轉換成白話式的翻譯，並在書末附上未經翻譯的原文作
一對照，這是不同於史氏的《婦人王氏之死》英文本著作中的撰書形式。我們
或許可以略見一些端倪，無論是《郯城縣志》、《福惠全書》或是《陶庵夢憶》，
他們在史氏所引用的文字比例相較《聊齋誌異》比例較低，故在恢復原文的考
量上採取了部分文言文部分白話文的翻譯策略，但這並不阻礙原文意義之傳
達，仍是一項特殊的轉譯風格。不過這裡有一點仍須注意的是，史氏身為海外

〔註25〕長易，〈轉譯——一種被忽視了的翻譯現象〉，頁110。

漢學家，固然對這些中文古籍的翻譯上仍存在一些錯誤，是有待加強的地方，畢竟他的著作鎖定的對象並不是那些鑽研中國歷史的學者，而是希望激起一般讀者對中國歷史產生理解與認識，他們自然不會去查找原文而予以校正勘誤，即便有翻譯錯誤的問題也難以察覺，這是較為可惜之處。而經由中譯本轉譯回來的這些書籍，將古籍文獻全部轉成原文的文言文或白話翻譯之形式，即便史氏原文有誤讀者也難以察覺，例如在第一章〈觀察者〉中寫到蒲松齡的〈聊齋誌異序〉，這篇序是較為晦澀難懂的，而史氏節錄了其中的一段文字，當中也不乏怪異之語句，如「蕭蕭瑟瑟，案冷疑冰」就成了「the wind sighs through my bleak studio, my work table has an icy chill.」（風吹過我荒涼的工作室，我工作的桌子變得冰冷），似乎和原句的意思不大一樣了，但在中譯本中卻也將這些文字全部轉換成文言文，恢復了原本的面貌，這是轉譯的過程中會有的一種現象，這樣的錯誤顯然是古文閱讀能力之不足。英語讀者並不會去看原文（文言文），不知道哪裡有誤；而兩岸三地讀者所接受的是處理過的譯文，更不會再去翻閱原文（英文），也不會有誤解的問題，這是轉譯的過程中常有的問題。然而重要的是無論是史氏或是轉譯者，在進行文化轉換時仍須注意是否造成接受者的誤解，這是必須持續努力完成的任務；而在史氏漫遊中西之後所帶出的理解與同情，卻也是在跨文化交流中最為珍貴且重要的目的：中西雖分屬不同文化，但史氏透過過濾與誤讀，促使兩大系統得以完成一種統一的文化理解，並探求其中的內在關係，特重在不同地區的人們互相影響與借鑒，注重對於中國歷史文化的重新了解，並打破中心（西方）與邊緣（東方）的藩籬。

第六章　結　論

第一節　要點回顧

　　史學家的工作就是將散佚的資料轉換成一種有邏輯性的敘述，也因此歷史和故事之間有了密不可分的關聯。歷史雖然看起來像一個故事，但當中也有許多分析的成分存在，但這些都指向一個情況，亦即無論是分析還是敘述，都是在說明一個確實發生過的事件，而法國年鑑學派所倡導的「整體的歷史」不外乎也是一種分析與敘述。布勞岱爾（Fernand Braudel, 1902～1985）將歷史區分成短時段、中時段和長時段，他特著重在長時段的研究，分析出在整個時間軸上的事件發展態勢，然而他透過許多科學統計方法來做描述或解釋，仍然是一個敘述，也就是說透過一連串的解釋分析，讓我們能更加確信該事件的真。

　　李紀祥認為「歷史當然不只是故事，但它必須是『敘事』的，因為敘事總是歷史表述的根本方式，」[註1] 歷史研究的對象無法脫離「人」的因素，因此歷史敘事其實也是透過說故事傳達人類過去生活的經驗，藉以引發讀史者的感同身受。史家追敘史事，除了敘事技藝的展現外，更重要的也是對時間的掌握，如前文所述歷史可分為自然時間與歷史時間。自然時間是不可斷裂的，同時也無法往前追溯；歷史時間則有所不同，史家在寫作歷史時可以選擇哪裡要停頓，然後離開位置去做別的事，又或者是突然插入一段倒敘（於故事時間順序外又置入一段過往的回憶敘述），這顯示了歷史時間或是敘事時間的可斷

〔註1〕李紀祥，《時間、歷史、敘事：史學傳統與歷史理論再思》，2001 年，頁 24。

裂性與可選擇性。史家在斷裂的兩點間予以排列組合，透過情節或時間的連貫性模式下完成了一個歷史事件的敘述，而事件本身的因果關係，實際上也是史家本身的一種敘述選擇與脈絡，這樣的歷史敘述方式正是為了使我們能更深一層的了解事件的前因後果。緣此，歷史所展現的不外乎是事件的時間演變及其影響，其所表現的仍舊是時間流中的經驗傳遞，唯有如此，過去事件的行動才會具有可以傳承的價值和意義。

　　歷史敘事和小說敘事間的分界仍遭受許多批評，但它們的本質上還是有差別，畢竟歷史敘事還是要以史料為依據而增添筆補想像，這是它與小說之間真與假故事的差別。《史記》中可以看到許多虛構的部分，但這並不影響它的真實性，它虛構是為了添補史實與塑造鮮明的人物形象，這其實也就是一種「歷史想像」，當史家融入文學筆法來敘述史實時，無疑能更生動的表現出歷史事件的各種面貌（如司馬遷描寫荊軻刺秦王運用秘密之言的筆法描繪人物特色），這些都是歷史敘事不可或缺的因素。因此不論是想像或是虛構，都是史家在移情與想像中得以出入歷史事件的必要條件，並且找到那把解開歷史謎團的鑰匙，使得歷史敘事能更加深入與觀照所敘對象，而楊書銘也認為「歷史是由一連串故事組成的……在歷史和故事之間，紀實和虛構的關係，時刻考驗著人們對歷史真實性的認知程度。但虛構並不等於虛假，虛構的目的是為了在更高層次上達到歷史的本真和實在。」〔註2〕這段話也與史景遷在歷史敘事的意識上不謀而合，他認為文學像是一種哲學的藝術，他把文學和歷史相結合，正意味著將歷史寫作的層次提升，以接近藝術以取得更深層的道德批判效果，並將他出入歷史所發現的東西傳遞給西方英語讀者，透過「說故事」的方式完成了一種歷史經驗的傳遞。

　　職是之故，本研究旨在分析史景遷的「說故事」技巧，以其最具文學性的歷史學術著作《婦人王氏之死》為主要探討對象，透過敘事學、超現實主義、文際互典相互參照的方式依序開展。全文共分六章，首先從史景遷的學術背景談起，再由此進入書中的世界，探討「敘事理論」與「夢境書寫」所呈現的效果，接著以《婦人王氏之死》與《前朝夢憶：張岱的浮華與蒼涼》兩本書中的文際互典特色，梳理史料與與非史料間的相互對話，最後探討史景遷在文化交流中，面對中國史料閱讀上的困難及其解決方式，最終如何讓中國歷史在海外英語國家迅速傳播。

───────────────

〔註2〕楊書銘，《一生一定要懂的歷史學故事》，臺北：紅螞蟻，2011 年，頁3。

　　第一章緒論，分別討論本研究之動機與目的、研究方法與範圍以及文獻探討三個部分。依據歷史改編的小說、電影或是電視劇在這幾年間蓬勃發展，當中的許多作品也成為家喻戶曉的經典，如風靡一時的後宮戲劇《甄嬛傳》就是一個例子。然而這些以「歷史」為材料的小說、影視作品，總會遭到質疑說是否就是「真的歷史」。這些或多或少改編歷史的作品，是否忠於原著，抑或是這些東西偏離史實。其實任何以歷史為題材的作品，它們目的都是在呈現那些被人遺忘的記憶。如果對於敘述主題沒有下一定的考據功夫，或許就無法達到喚醒歷史記憶的效果。但更重要的是如何在真實歷史的基礎上，去創造出一個更好的故事，讓故事能更貼近讀者或觀眾才是最重要的。史景遷便是一個能夠在浩如煙海的史料上，建構出一個被遺忘的過去。因此本研究之目的在於考察史景遷如何以小處著眼，逐步勾勒出整個時代的面貌，經由《聊齋誌異》和《陶庵夢憶》等非屬史料的文學著作彌補史料的不足。以說故事的方式向西方讀者展現了「中國」這個東方國家的文化與紛擾，而身處東方文化的讀者也能從新檢視自身歷史。本論文主要以史氏之作品《婦人王氏之死》為討論範圍，在研究方法上則將史景遷的歷史敘事手法以敘事學方法來進行分析，進而將範圍縮小至敘事視角、敘述者類型、敘事時間與敘事情節等四個類別中探討。其次以超現實主義方法來解析王氏曲折隱晦的夢境含義，藉以瞭解王氏夢境由美好轉向衰亡的內心變化。最後採文際互典方法對比出史料與非史料的文本對話，如何捕捉逝去的「歷史記憶」。

　　文獻探討方面，研究者發現過去多年來在史景遷歷史敘事研究中，基本上皆是中國學者的論述占絕大多數，而臺灣對於這個主題的研究則相當稀少，目前研究者所蒐尋到最直接相關的文獻即是侯方峰的博士學位論文《史景遷的歷史敘事研究》〔註3〕與其〈論史景遷的歷史敘事寫作〉〔註4〕一文，是明確地以史景遷歷史寫作為對象，並以其中的客觀性及文學性辯析上對史學史的意義為一重要的里程碑。然而許多關於史氏的研究多著重在史學理論的辨析上，很少從敘事學的角度來切入，畢竟史氏是一個「說故事的史家」，自然有其獨特的視角與態度。史家蒐羅史料後經過詳細的考證，還必須透過史家敏銳

〔註3〕侯方峰，《史景遷的歷史敘事研究》，濟南：山東大學史學理論及史學史博士論文，2014年。

〔註4〕侯方峰，〈論史景遷的歷史敘事寫作〉，《東嶽論叢》，第35卷第3期，2014，頁64～69。

的觀察與文學的想像技巧總緝人情，融史料與想像而為一，再現歷史記憶所感發的真與美，此即史家最重要的任務。這些都是要借助敘事技巧才有可能探入史料未能達到之境地，讓歷史事件能更傳真且傳神，還原歷史現象的原貌。

　　第二章史景遷的史學之路。史景遷對於穿著沒有特別修飾，展現出自然率性的一面，這也反映在他的歷史研究上，不走嚴謹的史學理論論述也不擺出學術權威，反而讓他能在漢學研究上闖出一片天地且自成一格。在史氏的求學歷程上遇見了芮瑪麗和房兆楹兩位教授，這兩位教授正是讓史氏醉心於中國歷史文化中最重要的推手。史氏很感謝芮瑪麗教授的栽培，認為是她引領自己進入中國近現代史研究的世界，進而引發對古老中國的文化產生憧憬；他也認為房教授學問嚴謹紮實而且誨人不倦，同時「史景遷」這個中文名字也是房兆楹為他命名，希望他能能夠和司馬遷一樣成為一個不凡的史學家，融貫中西史學作為一個不平之輩！

　　史景遷的著作絕大部分都是書寫中國近現代史的風貌，除了有個案的呈現，也有以宏大歷史時空間來敘述的。史氏在史學家不可欠缺的史料基礎上從小處著眼，透過史料細微之處的挖掘與分析來建構其所要描寫的主題，在細節與細節之間融入文學家豐富的想像力，藉由細緻的心理描寫和吸引讀者的敘事能力，創造出一個宏大的歷史環境，也因此廣受中西方讀者的注意。不過這種文學化的想像也遭致非議，認為他不像一個史學家而是小說家。其實史氏認為史學是一種藝術，他不以史實的真實性為最終依據，而是在這之上，運用文學化的語言來獲得某種意義或是道德的評判。他也認為史學家必須從歷史文獻的觀察和奇聞軼事的觀察中，找到歷史本來的面目，但這些都必須根基於史料的基礎上，這和歷史小說家有很大的不同。長期的歷史實踐培養了他的深刻洞察力，他以優美的文筆和生動的敘事去還原歷史現場，史氏在歷史敘事上朝向追求人物心靈面貌與道德意義評論，這些都是以史料為基礎。歷史能夠廣為流傳，靠的正是寫作的技藝，此技藝即是一種文學的力量，但這種文采並不是指浮誇的虛構，是一種文（華美）質（事實）並重的技巧。

　　第三章敘事與夢境——王氏生活空間的建構。本章以敘事學理論與超現實主義的角度切入，看到史景遷在史料中建構出王氏的生活空間與內心世界。史氏的名字和司馬遷有很大的關聯，史氏很是欣賞《史記》的敘事筆法，並且在作品中進行實踐，也因此他認為自己在寫作中受到司馬遷的《史記》很多影響，這更是他作品中帶有強烈的故事性的主要因素。司馬遷的史傳敘事和史景

遷的歷史敘事有著諸多的相同性，而當中最重要的非「虛構性」莫屬。史氏在
《婦人王氏之死》中對各種角色內心的描摹，和司馬遷對於人物性格的刻畫與
塑造有著相似的過程；史氏在《婦人王氏之死》的故事上，承繼了《史記》的
史傳敘述模式，如王氏的主線故事上，在其他的衛星事件中作了一些加工與潤
飾（以《聊齋誌異》為材料進行故事組織）；對故事中的人物作了許多的擬言
與代言的敘事行為；而故事的最後，為王氏鋪排了一個奇幻的夢敘述，而該夢
境竟也暗示了王氏的一生與死亡結局。不過，史氏仍有與司馬遷不同之處，即
走入人物的生活，並將所感受的歷史情感帶出來，以自身的高度影響力將中國
歷史傳遞給不同文化圈的讀者認識。

　　在敘事學的討論上，側重敘述者（史景遷如何作為敘述者）、敘述角度（史
景遷的視角展現）、敘事時間（文本中呈現的時間流動）以及敘事邏輯（文本
的情節結構）等四個面向。首先在敘事者方面，史氏採取了非聚焦型視角（全
知）和內聚焦型視角（限制），研究者認為這種視角的轉換正是減低了敘述者
的權限，使得作品更加的親易近人，留給讀者更多的想像空間；另一方面，非
聚焦型視角的敘事者彷彿站在故事背後講故事，他能掌握人物的想法與行動，
無微不至的表現出他們的所作所為，而內聚焦型的視角基本上是建立在人物
的內心層面，當敘述者用他們的角度觀察世界時，讀者也正是透過人物觀照現
實。因此史氏在敘事視角上的流動，是根據敘事的整體需要而有所改變。其次
在敘述角度上我們可以將史氏的視角展現區分為異敘述者、內外敘述者、自然
而然的敘述者以及客觀敘述者。史景遷在視角與敘事者的觀點上，所採取的並
非單一的手法，而是混和多種敘事手段，使其呈現一種客觀真實性的敘述，並
在虛實相生的敘事氛圍中吸引讀者的目光。再次是敘事時間的時序，閃回可以
表現敘述者對故事的安排，他可以從故事的任何一段時間開始說起，或者整個
故事都在進行人物的追憶。閃前是一種有明確敘述的暗示，是對後面事件的預
告，透過時間的預示，讓讀者心裡有種期待；在時限上，藉由等敘、擴敘、概
敘、省敘和靜敘的使用，將故事裡的敘時時間作一魔術性的操弄，表現了敘述
者或史家對時間的敏感性。史氏在敘事時限上做了許多的變化，它們起了調節
敘事節奏的速度，讓作品有所起伏跌宕，展現敘事時間調度的豐富性。最後在
敘事邏輯上運用環狀結構，使得事件環環相扣，最後歸結到王氏的生命經驗，
這不僅展現了史家對歷史的掌握，將歷史事件的因果順序還原，也加深了連貫
的因果關係。

在超現實主義的討論上，側重王氏夢境的意象和隱喻象徵。在《婦人王氏之死》的〈私奔的女人〉一文中，史景遷用很長的篇幅來描寫王氏的夢境，在這個夢境中，不但意旨隱晦，意境朦朧，對於細節的處理也相當細緻。佛洛依德認為，夢是潛意識的渲洩手段，人們心中真正的夢想與面目是隱藏在淺意識和夢裡面的。夢會受到「超我」（外在社會規範）的抑制以及本能欲望相互影響。潛意識是文學創作的動力，而夢境和幻覺就是潛意識的表現形式和象徵手法。深受佛洛伊德心理分析學說影響的超現實主義，認為只有將人類的潛意識形象化，才能真正進入藝術的層次。大量以夢境或幻覺為表現形式，這樣的表現手法也讓夢境具有一種真實感的魅力史景遷在這裡對於王氏夢境的描摹，運用了許多文學性的藝術表現手法，重視對人物內心的挖掘，關注了人物的心靈世界。在意象方面，注重意象的選擇，各種意象之間具有跳躍性。意象經過組織編排後再次造境，展現了創造者的審美表現的藝術力，而這一切的可能端賴創作者的情感來統攝，並再現於文本中。史景遷以蒲松齡的《聊齋誌異》為材料，選擇當中的一些意象，營造朦朧的意境，完成對夢境的描寫，組合出王氏的精神世界，讀者彷彿也跟著王氏經歷了一段心靈之旅。其次是在隱喻象徵方面，透過隱喻的方式表現人們內心和社會狀態。夢的書寫是有意義的，從入夢、夢中和出夢的敘述串成一個完整的情節，雖然王氏透過夢的驅動完成了願望的滿足，但夢醒之後卻遭遇不幸，這種由美好到衰亡的差距，在入夢和出夢的敘述前後對照下，深刻的表現出王氏內心世界的變化與無奈，反映出人生的虛幻與無常。王氏的夢境所呈現的正是一種預言式的夢，飢荒、兵亂與死亡籠罩著十七世紀的郯城，居民對生活的產生了幻滅感，史氏透過夢驗的書寫，表達了王氏的渴望，然而她卻逃不過歷史的束縛，終究死於任氏之手。夢雖然是虛構的，卻也是從生活經驗堆積出來對歷史的感懷。透過夢境的敘述，補足了史料的不足，為的就是要讓王氏的形象烙印在每個讀者的心中，並在心中留下難以磨滅的鮮明形象。史氏書寫了王氏的夢，展示其內心難言之情，將王氏從那個時空超脫出來，讓她最真實的身影再復活，也讓王氏的身影能更加真實地存在於讀者眼前。

第四章史料與非史料——本間的相互對話。主要以文際互典的特點來探究史景遷在書寫王氏和張岱的過程中，透過文學文本達到歷史記憶的再現。《聊齋誌異》和《陶庵夢憶》雖然都是一種文學文本（屬於非史料的部分），但根據研究者蒐集的資料中，可以看到史氏在使用這些材料時，並非毫無根據的胡謅，而是將它們視為有史學意識的小說（《聊齋誌異》）和史料筆記的小品

散文（《陶庵夢憶》）予以使用，可見史氏在敘事材料擇取上的用心和創見。寫史講求實事求是，不可以無憑無據；寫小說可以不必符合史實也不妨全篇都虛構。不過史書並非全是實錄，而小說並非全都是幻想出來的，小說從多方面記錄了當時社會的真實情況，可以彌補正史的不足，而這正是透過文際互典而產生的可能性。在《聊齋誌異》的使用上，借用蒲松齡的眼睛來看不一樣的郯城（對比馮可參和黃六鴻眼中的郯城），還原郯城的歷史記憶；同時史氏也藉由蒲松齡筆下常用的意象拼貼出王氏的夢境，不僅再現了她內心的想法，也展現了郯城婦女的共同願望（嫁個好丈夫，過著美好的生活）。不同於《郯城縣志》與《福惠全書》那種官方性的史料，史景遷將《聊齋誌異》當作是在這些僵化史料所給人的印象之外，重新塑造那些逝去的時空與生命。王氏之死不僅僅是一個單純的謀殺案，在那些史料中對於王氏的敘述僅有短短數語，透過《聊齋誌異》，我們可以看出王氏與整個郯城，甚至是整個中國婦女的命運縮影，並且真實地進入當時的時空。在《陶庵夢憶》的使用上，借用他的作品還原了明末的士大夫生活，也喚醒了張岱年輕時的生活記憶。《陶庵夢憶》記錄著張岱對於半生浮華的追憶，為晚明社會留下一些真實生動的書寫，但明朝覆亡之後，張岱的生活產生了很大的變化，作為一個士大夫，他對這樣的巨大變化陷入了惆悵之感，因而在〈陶庵夢憶序〉當中看到了他對於今昔之變中，對於「果報」的深刻反省。在龍山歸隱的時日中，他反覆追憶與懺悔，想將過去的種種書寫下來，留給後世的人們可以參證，同時這些東西就如同佛家舍利一般，雖歷經各種劫火焠煉皆不能將其磨滅，這便是一種歷史意識的呈現。身為士人與史家，他認為有責任將殞落的王朝記錄下來，這也是士人對於一個王朝覆亡的失落與檢討。史氏每每敘及張岱的往事，便在書中穿插《陶庵夢憶》的部分原文，藉以加強論述的重點。

在回憶過去的時空中，史家體認到該歷史事件是否有可以帶給後人的啟示，這種啟示也正是一種超越時間的延續，也就是說歷史書寫本質上是一種抗朽的意識，使過去的人事物的生命與經驗能在時間的有限性中超脫出來。寫史的人會老朽，但在書寫的過程中，不僅將他人的經驗保留下來，同時也在書寫完成後使自己的話語透過作品轉換為不朽的形式存在。也就是說，文際互典本身就是一種記憶的再現，在各種文本的交互影響中彰顯出來，讓存在其他文本的記憶得以釋放，因而讓書中的人事物超脫時間成為不朽與永恆。因為有了《聊齋誌異》的幫助，我們可以更接近王氏所生存的時空以及他本人的想法是

如何影響他的命運；透過《陶庵夢憶》的幫助，我們更能進入張岱所處的時代，以及時代易變的蒼涼感。透過文際互典的手法，不僅重現了當時的時空，也讓文字所蘊藏的生命流洩出來，這種被歷史遺忘的記憶，固是王氏和張岱的，也是郯城與晚明社會人的共同記憶，在史料與非史料的相互輝映下，我們看到了史氏對歷史再現的獨特手法如何使回憶成為一件有意義的事。

　　第五章理解與同情——史學家的任務。本章主要探討史景遷如何在跨文化交流中傳達中國歷史給西方英語讀者認識。史家在解釋歷史時，難免會有同情與想像，但這種想像絕非空想，而是體驗歷史人物的心境，進而與之合而為一，如此才有可能深入研究對象的想法、歷史事件的態勢之中。也就是說，透過對某些歷史細節的合理想像推情入理，加上文學藝術的渲染，於史料未深及之處加以補充，或表現史家的歷史體悟，達到史筆與文筆的鎔鑄。然而在大多數的史學家眼中這違反了「實錄」的本質，造成史學研究落入小說一途，這也是史景遷的作品遭受議論的主要原因。但這裡要注意的是，歷史想像是根據史料的基礎下，經由辨偽蒐集而來的史材真實性，揣想史實完成對歷史事實或人物的撰述，並在綜攝資料的過程中完成對人物和歷史間的補充與還原，這些都端賴史家對歷史的「遙體人情」才有可能的。史氏並非生活於中國文化圈，而是一個接受西方文化的史家，也因此在研究異文化之時，更能體現出「遙體人情」的重要性。面對一個異質文化的人事物，本來就有不同的想法，但在歷史研究的要求上，仍必須將自身投射到研究對象身上，才能盡量還原歷史的本真，這點正是史氏在歷史敘事上的一個重要挑戰，據此，研究者認為史氏正是一個中國歷史的「漫遊者」。「漫遊者」本身藉著觀察城市的一舉一動，記錄下城市裡出現的各種樣態，然而漫遊並非像觀光客那樣四處走走看看，「漫遊者」的意義是更深層的，雖然他一樣放慢腳步四處觀察，但他帶有一種反思，也因為如此他才能和被觀察的對象保持既近且遠的距離。史景遷在中國的歷史中漫遊，他眼中所看到的不是帝王將相的歷史，也不在意那個千百年來被當地居民引以為傲的偉大建築，如萬里長城或是始皇陵等遺跡。在《婦人王氏之死》中，他把目光轉向位在山東的一隅——郯城，看到了三百多年前的窮困小鎮，看到了郯城幾經戰亂與貧困交迫下的民眾，以及當中的一位婦人王氏內心的渴望，試圖藉一幅城市地景與散逸的歷史碎片進行敘事，來激發對郯城的文化認識與歷史意識的反省，從中重構與召喚對於城市歷史記憶的縫補與關注。在史景遷的跨國跨域、跨文化的歷史敘事下，帶領讀者進入他漫遊之後所

見到的中國文化與歷史視野。

　　文化過濾與誤讀都是在文化交流雙方達成溝通的一種行為，文學過濾和誤讀都是溝通交流主體和接受客體雙方的一道橋樑，然而過多的過濾或誤讀卻也可能產生不好的交流行動，因此在文化交流中，應該充分發揮兩者的積極作用，而避免向自我封閉或是誤解文化的極端前進，才能更好的促進文化或中西歷史的交流與溝通。職是之故，在理解史景遷的跨文化傳播行為中，我們可以從文化過濾和誤讀的方向著手，於是我們看到他在譯向西方讀者時所面臨的各種困境，無論是對中國文化的了解程度或是在熟讀這些中國史料中都未臻完善，這是史氏在書寫中國歷史的過程中還可以再加強的地方。畢竟他的著作鎖定的對象並不是那些鑽研中國歷史的學者，而是希望激起一般讀者對中國歷史產生理解與認識，他們自然不會去查找原文而予以校正勘誤，即便有翻譯錯誤的問題也難以察覺，這是較為可惜之處。而經由中譯本轉譯回來的這些書籍，將古籍文獻全部轉成原文的文言文或白話翻譯之形式，即便史氏原文有誤讀者也難以察覺。這裡所要強調的是無論是史氏或是轉譯者，在進行文化轉換時仍須注意是否造成接受者的曲解，這是必須持續努力完成的任務；史氏出入中西方不同文化的場域，經由他特殊的歷史敘事筆法，使得中國歷史得以傳播到海外。史氏漫遊中西之後所帶出的理解與同情，卻也是在跨文化交流中最為珍貴且重要的目的。

　　在這幾章的分析探究中，我們可以歸結出一個結論：史景遷歷史敘事的重點在於以史料為基礎來發揮歷史想像，這點和他所尊敬的史家司馬遷是相似的，兩人在史學的功夫上，特別是資料收集與考據上都下了一定的功夫，也有著一定程度的歷史想像與同情。並將自己置入歷史現場，還原人物的行為特徵，生動地描繪出各式各樣的角色，同時讓讀者重新認識了歷史。無論是敘事視角、敘述者類型或是敘事時間與結構上都是史氏的有意安排，不啻展現了歷史發展絕非僅有單一視角的論點，而是許多因素的綜合體，在各種敘事技巧的變化上不僅展現了史家對歷史的掌握，更將歷史事件的因果順序還原，加深因果關係。史氏身為一個海外漢學家，在異質文化的研究上更顯困難，特別是在複雜的中國歷史文化研究上，在浩如煙海的史料與非史料中，觀察到一條明朗的敘事途徑，透過擇取相關元素還原人物的歷史記憶，並將這些經驗轉換成即使是不同文化的人也能夠相互理解的東西，這是史景遷的歷史敘事中最難能可貴之處。

第二節　未來展望

　　楊照認為「在這三十年當中……歷史漸漸從一個『形式上的知識』，移向『非形式上的體驗』。以前我們感覺歷史是一套知識……是一些我可以整理、打包、帶走的事物。但愈來愈多的歷史學家不滿足於歷史學作為一門知識，它還要變成一種體驗。」〔註5〕這或許可以做為史景遷歷史敘事的最佳註解。史景遷書寫中國歷史的目的並不在於提供多少歷史知識，正如在《婦人王氏之死》或是《張岱的浮華與蒼涼》二書中，並沒有太多新的觀點，史氏是想讓西方讀者能夠體驗、感受與認識王氏和張岱兩位主角在歷史洪流中如何調整與適應社會的變化帶給他們的衝擊，這才是史氏觀察後所要帶出來的體驗。

　　史景遷在傳達歷史體驗的過程中，聚積各種有關的材料，極力探詢故事主角的所有細節。在《婦人王氏之死》中「王氏在一六七二年一月底的一個傍晚，被丈夫任氏掐死」，這是一個知識性的陳述，但讀者還是無法感受當中的情況，為何王氏會被丈夫掐死，於是史氏透過各種剝絲抽繭的方法來找出各種細節，這即前面所分析的內外敘述者模式，內敘述者從觀察者、土地、寡婦、爭鬥，逐一展現出郯城的各種面貌，而在這些細節中都造成了王氏悲慘的命運，最終回答了外敘述者的問題。如果史氏沒有寫出這些細節，讀者很難將知識轉變成一種歷史的體驗。我們常說《史記》的敘述模式很是引人入勝，在近現代的史學發展中，歷史敘事也逐漸地重新受到審視（畢竟歷史還是要以文字書寫，如果寫得文謅謅想必只能束之高閣而無緣在廣大的讀者面前予以展現），因此史學家們開始關注從文學借鑒而來的敘述策略，掌握了史料就必須將之組織排列，但最重要的還是「要寫給誰看」的問題，而史景遷很清楚的認識他的閱讀對象（學生或是一般民眾，而非史學界的學者），但這些人並不是那麼了解中國歷史，如何讓陌生轉變成熟悉，這便是一種運用敘事策略來讓讀者感受到歷史體驗的關鍵。

　　前文曾提及，雷錦認為史景遷的研究仍有很大的發展空間，諸如專書研究、與其他作者合著之研究以及史景遷和其他學者之對比研究都有待發掘。本研究可謂是一種對史氏的專書研究，並從中探掘史氏文學化的歷史敘事特色，透過文學的敘事技巧與豐富的歷史想像力，將史料化作一篇篇有趣故事，使人物躍然紙上。史氏透過縝密的剖析，以漫遊者的眼光逡巡在中國近現代史，出

〔註5〕楊照，《星火：閱讀札記III》，臺北：群星文化，2016年。

版了近二十餘本著作，其中最具文學性的莫過於《婦人王氏之死》。在書中摻入了他獨特的說故事敘事手段，運用《聊齋誌異》補足王氏在歷史上遺失的一塊拼圖，使得史料與非史料在著千絲萬縷交相呼應的關係，喚回了文字所蘊含的記憶，經由史料基礎與想像同情合而為一，便能再現歷史記憶感發的真與美。鄭勇認為：

> 史景遷的著述體例與我們所熟悉的各種高頭講章差別太大……比照傳統學院派史學著作，很難把它看作同類；與其說是論著，毋寧看作故事，其中不乏生動的情節魅力……不如說（史氏）更關注人物，有幾分文學傳記的風韻……沒有支離纏繞的繁複史料拒斥著讀者的閱讀，卻徵引大量的文學作品片段作為文獻……史景遷給我們提供了一個精彩的文本，使我們發現文學和歷史可以這麼揉為一體。〔註6〕

史氏的寫史風格和所謂學院派格格不入，因此其著作常為人詬病；但當我們用說故事（敘事）角度來觀看時，便能更清楚瞭解史氏的敘事意識。他認為文學的語言是讓歷史更接近藝術，同時能夠獲得某種道德性的價值批判；史家透過敏銳的觀察與文學的想像技巧總縮人情，探入人們心中的世界，對史料不足之處做出補充，在歷史洪流的跌宕起伏中展現歷史人物的故事，逐步揭露歷史現象的原貌。

　　然而本研究仍有不足的地方，如前文提到的文化交流下的過濾與誤讀，在原著與翻譯後的書籍對比下，無法全面地將所有著作之原文與中譯本進行比較分析（本研究僅分析了與研究主題相關之論著），後續的研究者可以補足這些過濾與誤讀的現象，整合出史氏在跨文化交流中的策略。史景遷的歷史敘事自有其特色，雖然在史學界佔有一席優勢，但在大多數史家眼中仍是視為「野路子」，並沒有被學界廣泛接受和認可。這不僅是因為歷史敘事不是主流寫作方法，還有也是因為歷史敘事是一種結合歷史與文學的虛實技藝。史景遷說道：

> 這（想像力和同情心）幫助我用更複雜的方式來講故事，展開更多可讓人探索和拓展的領域，帶來一些新的眼光。但不一定的，也可能會走投無路。很多事情都可能對歷史發展很重要，甚至是火災和地震，有時候不同事件的影響是互相疊加的，僅僅靠史實不能帶來那麼多層次的真相。

〔註6〕鄭勇，〈歷史的另一種書寫方式〉，《博覽群書》，第10期（1999）。

正因為如此，史氏認為蘊含作者生命情感的文學作品可以與史料相互結合，補足歷史所無法深入的領域。文學雖然帶有虛構性質，但這種虛構卻是以現實經驗作為基礎，同時也和人們的體驗和記憶相關聯，透過文學與歷史的結合，重構過去的歷史經驗與記憶。

因此未來需要更多像史氏這樣熱衷於敘事文采的漢學家或歷史學家出現，從而讓歷史敘事回到主流舞台，藉由本研究的論點，擺脫史氏是為一個「失敗的小說家」的窠臼。更希望本研究能成為後續研究史氏敘事手法的燈塔，提供一可資信賴的指引及參考，起到史氏在歷史敘事研究上一承先啟後的作用。

參考文獻

一、史景遷著作

（一）專書

1. 史景遷著，黃秀吟、林芳梧譯，《胡若望的疑問》，臺北：唐山，1996 年。

2. 史景遷講演，廖世奇、彭小樵譯，《文化類同與文化利用：中國文化總體對話中的中國形象》，北京：北京大學，1997 年。

3. 史景遷著，阮叔梅譯，《大汗之國：西方眼中的中國》，臺北：臺灣商務，2000 年。

4. 史景遷著，林宗憲譯，《毛澤東》，臺北：左岸，2001 年。

5. 史景遷著，溫洽溢譯，《革命與戰爭》，臺北：時報，2001 年。

6. 史景遷著，溫洽溢譯，《追尋現代中國：最後的王朝》，臺北：時報，2001 年。

7. 史景遷著，吳家恆譯，《雍正王朝之大義覺迷》，臺北：時報，2002 年。

8. 史景遷著，朱慶葆等譯，《太平天國》，臺北：時報，2003 年。

9. 史景遷著，溫洽溢譯，《追尋現代中國：從共產主義到市場經濟》，臺北：時報，2003 年。

10. 史景遷著，溫恰溢譯，《改變中國》，臺北：時報，2004 年。

11. 史景遷著，夏俊霞等譯，《中國縱橫：一個漢學家的學術探索之旅》，上海：上海遠東，2005 年。

12. 史景遷著，溫洽溢譯，《康熙：重構一位中國皇帝的內心世界》，臺北：時報，2005 年。

13. 史景遷著，溫洽溢譯，《天安門：中國的知識份子與革命》，臺北：時報，2007 年。

14. 史景遷著，陳恒、梅義征譯，《利瑪竇的記憶宮殿》臺北：麥田，2007 年。

15. 史景遷著，李孝愷譯，《婦人王氏之死》，臺北：麥田，2009 年。

16. 史景遷著，溫洽溢譯，《前朝夢憶：張岱的浮華與蒼涼》，臺北：時報，2009 年。

17. 史景遷著，溫恰溢譯，《曹寅與康熙》，臺北：時報，2012 年。

（二）期刊論文

1. 史景遷，〈雍正皇帝的道德權威〉，《歷史月刊》，第 160 期（2001）。

2. 史景遷，〈掌關稅大權，振將傾王朝──李泰國〉，《幼獅文藝》，第 614 期（2005）。

3. 史景遷，〈耶魯傳教團，造雅禮中國〉，《幼獅文藝》，第 613 期（2005）。

4. 史景遷，〈從未離開本國的探索者──阿瑟‧韋利（Arthur Waley）〉，《傳記文學》，第 92 卷第 2 期（2008）。

5. 史景遷、王恩冕，〈中國未來隨想〉，《商》，第 12 期（2012）。

6. 史景遷，〈林徽因與梁思成的傳奇人生〉，《語文世界（中學生之窗）》，第 9 期（2015）。

7. 史景遷、溫洽溢，〈繁華靡麗皆成空〉，《新高考（語文學習，高一高二）》，第 7 期（2016）。

二、中文

（一）專書

1. ﹝後晉﹞劉昫等主編，《舊唐書》，北京：中華，1975 年據岑氏懼盈齋刻本點校。

2. ﹝明﹞張岱撰、馬興榮點校，《陶庵夢憶‧西湖夢尋》，上海：上海古籍，1982 年。

3. ﹝清﹞清聖祖敕編，《全唐詩》，北京：中華，1960 年據揚州詩局刻本校點。

4. ﹝清﹞章學誠，《文史通義》，臺北：國史研究室，1972 年。

5. ﹝清﹞蒲松齡著，張友鶴註，《聊齋誌異會校會註會評本》，臺北：里仁，2003 年。

6. 于天池，《蒲松齡與《聊齋誌異》脞說》，臺北：秀威，2008 年。

7. 大衛洛吉（David Lodge）著，李維拉譯，《小說的十五堂課》，臺北：木馬，2006 年。

8. 小魔女，《解夢宅急便：一本你專屬的解夢書》，新北：讀品，2014 年。

9. 中國人民大學書報資料社，《歷史學月刊第一期》，北京：中國人民大學書報資料中心，2003 年。

10. 王平，《中國古代小說研究》，石家莊：河北人民，2001 年。

11. 王立，《中國古代文學十大主題：原型與流變》，臺北：文史哲，1994 年。

12. 王先霈，《文學理論批評術語匯釋》，北京：高等教育，2006 年。

13. 王宏志、梁元生、羅炳編，《中國文化的傳承與開拓：香港中文大學四十周年校慶國際研討會論文集》，香港：香港中文大學。

14. 王岳川，《後現代主義文化研究》，臺北：淑馨，1992 年。

15. 王厚森，《隔夜有雨：王厚森詩集》，臺北：釀出版，2014 年。

16. 王海龍，《遭遇史景遷》，上海：上海書店，2007 年。

17. 王國瓔，《中國文學史新講（上）》，臺北：聯經，2014 年。

18. 王萬象，《中西詩學的對話：北美華裔學者中國古典詩研究》，臺北：里仁，2009 年，頁 58。

19. 王德威，《想像中國的方法：歷史、小說、敘事》，北京：三聯，1998 年。

20. 王曉菊，《何謂歷史學》，北京：中央編譯局，2015 年。

21. 史帝芬康納（Steven Connor）著，唐維敏譯，《後現代文化導論》，臺北：五南，1999 年。

22. 申丹，《敘事學理論探頤》，臺北：秀威，2014 年。

23. 申丹，《敘述學與小說文體學研究》，北京：北京大學，1998 年。

24. 申丹、王麗亞著，《西方敘事學：經典與後經典》，北京：北京大學，2010 年。

25. 任遠、宋菁、朱長江編，《鏡頭前的藝術：影視解讀，拍攝與編輯》，北京：中國廣播電視，2000 年。

26. 伍軒宏、劉紀雯導讀，《結構主義與後結構主義‧後現代主義》，臺北：文建會，2010 年。

27. 朱汝瞳，《中國現代文學流派漫談》，臺北：秀威，2010 年。

28. 何兆武、陳啟能著，《當代西方史學理論》，臺北：五南，2002 年。

29. 何福仁，《歷史的際會──先秦史傳散文新讀》，香港：三聯，2013 年。

30. 佛洛伊德（Sigmund Freud）著，劉佳伊譯，《夢的解析》，臺北：華成，2003 年。

31. 佛洛伊德（Sigmund Freud）著，呂俊等譯：《夢的解析》，臺北：知書房，2014 年。

32. 呂元驄、葛榮晉著，《清代社會與實學》，香港：香港大學，2000 年。

33. 巫仁恕，《品味奢華——晚明的消費社會與士大夫》，臺北：聯經，2007 年。

34. 李天鐸、何慧雯著，〈日本偶像劇在台灣的挪移想像〉，收入於李天鐸主編，《日本流行文化在台灣與亞洲（I）》，臺北：遠流，2002 年。

35. 李長博，《超現實夢境：顛覆你所認知的常理》，臺北：永續，2014 年。

36. 李紀祥，《時間、歷史、敘事：史學傳統與歷史理論再思》，臺北：麥田，2001 年。

37. 李貞慧主編，《中國敘事學：歷史敘事詩文》，新竹：清大，2016 年。

38. 李蓉，《中國現代文學的身體闡釋》，臺北：秀威，2010 年，頁 321。

39. 李遜，《大崩潰：上海工人造反派興亡史》，臺北：時報，1996 年。

40. 杜維運，《史學方法論》，臺北：三民，1989 年。

41. 汪榮祖，《詩情史意》，臺北：麥田，2005 年。

42. 汪衛東，《魯迅：現代轉型的精神維度》，臺北：秀威，2015 年。

43. 狄倫·圖契洛（Dylan Tuccillo）、賈瑞·塞佐（Jared Zeizel）、湯瑪斯·佩索（Thomas Peisel）著，Maopopo 譯，《清醒做夢指南：全面啟動你的夢境之旅》，臺北：大塊，2014 年。

44. 亞里斯多德（Aristotle）著，羅念生譯，《詩學》，北京：人民文學，1962 年。

45. 周慶華等著，《新詩寫作》，臺北：秀威，2009 年。

46. 周慶華，《轉傳統為開新：另眼看待漢文化》，臺北：秀威，2008 年。

47. 周慶華主編，《跨領域語文教育的探索》，臺北：秀威，2011 年。

48. 周敏著，《什麼是後現代主義文學》，上海：上海外語教育，2014 年。

49. 周樑楷、吳振漢、胡昌智編著，《史學導論》，臺北：空大，1995 年。

50. 林立樹，《現代思潮：西方文化研究之通路》，臺北：五南，2015 年。

51. 林東泰，《敘事新聞與數位敘事》，臺北：五南，2015 年。

52. 林柏維，《密碼與光譜：台灣為中心的歷史知識論》，臺北：秀威，2008 年。

53. 林博文，《關鍵民國：聆聽民國史的馬蹄聲》，臺北：大塊，2013 年。

54. 芮瑪麗著，房德鄰等譯，《同治中興：中國保守主義的最後抵抗（1862～1874）》，北京：中國社會科學，2002 年。

55. 姚占新，《中國通識》，新加坡：玲子傳媒，2013 年。

56. 施百俊，《故事與劇本寫作：文創、電影、電視、動漫、遊戲》，臺北：五南，2015 年。

57. 柯慶明，《古典中國實用文類美學》，臺北：國立臺灣大學出版中心，2016 年。

58. 洪淑苓，《孤獨與美：台灣現代詩九家論》，臺北：釀出版，2016 年。

59. 紀昭君，《小說之神就是你：暢銷作家百萬滾錢術，你不可不知的寫作心機》，臺北：釀出版。

60. 胡亞敏，《敘事學》，臺北：若水堂，2014 年。

61. 倪愛珍，《史傳與中國文學敘事傳統》，北京：中國社會科學，2015 年。

62. 唐圭璋編，《全宋詞》，北京：中華，1965 年。

63. 徐岱，《小說敘事學》，北京：商務，2010 年。

64. 格瑞心靈工作坊，《Dream 夢：解夢及夢中清醒》，臺北：丹陽，2014 年。

65. 浦安迪著，《中國敘事學》，北京：北京大學，1995 年。

66. 馬幼垣著，《中國小說史集稿》，臺北：時報，1987 年。

67. 馬來西亞留台校友會聯合總會主編，《馬華文學與現代性》，臺北：新銳文創，2012 年。

68. 高小康，《中國古代敘事觀念與意識形態》，北京：北京大學，2005 年。

69. 高友工，《中國美典與文學研究論集》，臺北：國立臺灣大學出版中心，2011 年。

70. 高玉，《從「話語」視角論中國文學》臺北：秀威，2012 年。

71. 勒狄克著，林錚譯，《史家與時間》，臺北：麥田，2004 年。

72. 張一兵，《不可能的存在之真：拉岡哲學映射》，臺北：秀威，2015 年。

73. 張光達，《馬華現代詩論：時代性質與文化屬性》，臺北：秀威，2009 年。

74. 張國剛，《明清傳教士與歐洲漢學》，北京：中國社會科學，2001 年，頁244。

75. 張寅德《敘述學研究》，北京：中國社會科學，1989 年。

76. 張隆溪，《張隆溪文集·第二卷》，臺北：秀威，2012 年。

77. 張隆溪，《張隆溪文集‧第三卷》，臺北：秀威，2013 年。

78. 張隆溪，《張隆溪文集‧第四卷》，臺北：秀威，2014 年。

79. 張榮翼、李松，《文學理論新視野》，臺北：新銳文創，2012 年。

80. 曹順慶等著，《比較文學論》，臺北：揚智文化，2003 年。

81. 曼素恩著，楊雅婷譯，《蘭閨寶錄：晚明至盛清時的中國婦女》，臺北：左岸，2005 年。

82. 許靜文，《臺灣青少年成長小說中的反成長》，臺北：秀威，2009 年。

83. 郭宏安、徐葆耕、劉禾主編，《國際理論空間‧第一輯》，北京：清華大學，2003 年。

84. 陳永國，《理論的逃逸：解構主義與人文精神》，臺北：秀威，2014 年。

85. 陳茘，《陳校長幫你找好書》，香港：中華書局，2016 年。

86. 凱斯‧詹京斯（Keith Jenkins）著，賈士蘅譯，《歷史的再思考》，臺北：麥田，2006 年。

87. 富路特著，《明代名人傳》，北京：北京時代華文，2015 年。

88. 普林斯（Prince, G）著，喬國強、李孝弟譯，《敘事學：敘事的形式與功能》，北京：中國人民大學，2013 年。

89. 普林斯（Prince, G）著，喬國強、李孝弟譯，《敘述學詞典》，上海：上海譯文，2011 年。

90. 覃彥玲，《廣告學》，臺北：元華文創，2015 年。

91. 黃仁宇，《中國大歷史》，臺北：聯經，1993 年。

92. 黃俊傑，《東亞儒家人文精神》，臺北：國立臺灣大學，2016 年。

93. 黃俊傑，《儒家思想與中國歷史思維》，臺北：國立臺灣大學，2014 年。

94. 楊書銘，《一生一定要懂的歷史學故事》，臺北：紅螞蟻，2011 年。

95. 楊照，《星火：閱讀札記Ⅲ》，臺北：群星文化，2016 年。

96. 當年明月，《明朝那些事‧參》，臺北：大地，2008 年。

97. 葛劍雄、周曉贇著，《歷史學是什麼》，臺北：揚智，2003 年。

98. 廖卓成，《兒童文學：批評導論》，臺北：五南，2011 年。

99. 趙毅衡、胡易容編，《符號學：傳媒學辭典》，臺北：新銳文創，2014 年。

100. 齊益壽，《黃菊東籬耀古今：陶淵明其人其詩散論》，臺北：國立臺灣大學出版中心，2016 年。

101. 劉世劍，《小說敘事藝術》，長春：吉林大學，1999 年。

102. 翁鑫、劉寶等著，《北京皇城玩全指南》，新北：宏碩，2012 年。

103. 蔡振念，《杜詩唐宋接受史》，臺北：五南，2002 年。

104. 蔡登山，《張岱的明末生活記憶：《陶庵夢憶》與《西湖夢尋》合刊》，臺北：釀出版，2015 年。

105. 蔡源煌，《從浪漫主義到後現代主義：文學術語新詮》，臺北：書林，2009 年。

106. 鄭穎玲主編，《敘事學研究：理論、闡釋、跨媒介》，北京：北京大學，2013 年。

107. 魯小鵬著，王瑋譯，《從史實性到虛構性：中國敘事詩學》，北京：北京大學，2012 年。

108. 錢鍾書，《管錐篇》，北京：中華書局，1984 年。

109. 戴維‧方坦納（David Fontana）著，何盼盼譯，《象徵的名詞》，臺北：米娜貝爾，2003 年。

110. 檀作文、萬希，《李煜》，北京：中信，2006 年。

111. 鍾宗憲，《先秦兩漢文化的側面研究》，臺北：知書房，2005 年。

112. 鍾怡雯，《九十四年散文選》，臺北：九歌，2006 年。

113. 簡後聰、林君成著，《歷史編纂法》，臺北：五南，1993 年。

114. 薩莫瓦約著，邵煒譯，《互文性研究》，天津：天津人民，2002 年。

115. 羅剛，《敘事學導論》，雲南：雲南人民，1999 年。

116. 羅書華，《中國敘事之學：結構、歷史與比較的維度》，北京：中國社會科學，2008 年。

117. 嚴紀華，《當古典遇到現代》，臺北：秀威，2007 年。

（二）期刊論文

1. Bruce, Mazilish，〔〔Spence, Jonathan〕《胡若望的疑問》的疑問〉，《歷史》，第 1 期（1999）。

2. 天振，〈誤譯：不同文化的誤解與誤釋〉，《中國比較文學》，第 1 期（1994）。

3. 王小平，〈《聊齋誌異》以文入史的敘事策略〉，《蒲松齡研究》，第 2 期（2007）。

4. 王清麗，〈超現實主義的文化意義〉，《美術觀察》，第 4 期（2006）。

5. 王凱、張曉武，〈表象與真實——從《王氏之死》看清初郯城女性的道德缺失問題〉，《濟寧學院學報》，第 1 期（2015）。

6. 王學鈞，〈「命」與「革命」：古代正史與歷史小說的歷史觀〉，《廈門教育學院學報》，第 1 期（2003）。

7. 王霞，〈新歷史主義視角下的《王氏之死》〉，《廣西大學學報（哲學社會科學版）》，第 32 卷第 3 期（2010）。

8. 付馨慧，〈論超現實主義文學的「夢」與「幻」〉，《科技視界》，第 30 期（2012）。

9. 史冊、馬萬利，〈「天父之子」洪秀全：史景遷的《太平天國》研究〉，《內蒙古民族大學學報（社會科學版）》，第 42 卷第 3 期（2016）。

10. 史坤坤，〈史景遷史學特色探析——以《王氏之死》為例〉，《高校社科動態》，第 3 期（2015）。

11. 史景遷，〈我們為什麼寫歷史——史景遷對話人民大學師生〉，《國學學刊》，第 2 期（2014）。

12. 甘信強，〈評《王氏之死：大歷史背后的小人物命運》〉，《劍南文學（經典閱讀）》，第 5 期（2013）。

13. 田一坡，〈史景遷，抓住中國月亮〉，《西部廣播電視》，第 Z4 期（2010），頁 176～179。

14. 朱政惠，〈史景遷史學探要〉，《史學月刊》，第 1 期（2009）。

15. 朱政惠，〈馳騁國際漢學界的驍將——在耶魯大學拜訪史景遷教授〉，《探索與爭鳴》，第 5 期（2004）。

16. 朱麗麗，〈男權文化下的女性命運——讀《王氏之死》有感〉，《神州》，第 30 期（2012）。

17. 何明鳳，〈《聊齋誌異》中的「異史氏曰」與評論〉，《文史雜志》，第 4 期（2011）。

18. 余夏雲、季進，〈反證歷史：寓言化的「真相」〉，《書城》，第 5 期（2010）。

19. 吳喬同，〈史景遷，《前朝夢憶：張岱的浮華與蒼涼》〉，《史原》第 22 期（2010）。

20. 吳燕秋，〈評〔Jonathan D. Spence〕〈The Death of Woman Wang〉〔《婦人王氏之死》，李孝愷譯〕〉，《新史學》，15 卷 1 期（2004）。

21. 李弘祺，〈《追求現代中國》〔The Search for Modern China〕——史景遷〔Jonatan D. Spence〕論近四百年來的中國〉，《歷史月刊》，29 期（1990）。

22. 李宛蔭、程田田，〈明清史料的搜集與利用——以《王氏之死》為例〉，

《黑龍江史志》，第 3 期（2010）。

23. 李明鳳，〈歷史與塵埃：底層社會人民的生活樣態和生存困厄——評《王氏之死：大歷史背後的小人物命運》〉，《魅力中國》，第 17 期（2011）。

24. 李冠杰，〈史景遷著：《王氏之死》〉，《學海》，第 2006 卷第 2 期（2006）。

25. 李秋蘭，〈從〈報任安書〉看司馬遷對生命的終極關懷〉，《臺北大學中文學報》，第 14 期（2013）。

26. 李越，〈從史景遷的《天安門》看 20 世紀的中國知識分子〉，《新西部（下旬刊）》，第 12 期（2014）。

27. 李實祥，〈《王氏之死》中的《聊齋誌異》〉，《聊齋誌異研究》，第 2008 卷第 2 期（2008）。

28. 李實祥，〈史景遷和蒲松齡的「緣識」——以《王氏之死》為中心〉，《常熟理工學院學報》，第 21 卷第 9 期（2007）。

29. 汪榮祖，〈夢憶裡的夢魘〉，《近代史研究所集刊》，第 65 期（2009）。

30. 周小莉，〈超現實主義文學與「夢」之關係〉，《邢臺學院學報》，第 1 期（2014）。

31. 周兵，〈顯微鏡下放大歷史：微觀史學〉，《歷史教學問題》，第 2 期（2007）。

32. 周祖榮，〈《王氏之死》的小人物敘事與史實差錯〉，《博覽群書》，第 2 期（2010）。

33. 長易，〈轉譯——一種被忽視了的翻譯現象〉，《重慶工學院學報》，第 17 卷第 6 期（2003）。

34. 侯方峰，〈論史景遷的歷史敘事寫作〉，《東嶽論叢》，第 35 卷第 3 期，2014。

35. 俞金堯，〈微觀史研究與史學的碎化〉，《歷史教學（下半月刊）》，第 12 期（2011）。

36. 柳士同，〈西人的「送去」與「拿來」——讀史景遷箚記〉，《民主與科學》，第 6 期（2014）。

37. 柳已青，〈史景遷筆下的文人和皇帝〉，《黃河文學》，第 4 期（2014）。

38. 胡杰，〈《王氏之死：大歷史背后的小人物命運》書評〉，《劍南文學（經典閱讀）》，第 2 期（2013）。

39. 夏春豪，〈《聊齋志異》「異史氏曰」略論〉，《青海師專學報》，第 4 期（2002）。

40. 孫琳，〈現代小說中夢境書寫的藝術真實〉，《作家》，第 22 期（2008）。

41. 孫敬鑫，〈史景遷：向西方講述「中國故事」〉，《對外傳播》，第 8 期（2012）。

42. 海龍，〈說史景遷〉，《神州學人》，第 3 期（2000）。

43. 馬金生，〈美國漢學家史景遷的治史觀——美國史學界對史景遷著史風格的不同認知〉，《國外社會科學》，第 5 期（2007）。

44. 馬金生，〈試論史景遷的著史風格〉，《史學理論研究》，第 4 期（2007）。

45. 馬敏，〈耶魯怪傑史景遷〉，《讀書》，第 6 期（1997）。

46. 高禛霙，〈唐代寫夢小說的敘事時間探析〉，《廣西師範大學學報：哲學社會科學版》，第 4 期（2010）。

47. 商小偉，〈禮與刑強制性的表現——以馮小青和王氏為視角分析〉，《法制博覽》，第 23 期（2015）。

48. 張雅嵐，〈微觀史學與《王氏之死》〉，《青春歲月》，第 23 期（2014）。

49. 張愛華，〈「史書暢銷」的時代到來了嗎？——訪復旦大學歷史系沈渭濱教授〉，《社會觀察》，第 1 期（2007）。

50. 張慧禾，〈《聊齋誌異》對《史記》的繼承與發展〉，《語文學刊》，第 5 期（2004）。

51. 郭琳波，〈變與不變：史景遷《王氏之死》中的中國形象〉，《內蒙古農業大學學報（社會科學版）》，第 1 期（2012）。

52. 郭維，〈夢回明朝——評書《前朝夢憶》〉，《青年文學家》，第 18 期（2015）。

53. 陳思潤，〈迷茫中的自我尋求——對超現實主義夢魘的解讀〉，《大眾文藝》，第 7 期（2013）。

54. 陳國棟，〈史景遷（Jonathan D. Spence）〉，《近代中國史研究通訊》，14 期（1992）。

55. 陳國棟，〈評〔Jonathan D. Spence〕，〈The Chan's Great Continent: China in Western Minds〉〔大汗之國——西方眼中的中國〕〉，《新史學》，11 卷 3 期（2000）。

56. 陳國棟，〈裡裡外外：評史景遷《前朝夢憶：張岱的浮華與蒼涼》及朴正民《維梅爾的帽子：從一幅畫看 17 世紀全球貿易》〉，《文化研究》第 8 期（2009）。

57. 陳萍，〈淺談超現實主義記憶夢境〉，《青春歲月》，第 8 期（2013）。

58. 陳傳發、胡紅梅，〈於無聲處聽驚雷——談史景遷的《王氏之死》〉，《文藝生活‧文藝理論》第 3 期（2009）。

59. 陶文鵬、趙雪沛，〈論唐宋夢幻詞〉，《文學遺產》，第 6 期（2008）。

60. 黃學軍，〈游魂無處歸——讀史景遷《天安門》〉，《中國圖書評論》，第 1 期（2006）。

61. 黃默，〈洋顧問與中國：評史景遷〔（Jonathan D. Spence）著；溫洽溢譯〕的《改變中國》（臺北時報出版社，2015 年）〉，《臺灣人權學刊》，3 卷 3 期（2016）。

62. 楊超，〈男權社會下女性的悲哀——讀《王氏之死》有感〉，《黑龍江史志》，第 13 期（2014）。

63. 楊鍼，〈文學現代性框架內的夢境敘事研究〉，《法國研究》，第 4 期（2011）。

64. 葛曉愛，〈漢學家史景遷的秘方〉，《文化月刊》，第 3 期（2009）。

65. 雷錦，〈國內史景遷研究綜述〉，《陰山學刊（社會科學版）》，第 2 期（2013）。

66. 蒲華軍，〈唐傳奇夢境敘事的審美特徵〉，《大眾文藝》，第 7 期（2014）。

67. 趙金維，〈論《聊齋誌異》的史學色彩〉，《求是學刊》，第 1 期（1996）。

68. 趙崧，〈源於本土的「海外中國」——史景遷《王氏之死》讀後〉，《法律史評論》，第 0 期（2012）。

69. 趙毅衡，〈夢：一個符號敘述學研究〉，《四川大學學報（哲學社會科學版）》，第 3 期（2013）。

70. 齊克彬，〈史景遷的中國歷史研究〉，《國際漢學》，第 1 期（2005）。

71. 劉童，〈《追尋現代中國》隨感〉，《北方文學（中旬刊）》，第 2 期（2012）。

72. 蔣文娟，〈論三種時間觀對中國文學敘事的影響〉，《廣東第二師範學院學報》，第 31 卷第 4 期（2011）。

73. 蔣宜臻，〈繪寫康熙——Emperor of China 及譯本《康熙：重構一位中國皇帝的內心世界》〔史景遷（Jonathan D. Spence）著；溫洽溢譯〕文體評析〉，《編譯論叢》，2 卷 1 期（2009）。

74. 蔣潔，〈小人物與大歷史——《王氏之死》簡評〉，《青年文學家》第 22 期（2009）。

75. 鄭勇，〈歷史的另一種書寫方式〉，《博覽群書》，第 10 期（1999）。

76. 鄭轉云，〈西方人眼中的中國形象——讀史景遷《文化類同與文化利用》

一書〉,《美與時代（下）》,第 12 期（2013）。

77. 魯鳳梅,〈書寫歷史的情懷〉,《山海經（故事）》,第 3 期（2016）。

78. 盧漢超,〈史景遷談史〉,《史林》,第 2005 卷第 2 期（2005）。

79. 霍紅偉,〈看似出奇非無因,誰人識得帝王心〉,《書屋》,第 8 期（2008）。

80. 戴軼塵,〈文化認同問題:史景遷視野中的清朝文字獄〉,《社會觀察》,第 9 期（2005）。

81. 謝昕昊,〈由《婦人王氏之死》試評史景遷的寫作意識〉,《新北大史學》第 2 期（2004）。

82. 藍凡,〈真實論:蒙太奇與長鏡頭的歷史辯證新論〉,《藝術百家》,第 5 期（2013）。

83. 譚旭虎,〈自我與他者的跨文化認知──論史景遷的中西文化交流研究〉,《學術交流》,第 4 期（2015）。

84. 譚旭虎,〈西方視野下的現代中國形象認知與傳播──論史景遷的現代中國研究〉,《杭州師范大學學報（社會科學版）》,第 1 期（2014）。

85. 譚旭虎,〈西方視野下的當代中國認知與傳播──以史景遷為中心的考察〉,《湖北社會科學》,第 4 期（2016）。

86. 譚旭虎,〈試析史景遷的鄉土中國圖景──以《王氏之死》為中心〉,《民族論壇》,第 10 期（2008）。

87. 譚旭虎,〈跨文化的解碼與建構──論美國漢學家史景遷的孔子研究〉,《中南大學學報（社會科學版）》,第 5 期（2014）。

（三）博碩士學位論文

1. 侯方峰,《史景遷的歷史敘事研究》,濟南:山東大學史學理論及史學史博士論文,2014 年。

2. 李琛,《史景遷史學思想研究》,南昌:江西師範大學,2011 年。

3. 雷錦,《史景遷的康熙研究》,蕪湖:安徽師範大學,2013 年。

4. 譚旭虎,《看與被看──史景遷的中國圖景研究》,上海:華東師範大學,2009 年。

5. 何吉龍,《史景遷的中國研究》,武漢:華中師範大學,2009 年。

（四）報章雜誌

1. 林庭瑤,〈史景遷:如遇司馬遷,會結巴臉紅〉,《聯合報》A12（兩岸）,

2014 年 3 月 26 日。

（五）網路文章

1. Emery，〈張飛打岳飛？談電影《大稻埕》考據問題引發的歷史爭議〉收入於「The News Lens 關鍵評論網」，http://www.thenewslens.com/post/25280/（2014/07/27 點閱）。

2. 北京青年報編者，〈評論：我們自己的史景遷，已在半路上統統被幹掉〉收入於「中新網」，http://www.chinanews.com/cul/2014/04-01/6014942.shtml（2014/08/12 點閱）。

3. 鄧玲玲，〈史景遷：失敗的小說家還是成功的歷史學家〉收入於「新浪網歷史頻道」，http://history.sina.com.cn/idea/zm/2014-03-13/103185086.shtml（2014/09/28 點閱）。

4. 盧漢超，〈史景遷訪談錄：史學的藝術〉收入於「共識網」，http://www.21ccom.net/articles/thought/zhongxi/20150330122867_all.html（2015/06/11 點閱）。

5. 點傑克，〈專訪李歐梵：漫遊與旅遊之間〉收入於「豆瓣小組」，https://www.douban.com/group/topic/1685843/（2017/05/02 點閱）。

三、英文

（A）Book

1. Spence, Jonathan D., *The Death of Woman Wang*, New York, Penguin Books, 1979.

2. Spence, Jonathan D., *Return to Dragon Mountain: Memories of a Late Ming Man*, New York, Viking, 2007.

（B）Articles

1. Huebner, Jon W., "評 Jonathan D. Spence, 〈The Questio of Hu〉", *Chinese Culture Quarterly*, Vol. 31, No. 4, (1990), pp. 97～99.

2. Becher, Ursula A. J., "The Content of the Form. Narrative Discourse and Historical Representation by Hayden White", *Historische Zeitschrift*, Bd. 250, H. 2 (Apr., 1990), pp. 357～359.

3. Cass, Victoria B., "The Death of Woman Wang. by Jonathan Spence", *The Journal of Asian Studies*, Vol. 39, No. 3 (May, 1980), pp. 550～552.

4. Chang, Shelley Hsueh-Lun & Chang, Chun-Shu, "The Death of Woman Wang by Jonathan D. Spence", *The American Historical Review*, Vol. 84, No. 3 (Jun., 1979), pp. 825～827.

5. Dirlik, Arif & Zhang Xudong, "Introduction: Postmodernism and China", Boundary 2, Vol. 24, No. 3, *Postmodernism and China* (Aug., 1997), pp. 1～18.

6. Entenmann, Robert, "The Death of Woman Wang by Jonathan D. Spence", *Harvard Journal of Asiatic Studies*, Vol. 40, No. 1 (Jun., 1980), pp. 268～272.

7. Gross, David S., "The Content of the Form: Narrative Discourse and Historical Representation by Hayden White", *World Literature Today*, Vol. 62, No. 3, Contemporary Japanese Literature (Summer, 1988), p. 516.

8. Hassan, Ihab, "POSTmodernISM", *New Literary History*, Vol. 3, No. 1, Modernism and Postmodernism: Inquiries, Reflections, and Speculations (Aut., 1971), pp. 5～30.

9. Hassan, Ihab, "The Question of Postmodernism", *Performing Arts Journal*, Vol. 6, No. 1 (1981), pp. 30～37.

10. Hirsch, David H., "Postmodernism and American Literary History", *The Sewanee Review*, Vol. 99, No. 1 (Winter, 1991), pp. 40～60.

11. Hutcheon, Linda, "The Politics of Postmodernism: Parody and History", *Cultural Critique*, No. 5, Modernity and Modernism, Postmodernity and Postmodernism (Winter, 1986～1987), pp. 179～207.

12. Kars, Marjoleine, "History in a Grain of Sand: Teaching the Historian's Craft", *The Journal of American History*, Vol. 83, No. 4 (Mar., 1997), pp. 1340～1345.

13. Li, Lillian M., "The Death of Woman Wang. by Jonathan D. Spence", *Pacific Affairs*, Vol. 52, No. 3 (Autumn, 1979), pp. 514～516.

14. Spence, Jonathan D., "Margaret Atwood and the Edges of History", *The American Historical Review*, Vol. 103, No. 5 (Dec., 1998), pp. 1522～1525.

15. States, Bert O, "Authorship in Dream and Fiction", *Dreaming*, Vol. 4, No. 4, (Dec, 1994), pp. 237～253.

16. White, Hayden, "The Narrativization of Real Events", *Critical Inquiry*, Vol. 7, No. 4 (Summer, 1981), pp. 793～798.

附錄一：王氏夢境援用《聊齋誌異》篇章一覽

表 4　王氏夢境意象與《聊齋誌異》對比

意　象	出　處 蒲松齡著，《聊齋誌異會校會注會評本》。	出　處 史景遷著，《婦人王氏之死》。
冬天的湖	亭故背湖水，每六月時，荷花數十頃，一望無際。宴時方凌冬，窗外茫茫，惟有煙綠。（〈寒月芙蕖〉，頁 580）	在世上，現在是冬天，但這裏很溫暖。冬天，綠色的湖水上，蓮花盛開。（〈私奔的女人〉，頁 200）
冬天的山	時方嚴寒，既至，則氣候溫煦，山花偏巖谷。（〈安期島〉，頁 1261）	她看到冬天的山上開滿了花。（〈私奔的女人〉，頁 200）
房間	從嫗入，見門內白石砌路，夾道紅花，片片墮階上；曲折而西，又啟一關，豆棚花架滿庭中。蕭客入舍，粉壁光明如鏡；窗外海棠枝朵，探入室中；裀藉几榻，罔不潔澤。（〈嬰寧〉，頁 150）	房間亮得耀眼，一條白色的石頭路通向大門，紅色花瓣散落在白石上，一枝開花的樹枝伸入窗戶。（〈私奔的女人〉，頁 200）
花	一水晶瓶，浸粉花一樹，不知何名，亦高二尺許；垂枝覆几外；葉疏花密，含苞未吐；花狀似淫蝶斂翼；蒂即如鬚。（〈余德〉，頁 439～40）	樹枝伸向桌子上，葉子稀疏零落，花苞卻緊密的擠在一起。花還沒有開，像蝴蝶的翅膀，一隻淋濕蝴蝶的翅膀，沾滿了水氣而垂下來，支撐花苞的根莖細如髮絲。（〈私奔的女人〉，頁 200）
臉	生適遇諸野，見其風姿娟秀，着錦貂裘，跨小驪駒，翩然若畫。（〈魯公女〉，頁 294）	她可以看到自己是多麼的漂亮，臉上的皺紋消失了。（〈私奔的女人〉，頁 200）

手	女嬝娜如隨風欲飄去,而操作過農家婦;雖嚴冬自苦,而手膩如脂。(〈紅玉〉,頁 282)	手像女孩一樣的滑潤,不因勞作而粗糙。(〈私奔的女人〉,頁 200)
眉毛和牙齒	攬鏡視之,見畫黛彎長,瓠犀微露,喜容可掬,宛在目前。(〈鳳仙〉,頁 1182)	眉毛黑黑的,像輪新月,牙齒潔白,整齊無暇。(〈私奔的女人〉,頁 200)
微笑	乃以秋波送嬌,又嫣然瓠犀微露,使朱傚之,凡數十作,始略得其彷彿。(〈恆娘〉,頁 1433)	她試著微笑,皓齒剛好露出。(〈私奔的女人〉,頁 200)
睡覺的地方	入洞,見丹堊精工,寢處褥革棕氈尺許厚……被置牀頭,香盈一室;拆視,則湖綿雜香屑為之,因珍藏焉。(〈天宮〉,頁 1280~1181)	睡覺的地方,鋪著像棕櫚葉一樣厚的毛皮,又長又軟,棉被塞滿了碎碎的棉花和香粉,室內充滿了香味。(〈私奔的女人〉,頁 201)
撫摸太陽穴	乃登榻,坐安股上,以兩手為按太陽穴。(〈花姑子〉,頁 637)	她撫摸他的太陽穴。(〈私奔的女人〉,頁 201)
按摩鞭痕	女笑拉公子入室,代撲衣上塵,拭眼淚,摩挲杖痕,餌以棗栗。(〈小翠〉,頁 1001)	撣掉他衣服上的灰塵,擦掉他眼睛裏的淚水。她可以感覺到他身上受鞭打的鞭痕,而用手指輕輕按著。(〈私奔的女人〉,頁 201)
把手伸進去按摩	二女相顧動容,自此不甚虐弄之;然時而探手於懷,捋袴於地,亦置不為怪。(〈小謝〉,頁 774)	她解開他外袍的帶子,把手伸進去。(〈私奔的女人〉,頁 201)
雙手輕按	女疊掌為之輕按,自頂及踵皆徧;手所經,骨若醉。(〈梅女〉,頁 908)	她用雙手輕輕地按摩,但他痛得不能動彈。(〈私奔的女人〉,頁 201)
處理身上的瘤	乃脫臂上金釧安患處,徐徐按下之。創突起寸許,高出釧外,而根際餘腫,盡束在內,不似前如盌闊矣。乃一手啟羅衿,解佩刀,刃薄於紙,把釧握刃,輕輕附根而割,紫血流溢,沾染牀席。而貪近嬌姿,不惟不覺其苦,且恐速竣割事,俔傍不久。未幾,割斷腐肉,團團然如樹上削之癭,又呼水來,為洗割處。口吐紅丸,如彈大,着肉上,按令旋轉(〈嬌娜〉,頁 60~61)	他胸部長了一個瘤……她從手腕上取下一個金手鐲,壓在瘤上,肉從手環外隆起,但是瘤的中央部分從手鐲中間凸出來,她從袍子裏拿出一把利刃,沿著手鐲邊輕輕地切著。污血噴到床上和墊子上,她從口裏取出一顆紅色藥丸,塞入傷口中,在塞入同時,傷口慢慢癒合。(〈私奔的女人〉,頁 201)
疲累	女四肢嬌惰,足股屈伸,似無所着。(〈雲蘿公主〉,頁 1268)	她累了,肢體感到嬌弱沉重,雙腿好像沒有力量的屈張。(〈私奔的女人〉,頁 201)

她的隨從	有二女郎乘駿馬來，騁如撒菽。各以紅綃抹額，髻插雉尾；着小袖紫衣，腰束綠錦；一挾彈，一臂青鞲。度過嶺頭，則數十騎獵於榛莽，並皆姝麗，裝束若一。（〈西湖主〉，頁647）	美麗的女性仰慕她……額頭上綁著紅絲帶，紫色的袍子上繫著綠色飾帶。背上背著弓和箭筒，他們一直在外面打獵。（〈私奔的女人〉，頁201）
門	嫗念女若渴……凡啟十餘關，始達女所。（〈宮夢弼〉，頁393～394）	她經過一扇一扇的門。（〈私奔的女人〉，頁201）
院子和鞦韆	過數折曲欄，又是別一院宇，垂楊數十株，高拂朱簷。山鳥一鳴，則花片齊飛……穿過小亭，有鞦韆一架，上與雲齊……遂有駕肩者，捉臂者，褰裙者，持履者，挽扶而上。公主舒皓腕，躡利屣，輕如飛燕，蹴入雲霄。（〈西湖主〉，頁647～648）	一路來到院子裏。樹高得可以碰到房子的紅色屋簷，院子裏到處都是花……鬆弛的繩索吊著一個鞦韆。她們幫她爬上去……鞦韆的繩索從雲端垂下。她的黑髮卷曲在脖子上，她用明亮的雙臂向上伸展，像燕子般輕輕盪入雲端。（〈私奔的女人〉，頁201～202）
彩船	彩船一隻，自空飄落，煙雲繞之。眾俱登。見一人持短棹；棹末密排修翎，形類羽扇；一搖羽清風習習。舟漸上入雲霄（〈彭海秋〉，頁706）	天空點綴著祥雲，一艘多彩的船隻向她漂近。人們都爬到船上。只有一位槳手，拿著一根短木槳，槳的末端沒有寬扁的槳身，而是繞著厚實的羽毛，像一把巨大的扇子。槳手揮動羽毛時，一陣微風吹起，羽毛更快地移動，穿過雲層。（〈私奔的女人〉，頁202）
微風的聲音	水程不知遠近，但覺習習如駕雲霧，移時已抵其境。（〈安期島〉，頁1261）	除了微風的穎穎聲，沒有別的聲音。（〈私奔的女人〉，頁202）
雲層與星星	既醒，覺身搖搖然……則在雲氣中，周身如絮。驚而起，暈如舟上。踏之，奐無地。仰視星斗，在眉目間……細視星嵌天上，如老蓮實之在蓬也，大者如甕，次如甌，小如盎盂……撥雲下視，則銀海蒼茫，見城郭如豆。（〈雷曹〉，頁416）	四周都是雲層，像棉花般撲向她，軟軟的浮在腳下，她有一點頭暈，好像依然在船上行進。她向上望去，看見群星逼近眼際。星星大小不一，大的像瓶子，小的像杯子，像荷花的種子一樣，整齊排列。下面是一片浩瀚的銀海，從雲層的夾縫中，她看到大小如豆子般的城市。（〈私奔的女人〉，頁202）
階梯	童導入廣寒宮，內以水晶為階，行人如在鏡中……亭宇皆紅窗，時有美人出入……握手入，見簷外清水白沙，涓涓流溢。（〈白于生〉，頁342）	在她面前是一排階梯，階梯像水晶一樣閃亮著，她的影像映照在每一級階梯上，像在鏡子裏一樣。清澈的水流過白沙。有幾座有紅色窗戶的小亭子，佳人在裏面走動。（〈私奔的女人〉，頁202）

水果和酒	甫坐，行酒下食，皆二八狡童，錦衣朱履……珍果多不可名，貯以水晶玉石之器，光照几榻。酌以玻璃琖，圍尺許。（〈道士〉，頁300）	還有一些穿著刺繡外套和紅鞋的年輕男性。眾人正吃著從玉碗取出的水果，並用杯寬一呎的高腳杯飲酒。（〈私奔的女人〉，頁203）
牡丹與山茶	勞山下清宮，耐冬高二丈，大數十圍，牡丹高丈餘。（〈香玉〉，頁300）	牡丹有十呎高，山茶又高一倍。（〈私奔的女人〉，頁203）
彈著不知名樂器	中獨一麗者……有侍兒代抱樂具……非琴非瑟，不知何名……女乃舒玉腕，如搊箏狀，其亮數倍於琴，烈足開胸，柔可蕩魄。（〈仙人島〉，頁947）	一位白指頭的女孩彈著一種她從未見過的樂器。（〈私奔的女人〉，頁203）
詠唱哭泣的女性	少頃，一婢入，紅妝豔絕。公子命彈湘妃。婢以牙撥勾動，激揚哀烈，節拍不類夙聞。（〈嬌娜〉，頁59）	另一位用象牙撥子撥著琵琶，詠唱著哭泣的女性。（〈私奔的女人〉，頁203）
輕風和鳥	道人接置膝上，裁撥動，覺和風自來；又頃之，百鳥薈集，庭樹為滿。（〈宦娘〉，頁985）	隨著樂聲響起，一陣輕風吹過，鳥兒擁進院子，靜靜地停在樹上。（〈私奔的女人〉，頁203）
樹和鳥	宮中有玉樹一株，圍可合抱；本瑩澈，如白琉璃；中有心，淡黃色；稍細於臂；葉類碧玉，厚一錢許，細碎有濃陰……每一瓣落，鏘然作響。拾視之，如赤瑙雕鏤，光明可愛……時有異鳥來鳴，毛金碧色，尾長於身，聲等哀玉，惻人肺腑。（〈羅剎海市〉，頁460～461）	她坐在一棵高樹的樹根處。樹幹寬闊光滑，一條黃色樹液流過樹的中央，樹葉濃密的長在纖弱的樹枝上，投下深深的樹蔭。紅花在樹葉間搖曳，花落時發出寶石般的叮噹聲。一隻鳥正在樹上唱歌，羽毛是金色和綠色。它是一隻奇特的鳥，尾巴跟身體一樣長，它唱了一首悲悽的歌，讓她想起了家。（〈私奔的女人〉，頁203）
鞋子和露水	遇一少女，着紅帔，容色娟好。從小奚奴，躡露奔波，履襪沾濡……嫗笑曰：「是非刻蓮瓣為高履，實以香屑，蒙紗而步者乎？」（〈辛十四娘〉，頁535、538）	她穿著芳香的高鞋，快步在清晨的露水中離開，露水讓她的鞋子和襪子因水氣而顯得光滑。（〈私奔的女人〉，頁203）
高塔	忽見大木千章，遙一高亭，銅牆鐵柱，頂類金箔；近視，則牆可及肩，四圍並無門戶，而牆上密排坎窞，女以足踏之而過，伊亦從之。（〈狐女〉，頁1525～1526）	樹長得濃密，但是她可以從樹叢中看見高塔，牆壁是銅做的，高大的鐵柱支撐著閃爍的屋頂。牆上沒有門，也沒有窗，但有一些深的凹洞，緊密的排在一起，她把腳放進洞裏爬上去。在裏面，她感到恬靜而安全。（〈私奔的女人〉，頁203）

不斷發抖	生稍稍反其惡聲，女益怒，撻逐出戶，闔其扉。生嗚嗚門外，不敢叩關，抱膝宿簷下。(〈江城〉，頁855)	他跪在她旁邊，不斷發抖，並用雙手抱住自己的身體。(〈私奔的女人〉，頁203)
把佳餚踏入土中	一日，與婢語，女疑與私……女每以白足踏餅塵土中，叱生摭食之。(〈江城〉，頁861)	「吃掉這個」，她說，然後用赤裸的雙腳把佳餚踏入土中。「在這裡」，她說。(〈私奔的女人〉，頁203～204)
捧出夜壺	中夜忽喚生醒。生疑其將遺，捧進溺盆。(〈江城〉，頁862)	他則用雙手捧出夜壺供她使用。(〈私奔的女人〉，頁204)
擦拭繡花鞋	一夕，冒雨來，入門解去溼衣，罥諸椸上；又脫足上小靴，求公子代去泥塗。遂上牀以被自覆。(〈嘉平公子〉，頁1589)	「把這些弄乾淨」，她說，然後把沾滿泥塊的小繡花鞋拿給他。(〈私奔的女人〉，頁204)
戴帽子		她把一頂女人的帽子戴在她頭上。(〈私奔的女人〉，頁204)
化妝	既退，憨跳如故，以脂粉塗公子作花面如鬼。夫人見之，怒甚。(〈小翠〉，頁1001)	用她的化妝品替他化妝，把他的臉畫成武士一樣。(〈私奔的女人〉，頁204)
踢足球	第善謔，刺布作圓，蹴踂為笑。着小皮靴，蹴去數十步，紿公子奔拾之；公子及婢恆流汗相屬。(〈小翠〉，頁1001)	有一個棉製足球，她把它踢上天，他在後面追趕，追得滿頭大汗。(〈私奔的女人〉，頁204)
透明的球	即見僮汲水中，取一圓出，大可盈抱，中如水銀滿貯，表裏通明……騰尋丈；中有漏光，下射如虹，熒然疾落；又如經天之彗，直投水中，滾滾作沸泡聲而滅。(〈汪士秀〉，頁371)	球是透明的，塞滿了一種發光的物質，他把它踢上去，球成發光的弧形穿過天空，像彗星一樣在天空呼嘯而過，落入水中，它的光在水中咕嚕一聲熄滅。(〈私奔的女人〉，頁204)
高塔消失	回視臥處，並無亭屋，惟四針插指環內，覆脂合其上；大樹，則叢荊老棘也。(〈狐女〉，頁1526)	然後她發現根本沒有什麼塔……只有一個放在地上的廉價戒指，上面插著幾根針，針上撐著化妝盒的蓋子，全都丟棄在荊棘間。(〈私奔的女人〉，頁204)
鼻涕與佳人	見乞人顛歌道上，鼻涕三尺，穢不可近……乞人笑曰：「佳人愛我乎？」……怒以杖擊陳。陳忍痛受之。市人漸集如堵。乞人咯痰唾盈把，舉向陳吻曰：「食之！」陳紅漲於面，有難色；既思道士之囑，遂強啗焉……乞人大笑曰：「佳人愛我哉！」(〈畫皮〉，頁1526)	他衣衫襤褸的站在她面前，流著鼻涕對她微笑。「佳人愛我嗎？」他問道。他打她。群眾擠近觀看。他滾了一團鼻屎拿給她。「吃掉，」他說。她把鼻屎放進嘴裏，試著吞下去，他大笑道：「俏佳人是愛我的，」他叫道。(〈私奔的女人〉，頁204)

滿嘴泥巴	遂與王捉返入谷。婦大號。馮搯土塞其口。(〈畫皮〉，頁 1526)	她想要回話，但滿嘴塞滿泥巴。(〈私奔的女人〉，頁 204)
蛇	蛇近前，以身繞人並樹，糾纏數匝；兩臂直束胯間，不可少屈。(〈海公子〉，頁 172) 俄見黃緣化為蛇，圍可數握，繞其身六七匝。(〈寒月芙蕖〉，頁 579)	她被釘住了，被纏在身上的蛇釘得動彈不得。(〈私奔的女人〉，頁 204)
群眾在岸邊圍觀	溪水殊不甚深；而水中利刃如麻，刺穿脅脛，堅難動搖，痛徹骨腦。黑水半雜溲穢，隨吸入喉，更不可過。岸上人觀笑如堵，並無一引援者。(〈酒狂〉，頁 585)	她奮力掙扎，身體在水中踢打，她可以聞到水裏的臭味，群眾擠在河岸邊，他們邊看邊笑，他們必須救她，她必須叫出來，他們不會幫她的。(〈私奔的女人〉，頁 204～205)

資料來源：蒲松齡著，《聊齋誌異會校會注會評本》；史景遷著，《婦人王氏之死》；研究者自行整理。

附錄二：《前朝夢憶》援用《陶庵夢憶》篇章一覽

表 5　張岱生活事件與《陶庵夢憶》對比

事　件	出　處 <small>張岱，《陶庵夢憶》。</small>	出　處 <small>史景遷著，《前朝夢憶》。</small>
幼時追憶——南京逸樂	秦淮河河房，便寓、便交際、便淫冶，房值甚貴而寓之者無虛日。畫船簫鼓，去去來來，周折其間。河房之外，家有露臺，朱欄綺疏，竹簾紗幔。夏月浴罷，露臺雜坐，兩岸水樓中，茉莉風起動兒女香甚。女客團扇輕紈，緩鬢傾髻，軟媚著人。年年端午，京城士女填溢，競看燈船。好事者集小篷船百什艇，蓬上挂羊角燈如聯珠。船首尾相銜，有連至十餘艇者。船如燭龍火蜃，屈曲連蜷，蟠尾旋折，水火激射。舟中鏐鈸星鐃，讙歌弦管，騰騰如沸。士女凭欄轟笑，聲光凌亂，耳目不能自主。午夜，曲倦燈殘，星星自散。（〈秦淮河房〉，頁30～31）	張岱的居處前有廣場，入夜月出之後，燈籠也亮起，令他深覺住在此處真「無虛日」，「便寓、便交際、便淫冶。」身處如是繁華世界，實在不值得把花費掛在心上。張岱飽覽美景，縱情弦歌，畫船往來如織，周折於南京城內，簫鼓之音悠揚遠傳。露臺精雕細琢，若是浴罷則坐在竹簾紗幔之後，身上散發出茉莉的香氣，盈溢夏日風中。但見撫媚歌伎，執團扇、著輕紈，鬢髻緩傾。燈籠初燃，蜿蜒連蜷於河道之上，朦朧如聯珠，「士女凭欄轟笑，聲光凌亂，耳目不能自主。」一直要到深夜，火燈熄滅，才「星星自散」。（〈人生之樂樂無窮〉，頁023）
幼時追憶——賞王新家燈	兒時跨蒼頭頸，猶及見王新建燈。燈皆貴重華美，珠燈料絲無論，即羊角燈亦描金細畫，纓絡罩之，懸燈百盞，尚須秉燭而行，大是悶	張岱三歲的時候，家中老僕帶他到王新的屋外去賞燈……燈籠晶瑩剔透，綵花珠燈，羊角燈外罩瓔珞，描金細畫，穗花懸掛，張燈百

	人……余謂燈不在多，總求一亮。（〈世美堂燈〉，頁 36）	盞……燈籠不夠亮，也不夠密，燈籠之間仍有燭光不及的暗處，往來行人必須小心摸索，甚至得自己提著燈。（〈人生之樂樂無窮〉，頁 023～024）
幼時追憶——紹興造燈	紹興燈景為海內所誇者無他，竹賤、燈賤、燭賤。賤，故家家可為之；賤，故家家以不能燈為恥。故自莊逵以至窮簷曲巷，無不燈、無不棚者。棚以二竿竹搭過橋，中橫一竹，挂雪燈一，燈球六。大街以百計，小巷以十計。從巷口回視巷內，複疊堆垛，鮮妍飄灑，亦足動人。（〈紹興燈景〉，頁 53～54）	張岱曾說紹興人熱中造燈，並不足為奇，「竹賤、燈賤、燭賤。賤，故家家可為之；賤，故家家以不能燈為恥。」每逢春節、中秋，從通衢大道至窮簷曲巷，無不張燈生輝。紹興人通常把燈掛在棚架上，棚架以竹竿立於兩端，中間以橫木固定，簡單而結實。橫木可掛七盞燈——居中之大燈喚作「雪燈」，左右各有三個圓燈，稱為「燈球」。這類往事栩栩如生，深深烙在張岱的心中：「從巷口回視巷內，複疊堆垛，鮮妍飄灑，亦是動人。」（〈人生之樂樂無窮〉，頁 024）
幼時追憶——十字街與廟堂大燈	十字街搭木棚，掛大燈一，俗曰「呆燈」，畫《四書》、《千家詩》故事，或寫燈謎，環立猜射之。庵堂寺觀以木架作柱燈及門額，寫「慶賞元宵」、「與民同樂」等字。佛前紅紙荷花琉璃百盞，以佛圖燈帶間之，熊熊煜煜……城中婦女，多相率步行，往鬧處看燈；否則大家小戶雜坐門前，吃瓜子糖豆，看往來士女，午夜方散。（〈紹興燈景〉，頁 54）	紹興城內的十字街會搭起彩繪木棚，棚子裡頭懸掛一只大燈，燈上畫有《四書》、《千家詩》的故事，或是寫上燈謎，眾人擠在大燈之下，抬頭苦思謎底。庵堂寺觀也以木架作柱掛燈，門楣上寫著「慶賞元宵」、「與民同樂」。佛像前有紅紙荷花，琉璃火盞，熠燈生輝……城內的婦人女子或是挽著手同遊，或是雜坐家戶門前，嗑瓜子、吃豆糖，至深夜才散去。（〈人生之樂樂無窮〉，頁 024～025）
幼時追憶——曹山庵大魚	曹石宕為外祖放生池……余少時從先宜人至曹山庵作佛事，以大竹簍貯西瓜四浸宕內，須臾大聲起巖下，水噴起十餘丈，三小舟纜斷，顛翻波中，衝擊幾碎。舟人急起視，見大魚如舟，口欲四瓜，掉尾而下。（〈曹山〉，頁 60）	這處水池是三十多年前張岱外祖父為放生所鑿。那天天氣燠熱，張岱母子泛著小舟，浮於地上，四只西瓜置於竹籃內，浸在水中，使其冰涼。張岱記得，有條「大魚如舟」，突然衝撞舟底，把小舟幾乎撞翻，把舟上香客船伕嚇得魂飛魄散，那大魚將四只西瓜悉數吞去便迅速潛沒，留下水面的一道波紋。（〈人生之樂樂無窮〉，頁 025）

中年追憶——杭州觀海潮	海塘上呼看潮，余遄往……見潮頭一線從海寧而來，直奔塘上。稍近，則隱隱露白，如驅千百群小鵝，擘翼驚飛。漸近，噴沫冰花蹴起，如百萬雪獅蔽江而下，怒雷鞭之，萬首鏃鏃無敢後先。再近則颶風逼之，勢欲拍岸而上。看者辟易，走避塘下。潮到塘，盡力一礴，水擊射濺起數丈，著面皆濕……看之驚眩，坐半日，顏始定。(〈白洋潮〉，頁 23)	張岱到杭州成外不遠處弔祭故交，有人約他去觀海潮……潮水從海寧的方向過來，遠則有如受到驚動而振翅飛起的千百小鵝，近則有如百萬白獅奔騰。潮水再接近，則颳起大風，看的人都趕緊走避。等到潮水以雷霆之勢打到堤岸，濺起數丈水花，在半空飛舞，看得張岱心驚目眩，坐了半天，心神才稍定。(〈人生之樂樂無窮〉，頁 025～026)
少年追憶——禊泉煮茶	甲寅夏，過斑竹庵，取水啜之，磷磷有圭角，異之。走看其色，如秋月霜空，噀天為白。又如輕嵐出岫，縿松迷石，淡淡欲散……試茶，茶香發，新汲少有石腥，宿三日，氣方盡。辨禊泉者無他法，取水入口，第撟舌舐齶，過頰即空，若無水可嚥者，是為禊泉。(〈禊泉〉，頁 21)	凡有往事襲上心頭，無論大小，總能教張岱逸神，琢磨箇中況味……張岱心想，不知以此水煮茶，滋味如何？於是試了幾回，發覺泉水若放置三宿，待石腥味散去，而後用來煮茶，更能烘托茶香。若是取水入口渦捲，以舌抵顎，泉水特有的味道更為明顯。(〈人生之樂樂無窮〉，頁 026)
少年追憶——製蘭雪茶	煮禊泉，投以小罐，則香太濃郁。雜入茉莉，再三較量，用敞口瓷甌淡放之。候其冷；以旋滾湯衝瀉之，色如竹籜方解，綠粉初勻，又如山窗初曙，透紙黎光。取清妃白傾向素瓷，真如百莖素蘭同雪濤並瀉也。雪芽得其色矣，未得其氣，余戲呼之「蘭雪」。(〈蘭雪茶〉，頁 22)	取斑竹庵泉水，放置三宿，最能帶出上等茶葉的香氣，再注入細白瓷杯，茶色如籜方解，綠粉初勻，舉世無雙。至於茶葉應否雜入一兩片茉莉，叔姪兩人對此意見不一，但是兩人都認為最好是先將沸水注入壺中少許，待其稍涼，再以沸水注之……遂將此茶戲稱為「蘭雪」。(〈人生之樂樂無窮〉，頁 026)
少年追憶——製乳酪（配合蘭雪茶）	余自豢一牛，夜取乳置盆盎，比曉，乳花簇起尺許，用銅鐺煮之，瀹蘭雪汁，乳斤和汁四甌，百沸之，玉液珠膠，雪腴霜膩，吹氣勝蘭，沁入肺腑，自是天供。……其製法祕甚，鎖密房，以紙封固，雖父子不輕傳之。(〈乳酪〉，頁 34～35)	張岱取乳之後，靜置一夜，等到乳脂分離。以乳汁一斤、蘭雪茶四甌，攪和置於銅壺，久煮至既黏且稠，如「玉液珠膠」。待其涼後，張岱認為吹氣勝蘭如「雪腴」，沁入肺腑似「霜膩」。張岱還拿它做更多的嘗試……無論何種料理妙方，張岱都將烹調秘訣鎖密房，「以紙封固，雖父子不輕傳之。」(〈人生之樂樂無窮〉，頁 027)

少年追憶──蘭雪茶遭哄售	四五年後，蘭雪茶一闃如市焉。越之好事者，不食松蘿，止食蘭雪。蘭雪則食，以松蘿而纂蘭雪者亦食，蓋松蘿貶聲價俯就蘭雪，從俗也。乃近日徽歙間，松蘿亦名蘭雪，向以松蘿名者，封面係換，則又奇矣。（〈蘭雪茶〉，頁 22）	約當萬曆四十八年（一六二〇年），張岱和三叔張炳芳命名的蘭雪茶已經受名家青睞。但是卻有不肖商賈蘭雪知名，在市場上哄售劣質茶，而飲者似乎並不知道（〈人生之樂樂無窮〉，頁 027）
少年追憶──斑竹庵毀泉	禊泉出城中，水遞者日至。臧獲到庵借炊，索薪、索菜、索米，後索酒、索肉，無酒肉，輒揮老拳。僧苦之。無計脫此苦，乃罪泉，投之穢。不已，乃決溝水敗泉，泉大壞……張子去，僧又壞之。不旋踵，至再、至三，卒不能救，禊泉竟壞矣。是時，食之而知其壞者半，食之不知其壞而仍食之者半，食之知其壞而無泉可食、不得已而仍食之者半。（〈陽和泉〉，頁 23）	斑竹庵禊泉的名聲更大，引來無賴之徒，向庵內人討食物、柴薪，若是不從便咆哮動粗。最後，僧人為了恢復昔日寧靜，就把穢穢、廢竹投入泉水，決庵內溝渠以毀泉水。張岱三度攜家僕淘洗，僧人也三度在張岱離去後又毀泉……一般人還是難擋「禊泉」的昔日名氣，繼續以斑竹庵不潔的水來煮茶，還盛讚水質甘冽。（〈人生之樂樂無窮〉，頁 027～028）
少年追憶──愚公谷泉水	惠水涓涓，繇井之潤，繇潤之谿，繇谿之池、之廚、之漚，以滌、以濯、以灌園、以沐浴、以淨溺器，無不惠山泉者，故居園者，福德與罪孽正等。（〈愚公谷〉，頁 68）	張岱深諳水源流通之理……所以，張岱認為，「福德與罪孽正等。」（〈人生之樂樂無窮〉，頁 027～028）
少年追憶──收藏十座燈	里人有李某者，為閩中二尹，撫臺委其造燈，選雕佛匠，窮工極巧，造燈十架，凡兩年，燈成而撫臺已物故，攜歸藏櫝中。又十年許，知余好燈，舉以相贈，余酬之五十金，十不當一，是為主燈。（〈世美堂燈〉，頁 36）	當地有一名李姓官員也是紹興人，將燈藏在木櫝中，帶回紹興。李某之張岱好燈，便把燈送給張岱。張岱不願無端受禮，當場就以五十兩白銀酬謝李某……張岱認為這不及真正價值的十分之一。在張岱心中，這十座燈成為他收藏的壓箱寶。（〈人生之樂樂無窮〉，頁 028）
少年追憶──夏耳金的燈籠	而友人有夏耳金者，剪綵為花，巧奪天工，罩以冰紗，有烟籠芍藥之致。更用粗鐵線界畫規矩，匠意出樣，剔紗為蜀錦，其界地鮮豔眩人。耳金歲供鎮神，必造燈一盞，燈後，余每以善價購之。余一小傒善收藏，雖紙燈亦十年不得壞，故燈日富。（〈世美堂燈〉，頁 36）	紹興匠人夏耳金擅長剪綵為花，再罩以冰紗；張岱大嘆巧奪天工，「有烟籠芍藥之致」。夏耳金還會用粗鐵絲界畫規矩，畫出各種奇絕圖案，再罩以四川錦幔。每年酬神，夏耳金一定會造燈一盞，等到慶典結束後，常常以張岱所出的「善價」賣給他。（〈人生之樂樂無窮〉，頁 028）

少年追憶── 龍山燈展 （向趙購燈） 小廝很會保養 燈	余一小傒善收藏，雖紙燈亦十年不得壞，故燈日富。又從南京得趙士元夾紗屏及燈帶數副，皆屬鬼工，決非人力。（《世美堂燈》，頁36）	張岱還辦了龍山燈展，為此向南京巧匠趙士元購燈。趙士元精於造夾紗屏與燈帶，當地匠人無人能及，張岱的收藏品日豐，他也發現家中有一小廝很會保養燈。（〈人生之樂樂無窮〉，頁029）
少年追憶── 締結絲社 （練琴）	越中琴客不滿五六人，經年不事操縵，琴安得佳？余結絲社，月必三會之。有小檄曰……清泉磐石，援琴歌《水仙》之操，便足怡情；澗響松風，三者皆自然之聲，政須類聚。偕我同志，爰立琴盟，約有常期，寧虛芳日？雜絲和竹，用以鼓吹清音；動操鳴絃，自令眾山皆響……諸暢風神，雅羨心生於手……（〈絲社〉，頁20）	萬曆四十四年（一六一一年），時年十九的張岱說動了六個心性相投、年紀相近的親友跟他一同學琴。張岱的說法是，紹興難求好琴師，如果不常練琴的話，琴藝就無法精進。張岱寫了一篇雅致的小檄文，說締結「絲社」的目的是要社員立約每月三會，這比他們「寧虛芳月」要好得多。若能定期操琴，便能兼顧紹興琴歌、澗響、松風三者；一但操練得法，「自令眾山皆響」。（〈人生之樂樂無窮〉，頁029）
少年追憶── 拜師學琴經過	與蘭少年學琴於王明泉……後見王本吾琴，大稱善，盡棄所學而學焉……舊所學又銳意去之，不復能記憶，究竟終無一字，終日撫琴，但和絃而已。（〈范與蘭〉，頁75） 余得其法，練熟還生，以澀勒出之，遂稱合作……余曾與本吾、紫翔、爾韜取琴四張彈之，如出一手，聽者駴服……（〈紹興琴派〉，頁14）	范與蘭有一陣跟某琴師學琴甚勤，努力得其神韻，後來改投另一琴師門下。沒過多久，范與蘭盡棄所學，又拜師從頭學起……張岱認為自己比較高明，拜各家名師學藝，勤加練習而至「練熟還生」，能刻意奏出古拙之音。張岱有時會同琴師一位、琴藝最精的同學兩位，四人常在眾人面前合奏，「如出一手，聽者駴服」（〈人生之樂樂無窮〉，頁029）
少年追憶── 張岱迷上鬥雞	天啟壬戌間好鬥雞，設鬥雞社於龍山下……仲叔秦一生日攜古董、書畫、文錦、川扇等物與余博，余雞屢勝之。仲叔忿懣，金其距，介其羽，凡足以助其膪膊諑昧者無遺策，又不勝……一日，余閱稗史，有言唐玄宗以酉年酉月生，好鬥雞而亡其國。余亦酉年酉月生，遂止。（〈鬥雞社〉，頁39～40）	到了天啟二年（一六二二年），二十五歲的張岱又迷上鬥雞，與一干同好創鬥雞社……叔姪兩人下重注鬥雞，賭金有「古董、書畫、文錦、川扇」。……最後，張聯芳竟然把鐵刺綁在鬥雞的爪上，還在翅膀下灑芥末粉……後來張岱知道自己與唐玄宗命盤相同，而唐玄宗好鬥雞又亡其國，於是張岱便以鬥雞不祥為由，結束了鬥雞社。（〈人生之樂樂無窮〉，頁030）

少年追憶——張岱迷看蹴踘	天啟三年，余兄弟攜南院王岑，老串楊四、徐孟雅、圓社河南張大來輩往觀之。到廟蹴踘，張大來以一丁泥、一串珠名世，球著足，渾身旋滾，一似黏蟲有膠、提掇有線、穿插有孔者，人人叫絕。（〈嚴助廟〉，頁34）	天啟三年初，張岱才剛戒了鬥雞，又與弟弟、友人迷上看「蹴踘」……張岱這麼描寫一位善蹴踘的人，「球著足，渾身旋滾，一似黏蟲有膠、提掇有線、穿插有孔者。」（〈人生之樂樂無窮〉，頁031）
少年追憶——紙牌遊戲	余作文武牌，以紙易骨，便於角鬥，而燕客復刻一牌，集天下之鬥虎、鬥鷹、鬥豹者，而多其色目、多其采，曰「合采牌」。（〈合采牌〉，頁77）	紙牌各有名目，是明人生活不可或缺的娛樂，文人武將都很熱中。張岱的堂弟燕客學琴雖然不成，但這人卻很有想像力，很會設計新牌戲。（〈人生之樂樂無窮〉，頁031）
少年追憶——張岱最喜歡的聚會：蟹會	食品不加鹽醋而五味全者，為蚶、為河蟹。河蟹至十月與稻粱俱肥，殼如盤大，墳起，而紫螯巨如拳，小腳肉出，油油如蟆蜓。掀其殼，膏膩堆積如玉脂珀屑，團結不散，甘腴雖八珍不及。一到十月，余與友人兄弟輩立蟹會，期於午後至，煮蟹食之，人六隻，恐冷腥，迭番煮之。（〈蟹會〉，頁75）	陰曆十月正是河蟹當令，蟹螯色紫且肥，蟹會只在十月的午後聚會。蟹會吃蟹，不加鹽醋，只嘗其原味。每個人分到六只蟹，迭番煮之，使蟹的每個部位皆獨具風味：膏膩堆積如玉脂珀屑，紫螯巨如拳，小腳油油且肉出。（〈人生之樂樂無窮〉，頁031）
少年追憶——天啟六年大雪	天啟六年十二月，大雪深三尺許。晚霽，余登龍山，坐上城隍廟山門，李岕生、高眉生、王畹生、馬小卿、潘小妃侍。萬山載雪，明月薄之，月不能光，雪皆呆白……余坐一小羊頭車，拖冰凌而歸。（〈龍山雪〉，頁65～66）	當時雪蓋紹興城，深近三尺，夜空霽霽，張岱從自家戲班子找了五個伶人，同他一起上城隍廟山門，坐觀雪景。（〈人生之樂樂無窮〉，頁032）
少年追憶——崇禎五年大雪紛飛三日不止	是日更定矣，余拏一小舟，擁毳衣爐火，獨往湖心亭看雪。霧淞沆碭，天與雲、與山、與水，上下一白。湖上影子，惟長堤一痕、湖心亭一點、與余舟一芥、舟中人兩三粒而已。到亭上，有兩人鋪氈對坐，一童子燒酒，爐正沸。見余大驚喜曰：「湖中焉得更有此人！」拉余同飲。余強飲三大白而別。問其姓氏，是金陵人，客此。及下船，舟子喃喃曰：「莫說相公癡，更有癡似相公者。」（〈湖心亭看雪〉，頁28～29）	天色漸暗，張岱著毳衣，舉火爐，燈小舟，要船家往湖心亭划去。此時人聲鳥鳴俱絕。霜降罩湖，天與雲、與山、與水，上下一應俱白，此番變貌令張岱欣喜……到了亭上，居然已經有兩人鋪氈而坐，奴僕正在溫酒。這兩人是從兩百多里外的金陵而來，張岱跟他們喝了三碗酒才告辭。船家駛離湖心亭時，張岱聽到他喃喃嘀咕：「莫說相公癡，更有癡似相公者。」（〈人生之樂樂無窮〉，頁032～033）

少年追憶——龐公池賞遊	自余讀書山艇子，輒留小舟於池中，月夜，夜夜出……山後人家，閉門高臥，不見燈火，悄悄冥冥，意頗淒惻。余設涼簟，臥舟中看月，小僕船頭唱曲，醉夢相雜，聲聲漸遠，月亦漸淡，嗒然睡去。歌終忽寤，嘋呀讚之，尋復鼾齁。小僕亦呵欠歪斜，互相枕藉。舟子回船到岸，篙啄丁丁，促起就寢。此時胸中浩浩落落，並無芥蒂，一枕黑甜，高春始起，不曉世間何物謂之憂愁。（〈龐公池〉，頁66）	張岱少時曾在紹興城內龐公池附近讀書，總會在池中留一小舟，興致一來便可外出。池水入溪流，縱橫交錯，穿越城鎮，旁有屋舍巷弄。無論月圓月缺，也不論什麼時辰，張岱總會招舟人載他盤旋水道稍遊一番，舒展身心，慵懶欣賞夜色在幽冥中流逝。有次出遊，張岱是這麼寫的：「山後人家，閉門高臥，不見燈火，悄悄冥冥……一枕黑甜，高春始起，不曉世間何物謂之憂愁。」（〈人生之樂樂無窮〉，頁033）

資料來源：張岱撰、馬興榮點校，《陶庵夢憶・西湖夢尋》；史景遷著，《前朝夢憶：張岱的浮華與蒼涼》；研究者自行整理。